财 政 部 规 划 教 材
全国中等职业学校财经类教材

税收基础

杨则文 主 编

中国财经出版传媒集团
中国财政经济出版社

图书在版编目（CIP）数据

税收基础 / 杨则文主编. -- 北京：中国财政经济出版社，2022.6

财政部规划教材　全国中等职业学校财经类教材

ISBN 978-7-5223-1455-6

Ⅰ. ①税…　Ⅱ. ①杨…　Ⅲ. ①税收管理-中国-中等专业学校-教材　Ⅳ. ①F812.423

中国版本图书馆 CIP 数据核字（2022）第 094200 号

责任编辑：苏小珺　　　　责任印制：张　健

封面设计：卜建辰　　　　责任校对：徐艳丽

税收基础

SHUISHOU JICHU

中国财政经济出版社 出版

URL：http：//www.cfeph.cn

E-mail：cfeph@cfeph.cn

社址：北京市海淀区阜成路甲 28 号　邮政编码：100142

营销中心电话：010-88191522

天猫网店：中国财政经济出版社旗舰店

网址：https：//zgczjjcbs.tmall.com

北京中兴印刷有限公司印刷　　各地新华书店经销

成品尺寸：185mm×260mm　16 开　15.75 印张　393 000 字

2022 年 8 月第 1 版　2022 年 8 月北京第 1 次印刷

定价：42.00 元

ISBN 978-7-5223-1455-6

（图书出现印装问题，本社负责调换，电话：010-88190548）

本社质量投诉电话：010-88190744

打击盗版举报热线：010-88191661　QQ：2242791300

编写说明

本书是财政部规划教材，由财政部教材编审委员会组织编写并审定，作为全国中等职业学校财经类教材使用。

教育部 2021 版中等职业教育专业目录将原“会计”和“会计电算化”两个专业合并更名为“会计事务”，并新设“纳税事务”专业。这次改变强化了对学生从事财经日常事务性工作的能力要求，同时填补了中等职业教育原专业目录在财政税务类专业的空白。

围绕新的专业怎样开设课程，教育部于 2021 年 7 月启动了新版专业教学标准的制定。经过专家组广泛调研论证，确定在“纳税事务”和“会计事务”两个专业开设税收基础课程作为必修的 4 门主要专业基础课之一。

1. 课程标准

2. 授课计划

税收基础课在“纳税事务”和“会计事务”两个中职专业课程体系中具有非常重要的基础性地位和作用，可以为“会计事务”专业后续进一步学习“税费计算与智能申报”“财税代理服务”“智能财税共享服务综合实训”等课程和考取智能财税职业技能等级证书打下基础；为纳税事务专业后续进一步学习“财税票证使用与管理”“财税代理服务”“智能财税共享服务”“小企业纳税管理”“税费核算与缴纳”“企业所得税汇算清缴”“纳税事项办理实训”“税务代理实训”“税务咨询实训”等课程和考取智能财税职业技能等级证书打下基础。同时，也为学生升学接续高职专科和本科“财税大数据应用”“大数据与会计”等专业做准备。

本书原名《国家税收》，诞生于百废待兴的改革开放初期。40 多年来，11 次列入财政部规划，发行数百万册，曾长期稳居中职税收类教材第一甚至唯一的位置，是三代教师辛勤耕耘、呕心沥血的结晶和不断与时俱进的智慧成果。本教材第一版于 1982 年 6 月问世，由财政部人事教育司组织编写，原浙江财经学院叶新担任主编，原集美财政专科学校耿建华、原广东省财政学校周剑璧、原吉林财税专科学校夏约参编。教材的出版解决了恢复高考后（当年中职主要通过高考招生）税收类课程教材的有无问题，是改革开放后最早出版的填补课程空白的教材。

1984 年的第二步利改税和工商税制全面改革后，由叶新组织原班人马于

1986 年 8 月和 1990 年 10 月两次修订出版了教材的第一次修订本（第二版）和第二次修订本（第三版）。两个版本分别获得 1992 年财政部第二届全国财政系统优秀教材二等奖和 1996 年财政部第三届全国财政系统优秀教材一等奖。随着 1994 年启动的适应社会主义市场经济体制的税制改革不断推进，教材面临重大修订。叶新老师等人因年龄原因退出编写组，本教材由原编写组成员原广东省财政学校周剑璧接任主编，并于 1995 年 2 月和 1998 年 11 月两次修订出版了教材第四版和第五版。第四版的参编人员有：原湖北财经高等专科学校黄家福、杨崇才，原承德财经学校程荣欣，原许昌市财税学校杨心中。该版教材在出版的两年多时间里重印 7 次，发行 34 万余册。第五版的参编人员有：原北京财政学校乔梦虎，原江西省财政会计学校张玉昆，原湖北省黄冈财税学校杨则文，原广东省财政学校黄钢平；由集美大学财经学院耿建华教授主审。为训练学生税费计算和申报的操作技能，周剑璧为教材编写了配套的《国家税收（第五版）学习指导与练习》。

考虑到周剑璧老先生已过退休年龄，作为财政部“十五”规划教材的第六版由原编写组成员杨则文担任主编，新的编写组于 2002 年 8 月推出第六版主教材及配套的学习指导与练习。教材编写团队包括原有的杨则文、乔梦虎、张玉昆、黄钢平，新增了吉林白城财校李玉明，由原山东财政学校胡乐亭和原山西运城财校张俊萍主审。2007 年 2 月，再次修订出版了教材第七版及配套的学习指导与练习，在原有基础上增加了教学过程的设计，穿插了重点提示、请思考、重点归纳、相关链接、提请注意、特别要求等内容。参编人员包括原编写团队的杨则文、乔梦虎、黄钢平、张玉昆，新增了广州番禺职业技术学院邓华丽。2010 年 5 月，本教材第八版和配套用书出版，新的版本更新了教学内容，制作了多媒体资源，改为双色印刷。编写团队成员为原班人马，其中，黄钢平所在的广东财经职业学院并入广东外语外贸大学、张玉昆调任东莞职业技术学院教授。2013 年 3 月，本教材在财政部规划支持的基础上得到全国财政职业教育教学指导委员会的推荐，再次由原编写团队修订出版了第九版。党的十八大以后，随着营改增和减税降费政策的实施，课程教学内容发生了较大变化，泛在学习、线上线下混合教学逐步普及，本教材再一次列入财政部规划教材，由原编写团队进行了修订，新增了二维码链接的教学资源，于 2017 年 4 月出版了教材第十版及配套的学习指导与练习。

40 多年来，本教材经过代代传承实属不易。早期的编者大部分已离开了人世，现在的编写团队多拥有国家教学名师、省级专业领军人才等头衔，但我们不敢轻言放弃，这是因为读者还没有放弃我们，我们已经不把这本教材当成一本书，而是当成一种情怀、一种传承。2021 年 11 月 29 日，财政部财办〔2021〕51 号文件《财政部关于印发 2021—2025 年学历教材建设规划的通知》再次将本教材列入规划。原有编写团队成员大部分因年龄原因退出，黄钢平老师英年早逝。为了教材的传承，为了现实的教学需要，我们重新组成了编写团队。成员分别是：杨则文教授、杨柳副教授（博士）、陈贺鸿副教授、钟晓玲讲师、欧阳丽华讲师。本次修订更新了税法，重新录制系列微课并更新二维码资源。我们相信，这本教材必将因传承而历久弥新，必将在新的时代焕发出新的光彩。

本书从编写大纲的制定到书稿的编写和审定都是在财政部教材编审委员会和财政部干部教育中心的直接关心和指导下进行的。按照财政部的统一要求，教材编写力求坚持正确的政治方向、服务国家发展战略、体现教学改革方向、推动教材改革创新。教材以马列主义国家学说为理论基础，从税收原理、立法原则到税种要素，始终贯穿新时代治国理政思想和国家主体观念，在教学中充分体现家国情怀、责任担当、法治意识和公民意识。将国家利益与纳税人义务、职业道德与法律遵从、知识技能与从业规范等价值观念贯穿教学始终，充分体现“为谁培养人、培养什么人”的初衷。

教材编写遵循教学规律，体现国家教学标准要求，兼顾中高本衔接需要，体现了中职教育的基础性定位。为突出中职教材的定位和实用性，我们尽力做到：第一，理论阐述力求少而精。在运用马列主义基本原理讲清税收基本原理的同时，适当吸收了我国社会主义市场经济体制建立以来学术界研究的最新成果。第二，内容充实、全面。本书更新了截至出版日的全国人大及其常务委员会、国务院、财政部、海关总署、国家税务总局颁布的税收法律、法规及其实施细则和相关文件的主要内容。第三，突出重点，从实用出发。对各税种的阐述侧重于征税对象、纳税人、税率等基本要素，特别突出了计税依据和应纳税额的基本计算方法。税收管理部分则侧重于纳税程序、法律责任和纳税人权利义务的阐述。在力求易懂方面我们尽力做到：第一，根据几代人的教学经验和中等职业教育的教学规律，把课程涉及的知识技能在全面整合设计的基础上有机地加以组织，使之系统有序、条理清晰，全面而又突出重点，避免成为税法规定的堆砌。第二，按照能使具有中等文化程度的学习者基本看懂的要求讲述，文字力求准确、简练、清晰明白，尽量避免过于晦涩的语言和过于抽象的理论；第三，对重点和难点的内容，除文字的详细讲述外，还做了大量的举例说明，力求还原真实的业务场景。第四，配套的微课讲授力求用最平实的语言和丰富的表现形式展现教学内容，让学生一书在手随时学习。

本书总体结构分为三部分：第一、二章为税收基础知识，讲述税收的概念、特点、职能、国家征税的必要性和我国税制的基本构成，是学习税收的入门知识，也是培养财会人员依法纳税意识和职业道德观念的必要知识准备；第三至十章讲述我国现行税收实体法的主要内容，是税收知识和技能的主体和核心，是企业办税人员必须掌握的关键内容；第十一章讲述税务管理和税收当事人的权利义务，是依法纳税的操作规程和履行纳税义务的基本程序。简而言之，教材通篇就是为学习者解决什么是税和为什么要缴税，应缴什么税、缴多少税，以及如何缴税等问题。

教材本次修订由国家“双高”院校广州番禺职业技术学院国家精品在线

开放课程税法教学团队负责，国家教学名师杨则文教授担任主编。初稿编写分工为：杨柳（财政学博士、副教授）负责第三、五章，欧阳丽华（讲师、会计师）负责第四、九章，陈贺鸿（副教授、注册税务师）负责第六、八章，钟晓玲（注册会计师、注册税务师、讲师）负责第七、十章，杨则文（教授、高级会计师、注册会计师、注册税务师）负责第一、二、十一章及最终修改定稿。教材修订稿经财政部组织专家、教授进行了审稿，按照审稿提出的意见，编写组再次对全书进行了修改。在此对有关专家、学者深表感谢。教材得以再版，要特别感谢财政部教材编审委员会的领导和专家，要特别感谢中国财政经济出版社张军、陈冰多年来的严格要求和热心支持。

为方便教学及学生练习，编写组同步修订了教材配套的《税收基础（第十一版）学习指导与练习》。用书学校任课老师若需要习题集答案，请以电子邮件形式向中国财政经济出版社索取（请注明：学校、全书名、版次），电子邮箱：caijingjiaocai@ 163. com。本教材还为任课老师制作了电子课件，如果需要，请登录如下网址下载：jiaocai. cfeph. com。

教材是国家事权，教材编写对编者的要求不论多么严格都不过分。限于编写组的理论水平和实践能力，书中缺点和不足在所难免，恳请读者批评指正。电子邮箱：yangzewen@ 126. com。

编　者

2022 年 5 月

目 录

第一章
税收的概念

税收是人们经常碰到的一种经济现象：从事工商业生产经营要纳税，购买住房或汽车要纳税，领取劳动报酬也要纳税。家庭日常消费所购买的商品价格中，交通运输的车船票中，文化体育活动的门票中，邮政、电讯、饮食、旅游、建筑、装饰等各种服务业的收费中，几乎都包含了税收。购买这些商品，享受这些服务，也就承担了税收。税收在我们的日常生活中几乎无处不在。在西方甚至流传着这样一句话：只有死亡和纳税是不可避免的。

因此，究竟什么是税收，政府凭什么向公民征税，公民为什么要向政府纳税，自然成为人们普遍关注的问题，这也是税收理论中的基本问题。

第一节　税收的含义与特征

微课：税收的含义

一、税收的含义

税收是国家为了满足社会公共需要，凭借政治权力参与社会剩余产品分配，强制地、无偿地取得财政收入的一种固定征收形式。这个定义包含了以下四个方面的意思：

课件：税收的含义

1. 税收属于分配范畴，是国家取得财政收入的基本形式；
2. 税收是以国家为主体，凭借政治权力进行的分配；
3. 税收分配的对象是剩余产品价值；
4. 征税的目的是满足社会公共需要。

（一）税收属于分配范畴，是国家取得财政收入的基本形式

物质资料的再生产是人类社会赖以生存和发展的基础，是人类最基本的实践活动。社会再生产包括生产、分配、交换、消费四个基本环节，周而复始，循环不息。其中，生产创造社会产品；消费耗费社会产品；在市场经济

条件下，分配是对社会产品价值量的分割，决定价值归谁占有、各占多少；交换是用自己占有的价值量去换取自己所需要的产品，实现使用价值的转移。

我们凭直观就可以知道，政府征税、公民纳税，既不增加也不减少社会产品的总量，因此，税收不属于生产和消费范畴；它也不采取以物易物或钱物交易的方式，因而也不属于交换范畴。征税，只是从社会产品价值量中分割出一部分集中到政府手中，改变了社会成员与政府各自占有社会产品价值量的份额。显而易见，税收属于分配范畴。

视频：说文解“税”

当今世界上绝大多数国家都是以征税为其主要收入渠道的。一般来说，政府财政收入的80%以上都来自各种税收。这是税收在分配上所具有的特殊性所决定的。

拓展阅读：诗词里的税收

（二）税收是以国家为主体，凭借政治权力进行的分配

税收同劳动工资、地租、商业利润、资本利息一样，都是一种分配方式，但它又不同于这些分配方式。其主要区别在于，税收是以国家为权力主体，以政府为征收主体，凭借政治权力进行的分配。

所谓以国家为主体，是指对什么征税、对谁征税、征多少是由政府按照法律规定来组织实施的。政府通过征税使一部分社会财富单方面地转移到政府手中。我们知道，任何分配的结果，都要发生财富所有权、占有权或支配权的转移，涉及相关方面的物质利益，这就决定了任何分配的实现总要以一定的权力为依托。那么，政府运用税收这种方式进行分配是凭什么权力呢?更直接地说，政府凭什么权力征税?

我们知道，领取工资要凭借自己的劳动付出，领取存款利息需要自己将钱存入银行，领取股市分红需要购买股票，这些按照生产要素进行的分配都要凭借对某种生产要素的占有的权力。政府利用税收参与分配凭借的不是这些权力，而是凭借政治的权力，即国家的权力，这种权力是因全体公民需要委托一个公共管理者管理公共事务而授予国家的。

税收是国家出现之后的产物，全体公民委托政府管理公共事务和向政府纳税是出于权利与义务的对等。因此，税收与国家是紧密联系在一起的：一方面，国家公共权力要靠征税取得赖以存在的物质基础；另一方面，征税又必须以各种强制性的公共权力作为后盾。

但是，政府征税直接凭借其政治权力，这并不意味着政府可以不顾经济条件而任意征税。经济是政治的基础，国家征税必须与当时的社会经济条件和纳税人的整体意愿相适应。

（三）税收分配的对象是剩余产品价值

根据马克思再生产理论，社会总产品的价值形态可分为两个部分：一部分是已消耗的生产资料转移的价值，这部分只能留在生产部门内部，用于重新购置生产资料，以保证简单再生产的进行，一般不进入分配领域，因此不属于纯粹意义上的分配。另一部分是劳动者新创造的价值，只有这一部分才有一个划分为不同份额并决定归谁占有的问题，因此也只有这一部分才能成

为税收分配的对象。而新创造的价值又包括必要产品价值（或称为劳动者为自己劳动创造的价值）V 和剩余产品价值（或称为劳动者为社会劳动创造的价值）M 两部分。前者归劳动者个人占有，用于个人消费以保证劳动力的再生产；后者则在社会范围内分配，用于社会积累和社会消费，以满足扩大再生产和社会公共需要。

税收分配的对象是剩余产品价值，这是容易理解的。但问题是对个人收入的征税，是不是也属于 M 部分呢？随着生产力的发展和社会的进步，劳动力的付出在剩余价值形成中的作用越来越重要，这种生产要素对于剩余价值形成作用的变化，必然反映到剩余价值的分配上来。在当今社会，劳动者在参与社会产品的分配过程中，除取得必要劳动的那一部分价值外，通过劳动分红、绩效工资及其转化形态参与 M 部分的分配已经是一种非常普遍的现象。各国在税收实践中，对于必要的生活费用在计算征收个人应缴税金时一般都是进行必要的扣除的。因此，对个人收入的征税部分通常是指对 M 转化为个人收入的那一部分的征税。

小知识

马克思在《哥达纲领批判》中指出，在一个集体的、以公共占有生产资料为基础的社会里，社会总产品在进入劳动者个人消费资料分配之前，必须进行一系列扣除：第一，用来补偿消费掉的生产资料的部分；第二，用来扩大生产的追加部分；第三，用来应付不幸事故、自然灾害的后备基金或保险基金；第四，和生产没有关系的一般管理费用；第五，用来满足公共需要的部分，如学校和保健设施等；第六，为丧失劳动能力的人设立的基金等。通过这些“社会扣除”，形成社会集体需要的生产补偿基金、积累基金、社会消费基金以及援外基金。

（四）征税的目的是满足社会公共需要

有社会生产存在，就有社会的需要存在。经济学上讲的“需要”，并不是人们在主观上对事物的欲望或要求，而是不以人们的主观意志为转移的客观需求。从社会主体方面说，除了个人、家庭、集体的需要之外，还存在着社会的公共需要。社会公共需要，是维持一定社会存在、一定社会再生产的正常进行，必须由社会集中组织相关事务的需要，是一般的社会需要。因此，个人的劳动成果总是要区分出两个部分，一部分产品直接由生产者及其家属用于个人的消费，另一个部分即剩余劳动中的一部分产品，总是用来满足一般的社会需要。

社会需要大体包括四个方面：

1. 保护国家主权和领土完整的需要，如国防、外交等。

2. 维持社会安定秩序的需要，如警察、法院、监狱、行政管理等。

3. 维护和扩大社会再生产活动的需要，如兴建农田水利、交通、通信等公共工程及经济管理等。

4. 保障和提高人类自身发展的需要，如举办文化、教育、卫生、社会保障等各项公共事业。

这些公共需要的满足，在现代社会需由政府集中一部分社会财富来实现，而征税就是政府集中一部分社会财富的最好方式。

小知识

中国古代很多朝代的政府主要收入都不叫“税”，而是叫作“赋”“租”“调”“钱”“课”等。

二、税收的特征

政府筹集财政收入的方式除税收外，还有举债（发行公债）、国有企业上缴利润和收取各种规费等，税收分配方式与其他分配方式比较，具有无偿性、强制性和固定性的特征，习惯上称之为税收“三性”。

（一）税收的无偿性

税收的无偿性，是指国家取得税收收入不需直接向缴纳的单位和个人付出任何代价。通过征税，单位和个人缴纳的实物或货币即转变为国家所有，并不再直接归还给缴纳者。就这一点而论，税收与国债收入、规费收入等有明显的区别。国债收入是国家以债务人的身份凭借国家信用取得收入，国家对债券持有者具有直接的偿还义务。规费收入是国家机关向有关当事人提供某种服务而收取的一种报酬，也不具有无偿性。

税收的无偿性，是就国家与某个具体的纳税人对剩余产品的占有关系而言，而不是对税收与全体纳税人的利益归宿而言。如就税收与全体纳税人的整体利益关系而言，税收也是一种有偿分配。因为税收的最终目的是满足所有纳税人的社会公共需要，纳税人一方面向政府缴纳税款，另一方面享受着政府执行公共事务所带来的益处，如和平的环境、安定的社会秩序和完备的基础设施等。但这种有偿是就税收的目的而言的，是整体意义上的。而且，在不同阶级社会的国家中，其整体有偿的程度也是不同的。税收的无偿性是对税收作为分配范畴的一般特征而说的，而不是对税收作为历史范畴在某一社会的特殊性而说的。

税收的无偿性，是由公共需要的性质决定的。用于满足社会公共需要的物品和服务，其效用具有不可分割性，即它们是向社会成员共同提供的，而不只是向某一个人或集团提供；同时，又具有消费的非排他性，即某一个人对公共设施和服务的享用并不影响其他人的同时享用，对拒绝付款的个人也无法排除在受益范围之外，社会成员从公共设施和服务中得到的利益也很难直接计量。因此，公共需要的提供，不能采取市场交换的方法，而只能由政府对全体社会成员无偿提供，相应决定了政府筹集满足公共需要的资金也只能采取无偿原则。

小知识

在公民社会中，公民是国家的主人，是法治国家的基本组成部分。公民负有向国家缴纳税款的法定义务和责任，同时有使用公共资源、享受公共服务的权利。

（二）税收的强制性

税收的强制性，是指税收这种分配是以国家的政治权力为依托的，具体表现为国家以颁布税收法令和制度等法律形式来规范、制约、保护和巩固这种分配关系。国家制定的税收法令和制度，任何单位和个人都必须遵守，否则就要受到法律的制裁。

国家征税的方式之所以是强制的，是由税收的无偿性这一特征决定的。国家征税必然导致社会剩余产品所有权的单方面转移，虽然这种单方面转移是为了满足社会公共需要，但在经济单位和个人看来，社会的共同利益是一种相对遥远的东西，是“异己的”，而自身独立的经济利益是看得见、摸得着的。因此，税收从其经济本质上来看，不会是一种自愿的交纳。具体的纳税人所追求的是自己本身的经济利益，税收这种外来的征收与这种利益的追求是相矛盾的。为了解决这种矛盾，国家就必须运用政治权力来进行实际的干涉和约束，利用法律手段来保障征税权利是国家在这种矛盾面前的必然选择。可见，征税是国家意志的体现，而不是具体纳税人意志的体现。

请思考

有人认为，税收既然是为了“满足公共需要”，那么，它就不需要凭借“政治权力”，而应该是凭借大家的一种自身的需要。你怎样看这个问题？

税收的强制性，不仅仅是要求纳税人必须依法纳税这一个方面。对征税机关来说，税收也是强制的。如不依法征税，无论是多征了，还是少征了，都要承担相应的法律责任。

（三）税收的固定性

税收的固定性，是指对什么征税和征多少税是通过法律形式事先规定的，征纳双方都必须遵守。税收的固定性还意味着，作为征收对象的各种收入、财产或有关行为是经常、大量存在的，同时征收数额与征收对象数量之间的量的比例是相对固定的。从这个意义上说，税收的固定性还含有时间上的连续性和征收比例上的限度性两层意思。这和一次性的临时摊派以及对违法行为的罚款、没收等有明显的区别。固定性也是税收区别于罚没收入等其他财政收入的重要标志，也正因为税收的固定性特征，才得以保证国家财政收入的均衡和纳税人负担的稳定。

税收的固定性并不是说一个国家的税收法律是永远不变的。随着社会生产力和生产关系的发展变化，税收法律也是不断发生变化的。但是，这种变化是要通过法定的程序以法律的形式事先加以明确，并且在一定时期内是保持相对稳定的。因此，税收的固定性特征与税收制度改革、国家税法的某些变动并不矛盾。

税收“三性”是相互联系、缺一不可的。只有无偿征收，才能满足一般的社会公共需要。而要无偿取得财物，就必须凭借法律的强制性手段。固定性则是保证强制、无偿征收的适当限度的必然结果。“三性”是税收固有的特征，因此，看一种财政收入是不是税，主要就看它是否同时具有这三个特征。只有同时具有“三性”的财政收入才是税，而不论这种收入的名称是什么；凡不同时具有“三性”的，即使叫作税，实际上也不是税。

微课：税收的特征、职能和必要性

第二节 税收的职能

税收的职能，是指税收作为一种分配范畴本身所固有的能够长期发挥作用的功能。它是税收本质的具体体现，表明税收能够做什么或可以做什么。

一般来说，税收具有财政职能、经济职能和社会职能三项职能。

课件：税收的特征、职能和必要性

一、税收的财政职能

税收的财政职能，是指税收具有从社会成员和经济组织手中强制性地取得一部分收入，用以满足社会公共需要的职责和功能。税收从根本上来说，是政府集中一部分社会剩余产品（不论是价值形式还是实物形式）的一种分配方式。因此，组织收入是税收原生的最基本的职能。税收自产生之日起，就是为国家筹集收入的。就税收与国家的关系而言，税收分配过程就是国家集中收入的过程，税收表现出来的第一个结果就是国家财政收入的形成。税收奠定了国家存在的经济基础，维持了国家的存在。也正因为税收的财政职能，使其在不同的社会形态下都是国家财政收入的基本支柱，在政治经济生活中具有十分显著的地位。

在政府的各种聚财手段中，税收是最主要的手段。它适用范围最广、存续时间最长。这主要是因为税收凭借的是政府的公共权力，可以凌驾于各种所有制之上，税收收入不会因为所有者的变化而受到根本性的影响；它具有法律的强制性，是取得收入的一种可靠形式；它具有固定性，征收是连续进行的，保证了财政收入的及时和源源不断；它又是无偿征收的，最适合用于满足公共需要的开支。因此，在政府的多种财政收入形式中，税收成为主要支柱。

若从收入的物质内容看，税收又是对现有的有限资源在政府与企业和个人之间的分配。在市场经济条件下，资源配置首先表现为货币资金的分配，政府征税将一部分剩余产品价值集中到自己手中，实际上就是将本来由企业和个人支配的一部分经济资源（也是可通过市场机制配置的一部分资源）转归政府支配。因此，运用税收收入职能，还要深一层考虑资源的有效配置，正确确定在一定的经济发展阶段社会公共需要的量，不能认为满足公共需要越多越好，或者把一些可以由企业和个人办的事也集中由政府来办，这样势必导致资源整体效率的下降。

二、税收的经济职能

税收的经济职能，是指在税收分配过程中，对经济组织和社会成员的经济行为产生影响的职责和功能。政府征税，必然会改变各社会集团及其成员在国民收入中占有的份额，总的来说是减少了他们可支配的收入，但这种减少并非等量的，有的减得多，有的减得少，这种利益得失必然影响纳税人的经济活动能力和行为，进而对经济产生某些影响。政府自觉地运用这种影响，有目的地对经济活动实施引导或抑制，这就是税收调节经济的职能。

视频：五分钟让你了解我国税收

人们通常把能改变人们的物质利益关系，影响人们的经济行为，使之朝着预定方向、目标运转的一切经济手段或方法，统称为“经济杠杆”。税收就是这样一种经济杠杆。税收杠杆与其他经济杠杆相比较，又具有其自身的特点：其一，税收是政府直接掌握的经济杠杆，较少受市场等其他因素的影响，能更好地体现政府的意图，因而具有调节作用的一致性和有效性。其二，征税涉及社会再生产的各个环节，几乎涵盖了所有的经济活动，因此具有调节范围的广泛性。

拓展阅读：“轻徭薄赋”一定是好事吗？

运用税收调节经济的方法主要是两方面：一是通过增加或减少税收收入总量，相应减少或增加企业和个人的支付或购买能力，以刺激或抑制社会总供给或总需求，使之趋向平衡，以维持经济的稳定发展。二是通过变动税收分配办法，如对某些经济活动征税，某些则不征；有些项目多征，有些少征；有些项目加征，有些则给予减税免税优惠，等等。通过征与不征、多征与少征、加征与减免等办法，造成对纳税人物质利益的不同影响，引导纳税人调整自己的活动，如放弃某项活动或对某物的占有转而从事另一项活动或对另一物的占有，以配合产业政策，促进生产结构、消费结构的调整，优化资源配置，使微观经济活动符合国家宏观意志的要求。

随着我国社会主义市场经济的不断发展，市场在资源配置中的作用已经由原来的“基础性”作用发展到“决定性”作用，市场在资源配置中的能力和效率不断提升，过度的税收调节有可能造成市场的扭曲，因此，政府在资源配置中的调节作用也必须重新认识。

三、税收的社会职能

税收的社会职能，是指它通过促进或阻碍生产关系变革，继而促进或阻碍社会变革，从而影响上层建筑变革方面的职责和功能。从税收的自然属性来看，税收表现为钱、物的单方面转移，并通过这种转移来取得财政收入和调节经济，这是税收的财政职能和经济职能的体现。从税收的社会属性来看，它具有强烈的阶级性和社会性，有为不同利益集团服务的社会职能。一些寓禁于征的税种，税款会越来越少，这些税种体现的也是税收的社会职能。

在市场经济中，国民收入的分配决定于每个人提供的生产要素（如劳动力、资本、土地等）的数量以及这些生产要素在市场上所能获得的价格。由于每个人挣取收入的能力不同、占有财产的状况不同，因此在收入分配上必然出现较大差距。这种个人收入分配悬殊的状况如任其发展，势必激化矛盾，危害社会安定。因此，需要运用税收进行再分配，加以调整和校正。在当今社会，税收的社会职能，主要是指这一点。

以上三项职能，从税收的产生看，税收的财政职能是原生的，其他两项职能是派生的，但三者又是相辅相成、密不可分的。因为无论是对经济活动（指物质资料再生产活动）的调节，还是对生产关系的调整，都与如何运用收入手段相关，即征或不征、多征或少征；而运用收入手段，也往往不是单纯地为收而收，它总是包含着对经济活动的调节或对生产关系的调整。

视频：缺一不可

第三节　税收存在的必要性

自古以来，对政府为什么要征税，人民为什么有义务纳税，即政府征税和人民纳税的根据是什么的问题，人们根据自己认识问题的不同角度和方法，形成了多种不同的看法。例如，国家需要说、社会扣除说、公共产品补偿说等。在我国现阶段，一般认为最根本的原因是人们对社会公共产品的需要，即社会公共需要决定了税收的存在。

拓展阅读：贡赋与华夏崛起

一、税收是补偿公共产品价值来源的基本途径

社会需求包括对私人产品和对公共产品的需求。

1. **私人产品**，是指用于满足个人需要或企业需要的产品或劳务，如房屋、汽车、衣服、食品等。私人产品消费的显著特点是排斥性，即一旦某人占有或享用就排斥了其他人同时占有或享用这一产品。由于排斥性的存在，使消费同种私人产品的不同个人只能按市场规则取得该商品。因此，私人产品是按市场规则并通过市场竞争来提供的。

2. **公共产品**，是指用于满足社会共同需要，由政府财政掌握提供的产品和服务，如国防、法律、治安、城市交通基础设施、公路、水利、气象、环境保护，以及博物馆、公园、街道路灯、卫生防疫等。当某种公共产品由某个消费者消费时，并不妨碍其他更多的消费者同时消费，并能获得相同的消费水平。因此，公共产品一般具有非排斥性的特点，即每个人在消费某种公共产品的同时不排斥其他人享受。

公共产品虽然具有非排斥性的共同特征，但不同类型的公共产品在非排斥性的范围和层次上是不完全相同的。有些公共产品，如国防、外交等，为

全体人民所享受；有些公共产品，如博物馆、公路、城市设施等，其享受范围具有地域局限性。公共产品一旦被生产出来，那些没有分担成本的人也可以受益。经济学称这种现象为“搭便车”，就像乘坐公共汽车不买票一样。由于消费者无须付费就能享受，因此公共产品不可能通过市场来提供，也不可能通过市场调节供求达到均衡状态。一方面，公共产品是社会发展所必需的，必须要有提供的主体；另一方面，公共产品的非排斥性特征决定了公共产品不可能通过市场提供。要解决这一矛盾，必然要求政府行使提供公共产品的职责。因此，政府是公共产品最主要的提供者。

虽然公共产品不能通过市场机制提供，但政府提供公共产品却需要从市场上购买相应的商品或劳务。这种对商品或劳务的购买，便构成了公共产品的成本。这种成本如果不能得到及时补偿，政府的职能必然无以为继，正如企业再生产过程中的成本如果不能得到补偿企业必然破产一样。政府在有效地提供公共产品的同时，要求能取得相应的资金来补偿公共产品的成本，这是政府继续存在的必然要求。税收则是政府为了提供公共产品，而向公共产品消费者收取的一种特殊形式的价格。这种价格不是由消费者主动地、自愿地支付的，而是由政府强制征收的。从这个意义上说，政府和税收的关系，不是因为有了政府（或国家），政府就必须征税，而是因为政府作为公共部门提供了公共产品，就必须以税收作为公共产品成本的价值补偿。

当然，有一部分公共产品的提供可以采取收费的办法来弥补其成本。例如，政府提供的特定交通设施、文化体育设施、非义务教育等服务，都可以收取适当的费用。但在实际经济生活中，由于这些公共产品的成本与直接效用往往难以对等，即使可以收取一些费用，一般都难以弥补公共产品的成本。而大量的公共产品则不可能采取收费的办法。显然，要满足长期的、经常性的、无偿的公共产品成本补偿的需要，就必须采用具有强制性、无偿性、固定性特征的税收，所以采取征税的办法是政府弥补公共产品成本价值的最佳选择。

二、税收是实现经济稳定协调发展的重要调节手段

从宏观经济在总量上稳定运行的角度来看，要求经济发展不出现大幅度的波动，不出现大幅度的经济萎缩和通货膨胀。而在市场经济条件下，生产要素的组合、资源的配置是通过价格信号的引导来进行的，但市场的价格信号是在商品投入市场后才形成的，具有事后性的特点，因此它也是自发的和盲目的。由于价格的自由涨落，在利润的驱使下生产要素必然在市场上盲目地频繁流动，这种流动必然会造成社会资源的浪费和生产力的破坏，最终导致经济的周期性波动，出现经济危机。由于这种危机是市场本身无法克服的，为保持经济的稳定发展，国家必须借助各种手段加强对经济的宏观调控。

税收正是国家干预经济、实现稳定经济政策目标的重要手段之一。在具

体运用中，税收调节是“逆经济风向行事”的，一般地说，当经济过热、需求过旺、供给不足，甚至发生通货膨胀的情况下，可扩大税收征收范围、提高税率、增加税收，减少企业和个人的可支配收入，减少消费和投资支出，压缩社会总需求，减轻通货膨胀的压力。反之，当有效需求不足而导致经济萎缩时，则通过降低税率、减少税收，增加企业和个人可支配的收入，增加消费和投资，扩大社会总需求。

在市场经济条件下，市场调节是资源配置的基本形式，但由于存在多元化的市场经济主体，其利益具有集团的或私人的狭隘性质，他们各自根据市场信号，从各自的利益出发自主决策，就不可避免地同按比例分配社会劳动和优化资源配置的客观要求相矛盾。为此，需要国家利用各种手段对宏观经济实行有效调控。

国家调控经济结构的主要方法就是制定合乎各个时期经济发展规律的产业政策。产业政策是国家通过干预产业之间或特定产业内的产业组织之间的资源配置，影响产业结构的一种政策。我国的产业政策，把产业划分为四类：第一类是鼓励发展的产业；第二类是允许发展的产业；第二类是限制发展的产业；第四类是禁止发展的产业。由于国家调节经济的方式由直接转向间接，由以行政手段为主转向以经济手段为主，产业政策更多的是具有指导意义。要体现产业政策的要求，必须利用税收等国家直接掌握的间接手段，通过税收发挥宏观调控作用，体现国家产业政策的要求。即针对不同类型的产业，确定相应的税收政策，设置相应的税种税目，设计相应的税率，来体现国家鼓励、允许或者限制发展的政策；通过税率的高低、税负的轻重、税收政策的宽严，引导资金、人力、物力、技术等生产要素向合理方向流动，促进资源配置的优化。

三、税收是调节居民收入分配，实现共同富裕的重要保证

在市场经济中，初次分配结果存在社会不公平问题是不可避免的。市场法则是根据市场公平原则，通过等价交换来形成收入分配格局的。这种收入分配格局从市场角度来看是公平的，但从社会角度看则是不公平的，因为在各生产要素（资本和劳动力等）进入市场之前就存在着种种不公平，如人们对生产资料的占有是不公平的，劳动者受教育的条件是不公平的，就业条件及机遇是不公平的，居民的家庭条件、地理位置等也存在许多不公平。另外，在市场竞争中也存在着竞争地位的不公平，如垄断等。市场法则不但不能解决上述不公平，反而会强化这种不公平，这不仅与社会公平的原则相背离，而且会导致诸如贫困、社会冲突等问题，影响社会政治经济的稳定。因此，只能依靠非市场力量，由国家来解决收入分配不公问题。这也就需要存在税收，需要国家进行再分配：一方面，运用累进税制等手段通过对部分高收入者征税，缓解收入分配不公；另一方面，运用税收筹集的资金进行转移支付，把一部分收入转移给低收入者，以解决收入分配不公问题。

四、税收是在国际经济交往中维护国家权益的重要工具

市场经济是对外开放的经济，由于经济发展而形成对更大市场的需求，必然要求各种经济交往冲破国界的限制，使各种经济主体参与国际交换和国际竞争。通过“取天下之长，补己之短”，达到各种生产要素的合理流动和优化组合。我国是一个发展中国家，在坚持自力更生的基础上，更需要实行对外开放，扩大对外经济交往。

在当今世界经济交往中，经济合作与竞争始终相伴，各国无不把税收作为维护国家利益、促进公平竞争的重要工具。在各种贸易争端中，税收更是各国行使国家主权，实行对外经济政策的一个重要经济杠杆。税收在对外贸易中的作用体现在：

1. 可以通过采取高低不同的税率和不同的征税及减免税措施，调节进口产品的种类和数量，扩大国内急需产品的进口，限制非必需品和国内已能满足需要的产品进口，保护和发展国内生产。

2. 通过对出口产品的轻税或免税政策，可以有效地提高出口商品的竞争力，扩大商品出口，发展对外贸易。

3. 通过实行税收优惠，可以鼓励引进国外先进技术和资金，并根据外商在我国取得收入和利润的不同情况，在税收上进行必要的调节，从而达到引导投资方向、维护国家主权和经济利益的目的。

请思考

在国际贸易交往中，主张提高关税和主张降低关税是一对长期存在的矛盾，两种观点各有利弊，你觉得哪种观点更合理一些？

第二章
税收制度

税收制度是国家经济管理制度的重要组成部分，随着国家经济运行状况的变化以及经济管理制度和管理方法的变化，税收制度也会发生变化。在不同的历史时期，任何国家或地区都要根据自己的社会经济和政治状况制定相应的税收制度，对征税过程中存在的向谁征税、对什么征税、征多少税、如何征、何时征等问题进行规定，以保证税收活动的正常进行。因此，我们有必要对税收制度的基本内容进行系统阐述。

微课：税收制度与税法

第一节　税收制度与税法

一、税制与税法的含义

课件：税收制度与税法

税收制度，简称“税制”，是指在一定课税权主体下，一个国家或地区的各种税收及其要素的组织体系，是国家以法律程序规定的征税依据和规范，是税务机关依法征税和纳税人依法纳税的法律准绳。

税法是税收制度的法律体现形式，它是国家法律、法规的重要组成部分，是规定国家与纳税人之间在税款征收和税款缴纳方面的权利、义务关系的法律规范。它既是税务机关向纳税单位和个人征税的法律依据，也是纳税单位和个人履行纳税义务的法定准则。

对税制和税法的含义及其关系可以从以下两方面来理解：

一是从税收制度所体现的经济内容来看，税收制度是国家将各个税种按一定政策原则组成的税收体系。其核心是一个国家或地区应该开征哪些税收，以及以哪些税种为主、哪些税种为辅和这些税种如何组合的问题。自古以来，任何国家的税制都是由具体的税种组成的，如增值税、个人所得税等，其中每一个税种又是由最基本的要素构成，如纳税人、征税对象等。这些要素既是税制的最基本单元，也是各个税种税法条文的基本内容。

二是从税收制度的法律表现形式来看，税收制度是国家各种税收法律、法令和征收管理办法的总称。在现代社会中，任何国家的税收制度都要采取法律的形式，各个税种的各种要素都要通过法律条文来体现，税收制度的落实要经过特定的立法程序，通过法律的实施来实现。可以说，税收制度是税法最基本、最重要的内容，税法是税收制度的体现。

视频：我国立法的税种有哪几个呢？

二、税收法律关系

税法的调整对象是税收征纳主体之间发生的经济关系。税收法律关系，就是指这种由税收征收机关与纳税人在税收征纳活动中依据税法规定所形成的权利和义务关系。

税收法律关系同其他法律关系一样，包括主体、客体、内容三要素。

1. 主体。税收法律关系的主体，是指参与税收法律关系的当事人，分为征税主体和纳税主体。其中，**征税主体**是指政府及其各级征税机关，**纳税主体**是指负有纳税义务的单位和个人。

拓展阅读：税收公平原则：拔鹅毛的艺术

2. 客体。税收法律关系的**客体**，是指税收法律关系主体的权利和义务共同指向的对象，包括货币、实物、行为等，也就是征税对象的法律表现。

3. 内容。税收法律关系的**内容**，是指法律关系主体双方享有的权利和应承担的义务。

税收法规：中华人民共和国宪法

与其他法律关系比较，税收法律关系有以下几个特点：

1. 税收法律关系中，固有的一方主体即征税主体始终是政府及其征税机关。

2. 税收法律关系的产生以纳税人发生了税法规定的应税行为或事件为前提，而不以主体双方的主观意志为转移。

3. 税收法律关系中，征税一方享有单方面的征税权利，纳税人负有单方面的纳税义务。

4. 税收法律关系具有财产所有权无偿转移的性质。

5. 征税主体享有的征税权利，往往与他们的责任联系在一起。征税主体享有的征税权利实际上是职责和权限的统一，是一种职权的行使。

6. 纳税主体在税收法律关系中虽然主要是承担纳税义务，但在日常征纳活动中，征纳双方的法律地位是相等的，税法从多个方面规定了纳税人在征纳活动中的权利。

三、税法的类别和层次

（一）税法的类别

税法按其内容和作用的不同，可分为税收基本法、税收实体法和税收程序法。

1. **税收基本法，**是税收母法，是指用以统领、约束、指导、协调各单行税收法律和法规，在税收领域具有仅次于《宪法》的法律地位和法律效力的税法。它规定税收制度的性质、税制建立的原则、税收基本政策、税制体系、税收的限度、税收管理体制、纳税人的基本权利与义务、税务管理机构的设置、税务争议的解决途径及程序、税务司法等有关税收最基本的法律问题。它是在一个相当长的历史阶段相对固定的法律，它制约着税收实体法和税收程序法。由于历史的原因，我国目前还没有颁布单独的税收基本法。从法律体系的角度来看，尽快制定颁布《中华人民共和国税收基本法》是十分必要的。

2. **税收实体法，**是税法的核心部分，它是规定税收法律关系主体权利与义务的具体内容的税收法律规范，也就是具体规定各税种对什么征税、对谁征税和征多少税等问题的法律规范。这些权利、义务的内容大多是通过有关税种的单项税法及其要素的规范明确下来的，这种明确既形成了各个税种成立的依据，也构成了税收实体法的基本内容。税收实体法是征税机关和纳税人征纳税款的基本法律依据。例如，《中华人民共和国个人所得税法》《中华人民共和国企业所得税法》等，均属于税收实体法。

3. **税收程序法，**是为保证税收实体法所规定的权利与义务的实现而制定的有关税收征纳程序的法律规范，属于税收管理方面的法律。主要包括征纳主体行使权利和履行义务的程序和方式，以及征纳双方的法律责任等内容。任何法律不仅要规定主体的权利和义务，还要明确通过什么样的程序、手续去实现主体的权利，履行主体的义务。税收程序法所要解决的基本问题，都是诸如纳税人发生纳税义务后，应当如何申报、如何缴纳税款；纳税人对征税机关的征税决定和处罚不服时，应当经过哪些程序和何种途径提请复议或诉讼等问题。例如，《中华人民共和国税收征收管理法》就是最重要的税收程序法。

（二）税法的层次

税法由于制定机关的级次和效力的不同而等级不同，它是由法律、法规和规章组成的一个多层次的体系：

1. 全国人大及其常委会制定的税收法律。我国《宪法》明确规定，全国人民代表大会及其常务委员会行使国家立法权。其他任何部门和地区都无权制定税收法律。在现行税法中，有《中华人民共和国企业所得税法》《中华人民共和国个人所得税法》《中华人民共和国税收征收管理法》等。狭义的税法即特指这一类。

2. 全国人大或全国人大常委会授权国务院制定的税收规定或条例。授权立法所制定的规定或条例具有国家法律的性质和地位，它的法律效力高于行政法规，在立法程序上还须报全国人大常委会备案。现行的税收实体法都属于这一类。例如，《中华人民共和国消费税暂行条例》《中华人民共和国增值税暂行条例》等。

3. 国务院制定的税收行政法规。国务院作为最高的国家行政机关，拥有《宪法》赋予的行政立法权。行政法规的地位低于宪法、法律，高于地方法规和部门规章，在全国范围内普遍适用。其目的在于保证《宪法》和法律的实施，它不得与《宪法》、法律相抵触，否则无效。现行税法中，如国务院发布的《中华人民共和国税收征收管理法实施细则》等就属于这一类，它是对税收法律全面、详细的解释。这种正式解释，同样具有普遍约束力。

4. 省级地方人民代表大会及其常委会制定的税收地方性法规。由于我国税收立法坚持“统一税法”的原则，因此地方权力机关制定税收地方性法规，要严格按照税收法律的授权行事。随着分税制的不断完善，适当下放更多一些地方税的立法权是十分必要的。

5. 国务院的税务主管部门——财政部和国家税务总局根据法律和国务院的行政法规、决定、命令制定的税收部门规章。这在全国范围内也具有普遍适用效力。如财政部颁布的一些税种条例的实施细则、国家税务总局颁发的各税种的若干问题的规定等，就属于这一类。

6. 地方政府制定的税收地方规章。目前，有房产税等部分地方税种的实施细则等，这些必须是在税收法律、法规明确授权的前提下制定。

请思考

假定纳税人在履行纳税义务时，发现国务院发布的条例与国家税务总局发布的文件有相冲突的地方，应该怎么办？

微课：税制要素

课件：税制要素

第二节　税制构成要素

税制的构成要素，是指各个税种在立法时必须载明的、不可缺少的基本内容。例如，对什么征税、对谁征税、征收多少、什么时间征收以及不依法纳税怎么办等。一般而言，税制由征税对象、纳税人、税率、减税免税、纳税期限、法律责任等要素构成。其中，征税对象、纳税人、税率是最基本的要素。

一、征税对象

征税对象，是指征税所指向的客体，即对什么征税。它是税法最基本的要素。每一种税都有其特定的征税对象，如收入、财产、行为、资源等。征税对象反映了国家征收这种税的目的和意义，也决定了对谁征收以及如何征收等，它是一种税区别于另一种税的主要标志，决定不同税种的名称和征税范围。

征税对象只是从大范围明确对什么征税，为了具体实施还必须对征税对象在内容上加以具体规定。在征税对象总的范围内具体规定的应当纳税的项目，叫作“**税目**”。例如，消费税，顾名思义就是对消费品征收的一种税，但实际上并不是对所有的消费品征税，而是通过税目列举了若干征税消费品。凡是列入税法规定税目中的商品或项目就要征税，凡没有列入税目的就不征税。规定税目的另一个重要作用在于区别不同的具体对象，规定高低不同的税率，以体现国家的税收政策。

视频：民法典“税税”念

同一件应税商品从生产到消费，中间要经过许多流转环节，因此在对该商品流转额的征税中，还需要具体确定在哪个流转环节征纳税款。在商品流转过程中，被确定应当缴纳税款的环节，叫作“**纳税环节**”。纳税环节的确定，从过程的角度使征税对象得以具体化。根据纳税环节的多少，税收可分为一次课征制、两次课征制和多次课征制。

为了具体计算应纳税款的多少，在确定对什么征税的同时，还必须对征税对象在量上加以具体化。它包括两个方面的内容：

拓展阅读：税收取之于民、用之于民、造福于民

一是确定征税对象的计量单位，我们把这种特指的计量单位叫作“**计税单位**”或“**计税标准**”。计税标准有两种：一种按征税对象的实物量计税，如数量、重量、容积、体积等；另一种按征税对象的价值量计税，如元、角、分。按前一种方法计税叫作“**从量计征**”，按后一种方法计税叫作“**从价计征**”。

二是根据征税对象的计税单位确定具体应税项目计算应纳税额的数量依据，我们把这种数量依据称为“**计税依据**”。

与征税对象相关的还有税源、税本等概念。

税收法规：中华人民共和国民法典

税源，是指税收的来源或税收的出处。税收作为国民收入再分配的一种形式，其税源只能是国民收入初次分配中已经形成的各项收入，再进一步说，只能来源于社会剩余产品价值。它与课税对象是有区别的，多数情况下两者不一致。例如，对工商企业的课税，税源是企业所创造的纯收入，征税对象则可以是企业的商品销售额，也可以是企业的利润额。

税本，是指税收来源的根本。税收的来源是剩余产品的价值，剩余产品的价值是由生产者与生产资料相结合创造出来的，可见，生产者和生产资料才是税收来源的根本，即税本。它与税源、税收收入的关系是：税本是基础，税源是税本产生的收益，而税收收入来自收益，所以税本是支付税收收入的根本。将税本比喻为果树，果实即为税源，从果实中取出若干交给国家，则为税收收入。由此可见，在税收征纳活动中，税本至关重要，国家征税不可伤及税本。

二、纳税人

纳税人，是纳税义务人的简称，是指税法规定直接负有纳税义务的单位和个人。纳税人也叫**纳税主体**。

纳税人包括自然人和法人。**自然人**，是指独立享有法定权利，并承担法律义务的个人。**法人**是经国家认可，具有一定的组织机构，拥有能独立支配的财产，并能以自己的名义享受民事权利和承担民事义务的社会组织。简单地说，法人就是社会组织在法律上的人格化。“法人”和“自然人”是法律上的用语，通常习惯称之为“纳税单位”和“个人”。

为有利于征收管理，有些税款由向纳税人取得收入或支付款项的单位代扣代缴。这些按税法规定负有扣缴税款义务的单位和个人，叫作“**扣缴义务人**”。

三、税率

（一）税率的含义

税率，是指应纳税数额与征税对象数量之间的法定比例，是计算税额的尺度。在征税对象数量既定的条件下，税额的大小主要取决于税率的高低。税率的高低，反映了国家在一定时期的政策要求，直接关系到纳税人负担的轻重，关系到政府、生产经营单位和个人三者之间的经济利益，因此它是税法的中心环节。

税率的高低，在一定程度上反映了纳税人负担的程度。一般地说，税率越高，纳税人的负担越重。但税率并不能完全反映纳税人的实际负担程度。反映纳税人实际负担程度的指标叫作“实际负担率”，它是纳税人缴纳的税额占其全部收入的比例。对纳税人的负担程度，不能只看税率的高低，还要根据实际情况作具体分析。一般来说，虽然税率高政府可以多收税，但税率提高超过一定限度，会打击人们工作和投资的积极性，阻碍经济发展，结果税收收入反而会减少。可见，税率的高低应有一个合理的度。

（二）税率的形式

税率的具体形式一般有三种：

1. **比例税率**。它是对同一征税对象或其税目、细目，只规定一个比例的税率。应纳税数额与征税对象的数额保持等比关系。它不区分征税对象量的大小，都采用同一比例，但在具体运用上，可区分征税对象的质（例如，不同产品、同一产品的不同档次、不同地区、不同行业、不同投资项目等）而采取各种有差别的比例税率。

比例税率一般多运用于对商品的征税，不论商品流转额的大小，都按同一比例征税，有利于商品流通的扩大；对同一商品采用同一个税率，也有利于企业间在同等税负的基础上开展竞争；比例税率计算简便，且易为纳税人所掌握。但它不能较好地体现量能负担的原则。

2. **定额税率**。它是按照征税对象的实物量直接确定一个单位的实物量应缴税款数额的税率，故又称“固定税额”。定额税率的高低，也不受征税对象数量多少的影响，但可区分征税对象的性质采用不同的差别税额。它同比例税率一样，是按征税对象的某一方面的量的特征来计税。它与比例税率的区别，主要在于计税依据不同，比例税率是按征税对象的价值量计征，定额税率则按照征税对象的实物量计征。

定额税率计算简便，税额不受物价变动的影响，但价格提高，税负相应减轻；价格降低，税负相应提高。在实行优质优价的条件下，它有利于鼓励企业提高产品质量，改进包装。但一般只适用于价格稳定、质量和规格标准比较统一的产品，应用范围不广。

3. **累进税率**。它是指对同一类征税对象，随着计税依据数额的增大，征收比例也随之增高的税率。这种税率形式事先按照计税依据数额的大小，将征税对象划分为若干等级，不同等级由低到高规定不同的税率。征税对象数额越大，税率越高。它对调节纳税人收入的作用比较直接、明显，而且适应性强、灵活性大，多适用于对所得额的征税。

累进税率按其累进依据不同，可分为依额累进（即按征税对象的绝对额累进）和依率累进（即按征税对象的相对数累进）；其累进方式也有两种：按征税对象的全部数量累进和只对征税对象超过一定量的部分累进。将不同的累进依据和不同的累进方式交叉组合，可形成全额累进税率、超额累进税率、全率累进税率和超率累进税率等多种累进税率。我国目前通常采用的是超额累进税率。

（1）**全额累进税率**，是指将课税对象的全部数额都按照其所适用的最高一级征税比例计税的一种累进税率。在这种累进税率形式下，一个纳税人的全部课税对象数额仅仅适用一个征税比例，当课税对象数额提高到一个较高级次时，全部课税对象数额都按照高一级的税率征税，从这个意义上说，全额累进税率仍是一种比例税率。全额累进税率具有计算简便、累进幅度大、调节收入有效的优点，但这种累进税率在两个级次的临界点附近往往容易出现税额增加超过征税对象数额增加的不合理现象。

（2）**超额累进税率**，是指将课税对象按计税依据数额大小划分为若干个等级部分，并分别规定每一等级的税率，当计税依据的数额增加到需要提高一级税率时，仅就超过上一等级的部分，按高一级税率征税的税率。换言之，同一课税对象，可能适用几个等级的税率，该课税对象的全部应纳税额为多个等级部分应纳税额的合计数。表 2－1 是一张简化了的累进税率表。

表 2－1　　累进税率表

级数	全年应纳税所得额级距	税率（%）	速算扣除数
1	不超过 5 000 元的	5	0
2	超过 5 000 元至 10 000 元的部分	10	250
3	超过 10 000 元至 30 000 元的部分	20	1 250
……	……	……	……
……	超过 50 000 元的部分	35	6 750

从表 2－1 中可见，累进税率是按征税对象——应纳税所得额的数量，由少到多地划分若干等级，并分等级确定不同比例税率的一种税率组合形式。这些等级称之为累进级次，有几个级次就相应称之为几级累进税率。例如，我国现行税法规定有“七级超额累进税率”“五级超额累进税率”等。每一级的起止数之间的距离称为级距。不同级距的税率是逐级提高的。

【例 2－1】纳税人甲，全年应纳税所得额为 10 000 元，按照表 2－1 的税率，如实行全额累进，其应纳税额为：

应纳税额 = 10 000 × 10% = 1 000（元）

可见，全额累进税率，是将纳税人全部应税所得额都按照与之相适应的等级的税率征税。其计算方法与比例税率相同，也比较简便。

【例 2－2】纳税人乙，全年应纳税所得额为 10 001 元，按照表 2－1 的税率，如实行全额累进，其应纳税额为：

应纳税额 = 10 001 × 20% = 2 000.2（元）

将例 2－2 与例 2－1 相比，我们不难发现，乙比甲只多了 1 元应税所得额，但要多缴 1 000.2 元的税款。可见，全额累进税率的累进幅度比较剧烈。这对鼓励纳税人增加收入的积极性是不利的，所以我国税法现在已经不采用这种累进税率形式。

超额累进税率，则只是将超过一定级距范围的部分按高一级的税率计征，不会出现这种应纳税额的增加高于计税依据增加的现象。

【例 2－3】如果我们将例 2－1 和例 2－2 分别改按超额累进计算，则

- 纳税人甲应纳税额为：

第一级：5 000 × 5% = 250（元）

第二级：（10 000 － 5 000）× 10% = 500（元）

应纳税额 = 250 + 500 = 750（元）

- 纳税人乙应纳税额为：

第一级：5 000 × 5% = 250（元）

第二级：（10 000 － 5 000）× 10% = 500（元）

第三级：（10 001 － 10 000）× 20% = 0.2（元）

应纳税额 = 250 + 500 + 0.20 = 750.2（元）

在本例中，纳税人乙比纳税人甲的计税依据多 1 元，应纳税额只多 0.2 元，这就比较容易让纳税人接受了。

将例 2－3 与前两例相比可见，在税率既定的前提下，对同等量的应税所得额来说，超额累进的税负要比全额累进的税负轻；对不等量的应税所得额来说，超额累进不会出现在级距临界部分的税负陡增现象。换句话说，超额累进的累进幅度比较缓和，更能体现合理负担原则，但计算比较复杂。

为了简化超额累进税率的计算，在实际工作中可采用“速算扣除法”，即按全额累进的方法计算出税额，再从中减去一个“速算扣除数”，其差额即为超额累进的应纳税额。用公式表示为：

超额累进的应纳税额 = 应纳税所得额 × 按全额累进所适用的税率 － 速算扣除数

如例 2－3 用速算扣除法计算，结果为：

应纳税额 = 10 001 × 20% － 1 250 = 750.2（元）

所谓“速算扣除数”，就是预先按全额累进计算的税额同按超额累进计算的税额相减得出的差额数。第三级的速算扣除数 1 250，就是纳税人乙在例 2－2 的应纳税额减去例 2－3 的应纳税额之差 2 000.2 － 750.2 = 1 250（元）。

它可以按下列公式事先求出，列入税率表中：

本级速算扣除数 = 前一级最高所得额 ×（本级税率 − 前一级税率）
+ 前一级的速算扣除数

第二级的速算扣除数 = 5 000 ×（10% − 5%）= 250（元）

第三级的速算扣除数 = 10 000 ×（20% − 10%）+ 250 = 1 000 + 250 = 1 250（元）

上述三种税率体现着不同的负担政策。比例税率体现等比政策，对收入水平不同的纳税人征收，实际税率相等，税额不等，纳税人之间税前收入和税后收入水平的差距比例不变。定额税率体现着等量负担政策，同等数量条件下，收入不同，税额相同，实际负担比率不等，单位数量收入越高负担比率越低，纳税人之间税后收入水平的差距比税前扩大。累进税率体现累进负担政策，收入不等，实际税率也不等，收入越高税率越高，纳税人之间税后收入水平的差距比税前缩小。

请思考

有人认为，比例税率对所有征税对象采用同一比例，是最公平的税率；也有人认为，累进税率能够量能负担，比比例税率更能体现实质上的公平。你怎么看？

四、减税、免税

减税、免税，是根据国家政策，对某些纳税人或征税对象通过减征部分税款或免于征税而给予鼓励和照顾的一种特殊规定。

减税、免税的具体形式有三种：

1. **税基式减免，**即通过缩小计税依据来实现减税、免税。具体包括起征点、免征额、项目扣除、跨期结转等。起征点是税法规定的征税对象达到开始征税数额的界限，征税对象的数额未达到起征点的不征税；达到或超过起征点的，则就其全部数额征税。免征额是征税对象总额中免予征税的数额，它是按照税法规定的标准从征税对象总额中预先扣除的数额，免征额的部分不征税，只就超过免征额的部分征税。项目扣除是指在征税对象总额中允许扣除某些项目的金额，而只就其余额作为计税依据计算应纳税额。跨期结转是将某些费用或损失向前或向后期间结转，通过抵消本期一部分收益或缩小计税基数来实现减免的一种方法。

小知识

我国现行税制对个人所得税规定有免征额，没有规定起征点。对增值税规定有起征点，也规定有免征额。但在现实经济生活中，很多非专业人士不了解"起征点"和"免征额"的区别，导致在新闻媒体和其他大众传播渠道对这两个法律用语误用和滥用。

2. **税率式减免，**即通过降低税率来实现减税、免税，包括规定低税率和零税率、暂定照顾性税率等。

3. **税额式减免**，即通过减少一部分或全部应纳税额，包括全部免征、减半征收、规定减征比例或核定减征额等。

请思考

某人某月取得工资收入 5 700 元，依照税法规定扣除 5 000 元以后，按照 700 元纳税，这 5 000 元是起征点吗？

五、纳税期限

纳税期限，是指纳税人在发生纳税义务后，按规定应向国家缴纳税款的期限。纳税期限有两层含义：一是结算应纳税款的期限，也称“结算期限”，是指结算一次应纳税额的时间跨度，如按月结算、按年结算等；二是缴纳税款的期限，也称“缴款期限”，是指在结算应纳税款后多少天内缴纳税款，如次月 15 日之前缴纳、30 天之内缴纳等。

六、法律责任

法律责任，一般是指由于违法行为而应当承担的法律后果。违法行为是承担法律责任的前提，而法律制裁是追究法律责任的必然结果。法律责任既包括纳税主体的法律责任，也包括征税主体的法律责任，它是税收强制性特征的具体体现。

第三节　税收分类

微课：税收分类

课件：税收分类

税收制度的主体是税种，当今世界各国普遍实行由多个税种组成的税收体系。在这些体系中，各个税种都有各自的特点，同类型税种之间又存在着多方面的共同点。按某种标志，把性质相同或近似的税种归为一类而与其他税种相区别，这就是税收分类。按照不同的分类标志，税收的分类方法一般有以下几种：

一、按征税对象分类

按征税对象的不同来分类，是税收分类最基本和最主要的方法。按照这种方法，我国目前的税种大体可分为以下五类：

（一）对商品和劳务的征税

对商品和劳务的征税简称商品劳务税，也称“流转税”，它是对商品和劳务的交易征收的一类税收。对商品和劳务的征税是与商品和劳务的交换紧密联系在一起的。商品无处不在，又处于不断流动之中，这就决定了对商品和劳务征税的范围十分广泛。商品劳务税的计征，只问收入有无，而不管经营好坏、成本高低、利润大小，能够及时、足额地保证财政收入。商品劳务税一般采用比例税率或定额税率，计算简便，易于征收。商品劳务税形式上由商品生产者或销售者缴纳，但其税款常附着于卖价或包含在卖价之中，易转嫁给消费者负担，而消费者却不直接感到税负的压力。由于以上这些原因，商品劳务税一直是我国的主体税种，一方面体现在它的收入在全部税收收入中所占的比重一直较大；另一方面体现在它的调节面比较广泛，对经济的调节作用一直比较显著。

我国当前开征的商品劳务税有：增值税、消费税和关税。

拓展阅读：从税票面额的变化看民国通货膨胀

拓展阅读：中国现代税收史

（二）对所得的征税

对所得的征税简称所得税。税法规定应当征税的所得，一般是指下列方面：一是指有合法来源的所得，非法所得不属于所得税的征税范围。二是指纳税人的货币所得，或能以货币计量或计算其价值的经济上的所得，不包括荣誉性、知识性的所得和体质上、心理上的所得。三是指纳税人的纯所得，即纳税人在一定时期的总收入扣除成本、费用以及纳税人个人的生活费用和赡养近亲的费用后的净所得。四是指增强纳税能力的实际所得，例如，利息收入可增加纳税人能力，可作为所得税的征收范围；而存款的提取，就不应列入征税范围。总的来说，所得税是对纳税人在一定时期的合法收入总额减除成本费用和法定允许扣除的其他各项支出后的余额，即应纳税所得额征收的税。

所得税按照纳税人负担能力（即所得）的大小和有无来源确定税收负担，实行“所得多的多征，所得少的少征，无所得的不征”的原则。因此，它对调节国民收入分配，缩小纳税人之间的收入差距有着特殊的作用；同时，所得税的征收面也较为广泛，因此成为经济发达国家的主要收入来源。在我国，随着经济的发展，居民所得逐步增加，所得税已成为近年来收入增长较快的一类税。

我国当前开征的所得税有：企业所得税、个人所得税。

（三）对资源的征税

对资源的征税是对开发、利用和占有国有自然资源的单位和个人征收的一类税收。征收这类税有两个目的：一是取得资源消耗的补偿基金，保护国有资源的合理开发利用；二是调节资源级差收入，以利于企业在平等的基础上开展竞争。

我国当前对资源的征税有：资源税、耕地占用税、城镇土地使用税和土地增值税。

（四）对财产的征税

对财产的征税是对纳税人所拥有或属其支配的财产数量或价值额征收的税，包括对财产的直接征收和对财产转移的征收。开征这类税收在为国家取得财政收入的同时，对提高财产的利用效果、限制财产不必要的占有量也有一定作用。

我国当前对财产的征税有：房产税、契税、车辆购置税和车船税。

（五）对行为的征税

对行为的征税也称“行为税”，它一般是指以某些特定行为为征税对象征收的一类税收。征收这类税，或是为了对某些特定行为进行限制、调节，或只是为了开辟地方财源，达到特定的目的。这类税的设置比较灵活，其中有些税种具有临时税的性质。

我国当前对行为的征税有：印花税、城市维护建设税、烟叶税、船舶吨税和环境保护税。

综上所述，我国现有18个税种，形成了一个以商品劳务税为主体，以所得税为发展重点的多税种、多次征、主次分明的复合税制体系。

- 商品劳务税类：已形成以增值税为核心，消费税、关税协调配合的覆盖全面、重点突出的格局。即对销售或进口货物，销售劳务、服务、无形资产、不动产普遍征收增值税，发挥普遍调节功能，侧重于保证财政收入的稳定增长，其税负呈中性。在普遍征收增值税的基础上，选择少量非生活必需的消费品，再征收一道消费税，以体现产业政策和消费政策，在调节消费结构、引导消费方向上发挥特殊调节作用。同时，对进出口货物和物品征收关税，发挥税收对进出口的调节作用。
- 所得税类：对企业征收的统一为企业所得税；对个人征收的统一为个人所得税。这两个税种的互相配合，在调节企业利润，促进公平竞争，调节个人收入，缩小收入差距，落实效率优先兼顾公平的收入分配制度方面正越来越多地发挥着积极作用。

除上述两类主要税种外，其他配套的辅助税种在不同的细分领域发挥着积累资金、调节社会经济的作用。这些税种的共同特点是税源比较分散，收入规模较小，这些税种大部分比较适合划为地方税种。

小知识

2005年12月29日，第十届全国人大常委会第十九次会议通过了自2006年1月1日在全国范围内取消农业税的决定，这意味着在我国存续了2 000多年的农业税正式退出了历史舞台。

二、按税收管理和使用权限分类

税收按其管理和使用权限划分，可分为中央税、地方税、中央与地方共享税。这是在分级财政体制下的一种重要的分类方法。通过这种划分，可以使各级财政有相应的收入来源和一定范围的税收管理权限，从而有利于调动各级财政组织收入的积极性，更好地完成一级财政的任务。一般的做法是，将税源集中、收入大、涉及面广，由全国统一立法和统一管理的税种，划作中央税；一些与地方经济联系紧密，税源比较分散的税种，列为地方税；一些既能兼顾中央和地方经济利益，又有利于调动地方组织收入积极性的税种，列为中央与地方共享税。

当前，我国的中央税主要有关税、消费税；地方税主要是一些对财产和行为的课税；中央与地方共享税主要有增值税、企业所得税、个人所得税等。收入划分标准如下：

1. 中央政府固定收入包括：消费税、车辆购置税、关税、船舶吨税和海关代征的增值税。

2. 地方政府固定收入包括：房产税、城镇土地使用税、耕地占用税、契税、土地增值税、车船税、烟叶税、环境保护税。

3. 中央政府与地方政府共享收入包括：

（1）增值税（不包括海关代征的部分）：中央政府分享50%，地方政府分享50%。

（2）企业所得税：中国铁路总公司、各银行总行及海洋石油企业缴纳的部分归中央政府，其余部分中央政府分享60%，地方政府分享40%。

（3）个人所得税：中央政府分享60%，地方政府分享40%。

（4）资源税：海洋石油企业缴纳的部分归中央政府，其余部分归地方政府。

（5）印花税：证券交易印花税收入归中央政府，其他印花税收入归地方政府。

（6）城市维护建设税：中国铁路总公司、各银行总行、各保险总公司集中缴纳的部分归中央政府，其余部分归地方政府。

上述各项税收中，关税、船舶吨税、代征进口环节的增值税和消费税由海关系统负责征收和管理，其他税收由税务机关负责征收和管理。

小知识

我国税务机关在1994年曾经分为国家税务局和地方税务局，分工负责中央税、中央地方共享税和地方税的征收。2018年，国家税务局和地方税务局合并后，我国代表国家征税的是各级国家税务机关和海关。

三、按税收与价格的关系分类

按税收与价格的关系划分，税收可分为价内税和价外税。在市场经济条件下，税收与商品、劳务或财产的价格有着密切的关系，对商品和劳务课征的税收既可以包含于价格之中，也可以在价格之外。**凡税收构成价格组成部分的税收称为“价内税”；凡税收是价格之外的附加额的税收称为“价外税”。**实行价内税的商品和劳务的价格组成包括成本加利润和税金，实行价外税的商品和劳务的价格等于成本加利润。价内税有利于国家通过对税负的调整，直接调节生产和消费，但往往容易造成对价格的扭曲。价外税的税金与企业的成本核算和利润、价格没有直接联系，能更好地反映企业的经营成果，不致因征税而影响公平竞争；同时，不干扰价格对市场供求状况的正确反映，因此，更适应市场经济的要求。

四、按税负是否易于转嫁分类

税收按其负担是否易于转嫁划分，可分为**直接税**和**间接税**。所谓税负转嫁是指纳税人依法缴纳税款之后，通过种种途径将所缴税款的一部分或全部转移给他人负担的经济现象和过程，它表现为纳税人与负税人的非一致性。由纳税人直接负担的税收为直接税，在这种情况下纳税人即负税人，如所得税、遗产税等；可以由纳税人转嫁给负税人的税收为间接税，即负税人通过纳税人间接承担的税收，如增值税、消费税、关税等。

五、按计税标准分类

税收按其计税依据的不同，可分为**从价税**和**从量税**。从价税是以征税对象的价值量为标准计算征收的税收，税额的多少会随着价格的变动而相应增减。从量税是以征税对象的重量、件数、容积、面积等为标准，采用固定税额征收的税收。从量税具有计算简便的优点，但税收收入不能随价格高低而增减。

第三章

增值税

增值税是社会化大生产的产物，是适应现代经济条件下社会生产力的发展和国家财政的需要而产生的。

早在第一次世界大战结束时，美国耶鲁大学教授托马斯·亚当斯和当时任德国政府顾问的学者西蒙斯首次提出了增值税的设想。增值税的实施始于1954年的法国，是在对传统的商品劳务税改革的基础上创立的，此后相继在世界100多个国家得到推行。

我国自1979年开始试行增值税，在试行的过程中，征收范围不断扩大，计税方法不断完善。经过1984年的第二步利改税和工商税制全面改革，以及1994年的税制改革，增值税逐步发展为我国第一大税种。现行的增值税的基本规范是2008年11月10日由国务院修订发布的《中华人民共和国增值税暂行条例》，自2009年1月1日起施行。

2016年3月23日，财政部、国家税务总局发布《营业税改征增值税试点实施办法》，决定自2016年5月1日起，对我国境内销售服务、无形资产或者不动产的单位和个人改征增值税，不再缴纳营业税。

微课：增值税的含义、计税原理和类型

第一节　增值税的含义与内容

课件：增值税的含义、计税原理和类型

一、增值税的含义及特点

增值税是以销售货物和提供劳务过程中新增加的价值为征税对象征收的一种税，也是以“**增值额**”为征税对象的一种税。所谓“增值额”是指销售货物和提供劳务的各个环节所取得的收入，大于其购进商品或接受劳务时所支付金额的差额。

从税收的历史和现状来看，对商品和劳务的征税，通常采用的方法主要有两种：

- **按销售收入（或营业收入）全额计算征税**。这是传统的方法，在增值税产生之前曾经被各国普遍采用。

- **按增值额征税**，即按照销售收入中新增加的价值部分征税。这种方法自产生半个多世纪以来，不断得到各国的青睐，越来越多的国家实行了这种方法。那么，这种方法与传统的方法相比，到底有哪些好处呢？

视频：三分钟读懂增值税税率

增值税的原理，我们可以用教室里木制课桌的生产为例来说明：假如一张课桌的生产需经过木材厂和家具厂两个环节完成，第一个环节是木材厂直接砍伐原木，加工成木材；第二个环节是家具厂从木材厂购进木材，加工成课桌。假定木材厂卖给家具厂的木材销售收入 100 元，税率 13%，按销售收入全额征税，需缴纳 13 元（100 × 13%）税款；家具厂把这批木材加工成课桌，销售收入 200 元，按同样的税率，需缴纳 26 元（200 × 13%）税款。合计缴纳税款 39 元（13 + 26）。传统的商品劳务税，就是这样征税的。

拓展阅读：增值税立法：更好体现公平税负和税收法定原则

这种征税方法的优点是计算简便，销售收入与税率直接相乘就可以计算应纳税额；而且从形式上看，还比较公平。但是，它有明显的缺点，就是不同环节之间重复征税。木材厂卖出的木材缴了税；木材做成课桌销售，又按课桌的销售全额征税。其中的木材价值部分就征了两次税，形成重复征税。显然，一个商品的生产、经营环节越多，重复征税的问题就越突出，商品的税收负担就越重。这对加强企业之间的专业化协作是十分不利的。

税收法规：中华人民共和国增值税暂行条例

假如另一个林场直接砍伐原木，自行加工成同样的课桌出售，将两个环节在一个企业内部完成，或者上述两个企业通过合并变成一个企业，则对外的销售只有一次，卖价也是 200 元，税率一样，只需缴一次税，纳税 26 元（200 × 13%）。

上述两种不同的加工方式生产的课桌一样，最终售价也相同，但若由两个协作厂完成，需负担税款 39 元；而一个厂独立完成，只负担税款 26 元。这种税收政策显然限制了专业化协作，不利于企业技术进步。随着社会分工的进一步细化，重复征税问题会越来越突出。这一问题不解决，必然会越来越阻碍经济的发展。

如果改按增值额征税，情况就不同了。上例中，家具厂销售课桌，收入 200 元，减去为生产这张课桌购进的木材 100 元，其增值额为 100 元，按 13% 的税率计算，缴税 13 元（100 × 13%）。连同木材厂已缴纳的 13 元税款，这张课桌共负担税款 26 元。与独立工厂生产的同样产品的税收负担相同。

由按销售收入（或营业收入）全额计算征税，变为按增值额征税，虽然征税难度增加了，但是按增值额征税，优点十分明显：

第一，避免了重复征税。它只就商品销售额中的增值部分征税，对商品销售额中已征过税的部分不再征税，这就不会出现重复征税，也不会因为生产和流转环节的变化而造成税收负担上的不平衡，从而适应社会化大生产的需要，有利于促进企业间的专业化协作。

第二，有利于财政收入的稳定增长。在税收政策一定的前提下，只要经济保持稳定发展，社会商品（劳务）总销售（营业）额增加，增值税税额就会增加。税额不会因为产品生产流通环节的变化而受到影响，一种商品从制造、批发到零售的各个环节，每个环节只要有增值因素，就征一道税，具有征收上的普遍性和连续性，有利于及时、稳定地组织财政收入。

增值税的含义可以归纳为：增值税是以商品生产、流通和劳务提供各环节的增值额（也称“附加值”）为征税对象征收的一种税。从实际操作上看，是采用间接计算办法，即：

从事货物销售以及提供应税劳务的纳税人，根据货物或应税劳务的销售额和适用税率计算税款，然后从中扣除上一环节已纳增值税款，其余额为纳税人本环节应纳增值税税款。

增值税有如下一般特点：

1. 以增值额为征税对象，但采用间接计算办法；

2. 逐环节征税，逐环节扣税；

3. 价外计税。

请思考

在实际当中，增值税为什么不能直接按商品新增价值或附加值来计算应纳税额？

微课：增值税的征税范围

课件：增值税的征税范围

二、增值税税制的基本内容

（一）征税范围

增值税的征税范围包括销售货物、劳务、服务、无形资产、不动产和进口货物。具体规定如下：

1. **在我国境内销售的货物**。货物是指除土地、房屋和其他建筑物等不动产以外的各种有形动产，包括水、电力、热力、气体在内。销售货物是指有偿转让货物的所有权，也就是以从购买方取得货币、货物或其他经济利益等为条件转让货物所有权的行为。境内销售货物是指销售货物的起运地或所在地在境内。

2. **在我国境内销售的劳务**。劳务是指纳税人提供的加工、修理修配劳务。加工是指受托加工货物，即委托方提供原料及主要材料，受托方按照委托方的要求制造货物并收取加工费的业务；修理修配劳务是指受托对损伤和丧失功能的货物进行修复，使其恢复原状和功能的业务。

3. **进口货物**。进口货物是指申报进入我国海关境内的货物。确定一项货物是否属于进口货物，必须看其是否办理了进口报关手续。通常境外产品要输入境内，必须向我国海关申报进口，并办理有关报关手续。只要是进口报关的应税货物，均属于增值税征税范围，在进口环节缴纳增值税。

4. **在我国境内销售的服务**。销售服务，是指提供交通运输服务、邮政服务、电信服务、建筑服务、金融服务、现代服务、生活服务。

（1）交通运输服务，是指利用运输工具将货物或者旅客送达目的地，使其空间位置得到转移的业务活动，包括陆路运输服务、水路运输服务、航空运输服务和管道运输服务。

（2）邮政服务，是指中国邮政集团公司及其所属邮政企业提供邮件寄递、邮政汇兑和机要通信等邮政基本服务的业务活动。

（3）电信服务，是指利用有线、无线的电磁系统或者光电系统等各种通信网络资源，提供语音通话服务，传送、发射、接收或者应用图像、短信等电子数据和信息的业务活动。

（4）建筑服务，是指各类建筑物、构筑物及其附属设施的建造、修缮、装饰，线路、管道、设备、设施等的安装，以及其他工程作业的业务活动，包括工程服务、安装服务、修缮服务、装饰服务和其他建筑服务。

（5）金融服务，是指经营金融保险的业务活动，包括贷款服务、直接收费金融服务、保险服务和金融商品转让。

（6）现代服务，是指围绕制造业、文化产业、现代物流产业等提供技术性、知识性服务的业务活动。包括研发和技术服务、信息技术服务、文化创意服务、物流辅助服务、租赁服务、鉴证咨询服务、广播影视服务、商务辅助服务和其他现代服务。

（7）生活服务，是指为满足城乡居民日常生活需求提供的各类服务活动，包括文化体育服务、教育医疗服务、旅游娱乐服务、餐饮住宿服务、居民日常服务和其他生活服务。

5. **在我国境内销售无形资产**。销售无形资产，是指转让无形资产所有权或者使用权的业务活动。无形资产，是指不具实物形态，但能带来经济利益的资产，包括技术、商标、著作权、商誉、自然资源使用权和其他权益性无形资产。

6. **在我国境内销售不动产**。销售不动产，是指转让不动产所有权的业务活动。不动产，是指不能移动或者移动后会引起性质、形状改变的财产，包括建筑物、构筑物等。

建筑物，包括住宅、商业营业用房、办公楼等可供居住、工作或者进行其他活动的建造物。

构筑物，包括道路、桥梁、隧道、水坝等建造物。

7. **视同销售**。

（1）视同销售货物。销售货物是指有偿转让货物的所有权，下列行为虽然没有转让货物的所有权，或者是无偿转让货物的所有权，但按规定都应视同销售并征收增值税：

①将货物交付给其他单位或者个人代销。

②销售代销货物。

视频：支持疫情防控和经济社会发展，税费优惠“倍儿”给力！

税收法规：中华人民共和国增值税暂行条例实施细则

③设有两个以上机构并实行统一核算的纳税人，将货物从一个机构移送至其他机构用于销售，但相关机构设在同一县（市）的除外。

④将自产、委托加工的货物用于免税项目或者简易计税项目。

⑤将自产、委托加工的货物用于集体福利或者个人消费。

⑥将自产、委托加工或者购进的货物作为投资，提供给其他单位或者个体工商户。

⑦将自产、委托加工或者购进的货物分配给股东或者投资者。

⑧将自产、委托加工或者购进的货物无偿赠送其他单位或者个人。

（2）视同销售服务、无形资产或者不动产。

①单位或者个体工商户向其他单位或者个人无偿提供服务，无偿转让无形资产或者不动产，但用于公益事业或者以社会公众为对象的除外。

②财政部和国家税务总局规定的其他情形。

8. **混合销售**。混合销售，是指纳税人的一项销售行为既涉及服务，又涉及货物。从事货物的生产、批发或者零售的单位和个体工商户的混合销售行为，按照销售货物缴纳增值税；其他单位和个体工商户的混合销售行为，按照销售服务缴纳增值税。此处所称从事货物的生产、批发或者零售的单位和个体工商户，包括以从事货物的生产、批发或者零售为主，并兼营销售服务的单位和个体工商户在内。

提示："从事货物的生产、批发或零售为主"，是指纳税人年货物销售额与年服务销售额的合计数中，货物销售额超过50%，服务销售额不到50%。

请思考

①某商场向消费者销售一批空调，由商场送货上门并安装，涉及哪些涉税行为？

②某建筑公司为某单位盖楼，双方议定由建筑公司提供部分建筑材料，这一活动又涉及哪些涉税行为？

9. **兼营行为**。纳税人兼营销售货物、劳务、服务、无形资产或者不动产，适用不同税率或者征收率的，应当分别核算适用不同税率或者征收率的销售额；未分别核算的，从高适用税率。

请思考

某建筑装饰材料商店从事建筑装饰材料的批发、零售，偶尔也对外承揽安装、装饰工程，该商店的经营活动有哪些涉税行为？

提示："混合销售"与"兼营"的主要区别在于增值税的应税货物或劳务与服务的应税行为有无紧密的从属关系。

10. **不征收增值税项目**。

（1）根据国家指令无偿提供的铁路运输服务、航空运输服务，主要用于公益事业的服务。

（2）存款利息。

（3）被保险人获得的保险赔付。

（4）房地产主管部门或者其指定机构、公积金管理中心、开发企业以及物业管理单位代收的住宅专项维修资金。

（5）在资产重组过程中，通过合并、分立、出售、置换等方式，将全部或者部分实物资产以及与其相关联的债权、负债和劳动力一并转让给其他单位和个人，其中涉及的不动产、土地使用权转让行为。

（二）纳税人

凡在我国境内销售货物、服务、无形资产或者不动产，提供加工、修理修配劳务，以及进口货物的单位和个人，都是增值税的纳税人。这里所称“单位”，是指企业、行政单位、事业单位、军事单位、社会团体及其他单位；所称“个人”，是指个体工商户和其他个人。

微课：增值税的纳税人和税率

为了便于征管，借鉴国际通行的做法，我国将增值税纳税人按其经营规模大小及会计核算健全与否，划分为“一般纳税人”和“小规模纳税人”。对小规模纳税人，采取简易办法计税。

1. 小规模纳税人。

小规模纳税人是指年销售额在500万元以下，并且会计核算不健全，不能按规定报送有关税务资料的增值税纳税人。所称会计核算不健全是指不能正确核算增值税的销项税额、进项税额和应纳税额。年应税销售额超过小规模纳税人标准的其他个人按小规模纳税人纳税；不经常发生应税行为的单位和个体工商户可选择按小规模纳税人纳税。

课件：增值税的纳税人和税率

2. 一般纳税人。

（1）一般纳税人的标准。小规模纳税人以外的增值税纳税人，为增值税一般纳税人。但要注意：

①年应税销售额未超过规定标准的纳税人，会计核算健全，能够提供准确税务资料的，可以向主管税务机关办理一般纳税人资格登记，成为一般纳税人。能够准确提供税务资料，是指能够按照增值税规定如实填报增值税纳税申报表及其他税务资料，按期申报纳税。是否做到“会计核算健全”和“能够准确提供税务资料”，由小规模纳税人的主管税务机关认定。

拓展阅读：退税率提高外贸企业迎春

②年应税销售额超过规定标准的其他个人不属于一般纳税人。

③不经常发生应税行为的单位和个体工商户可选择按照小规模纳税人纳税。另外，兼有销售货物、提供加工修理修配劳务以及应税行为，且不经常发生应税行为的单位和个体工商户也可选择按照小规模纳税人纳税。

（2）增值税一般纳税人的资格登记。符合一般纳税人条件的纳税人应当向主管税务机关申请资格登记，未申请办理一般纳税人资格登记手续的，应按销售额依照增值税税率计算应纳税额，不得抵扣进项税额，也不得使用增值税专用发票（含税控机动车销售统一发票）。除国家税务总局另有规定外，一经登记为一般纳税人后，不得转为小规模纳税人。

纳税人年应税销售额超过规定标准的，须在申报期结束后15日内，向主管税务机关办理一般纳税人资格登记，或向主管税务机关提交书面说明按小规模纳税人纳税。未按规定时限办理的，主管税务机关会在规定期限结束后5日内制作《税务事项通知书》，通知纳税人在5日内向主管税务机关办理相关手续。纳税人自行选择在办理登记的当月1日或者次月1日起，按照增值税一般计税方法计算应纳税额，并按照规定领用增值税专用发票。

纳税人年应税销售额超过财政部、国家税务总局规定标准，且符合有关政策规定，选择按小规模纳税人纳税的，应当向主管税务机关提交书面说明。个体工商户以外的其他个人年应税销售额超过规定标准的，不需要向主管税务机关提交书面说明。

（三）税率

我国增值税适用税率分为13%、9%、6%和0四种，征收率分为3%和5%两种。

1. **基本税率**。增值税一般纳税人销售或者进口货物，提供加工、修理修配劳务的，提供有形动产租赁服务，除适用低税率、零税率和征收率范围外，税率均为13%。

2. **低税率**。

（1）9%低税率：纳税人销售或者进口下列项目的，适用9%的低税率：①粮食、食用植物油、食用盐；②自来水、暖气、冷气、热水、煤气、石油液化气、天然气、沼气、居民用煤炭制品；③图书、报纸、杂志；④饲料、化肥、农药、农机、农膜；⑤提供交通运输服务、邮政服务、基础电信服务、建筑服务、不动产租赁服务，销售不动产，转让土地使用权；⑥国务院规定的其他货物。

（2）6%低税率：提供现代服务业（租赁服务除外）、增值电信服务、金融服务、生活服务、销售无形资产（转让土地使用权除外），税率为6%。

3. **零税率**。纳税人出口货物，提供国际运输服务，提供航天运输服务，向境外单位提供的完全在境外消费的相关服务（包括研发服务、合同能源管理服务、设计服务、广播影视节目及作品的制作和发行服务、软件服务、电路设计及测试服务、信息系统服务、业务流程管理服务、离岸服务外包业务及转让技术）及财政部和国家税务总局规定的其他服务，税率为零。但是，出口货物不包括国家禁止出口的货物（如天然牛黄、麝香、铜和铜基合金等）和国家限制出口的部分货物（如矿砂及精矿、钢铁初级产品、原油、车用汽油、煤炭、原木、尿素产品、山羊绒、鳗鱼苗、某些援外货物等）。

4. **征收率**。考虑到小规模纳税人经营规模小，且会计核算不健全，难以按上述税率计税和使用增值税专用发票抵扣进项税额，因此实行按销售额与征收率计算应纳税额的简易办法。除部分不动产销售和租赁行为的征收率为5%以外，小规模纳税人发生的应税行为以及一般纳税人发生的特定应税行为，增值税征收率为3%。

小知识

税收法定与我国增值税立法

为落实税收法定原则，增值税已经启动了立法程序，有望在“十四五”期间完成立法。2019 年 12 月 26 日，财政部、国家税务总局颁布《中华人民共和国增值税法（征求意见稿）》，向社会公开征求意见，旨在完善税收法律制度，提高立法公众参与度，广泛凝聚社会共识，推进科学立法、民主立法、开门立法。

《中华人民共和国增值税法（征求意见稿）》在《增值税暂行条例》的基础上对增值税的征收进行了规范和升级。主要的变化如下：

1. 增值税征税范围发生了变化。将“加工、修理修配劳务”并入“服务”，将“销售金融商品”从“服务”中单列，即增值税的征税范围为在境内销售货物、服务、无形资产、不动产和金融商品，以及进口货物。

2. 取消一般纳税人和小规模纳税人的区分。不再将纳税人划分为一般纳税人和小规模纳税人，而是以季度销售额 30 万元为起征点，超过起征点的单位和个人属于增值税纳税人，未超过起征点的单位和个人不属于增值税纳税人。

3. 明确增值税征收率为 3%，取消了 5% 的征收率。

4. 取消了服务的视同销售。即单位和个体工商户无偿提供服务，不再视同销售。

5. 不得抵扣进项税额项目发生了变化。“购进并直接用于消费的餐饮服务、居民日常服务和娱乐服务对应的进项税额”这三项原不得抵扣进项税额项目发生了变化。这就给一些特定企业的特定业务提供了抵扣的机会，例如，餐饮企业从中央厨房购进的餐饮服务就可以得到抵扣了。

6. 销售额的定义发生了变化。明确销售额是纳税人发生应税交易取得的与之相关的对价，包括全部货币或者非货币形式的经济利益，弃用“全部价款和价外费用”的传统表述方式。继续认可差额计算销售额，但是由国务院规定。

7. 计税期间发生了变化。取消“1 日、3 日和 5 日”三个计税期间，新增“半年”的计税期间。新法将原法“纳税期限”改成“计税期间”。

8. 混合销售的范围和界定方法发生了变化。纳税人一项应税交易涉及两个以上税率或者征收率的，应从主适用税率或者征收率；兼营应当分别核算适用不同税率或者征收率的销售额，未分别核算的，从主适用税率。

（四）减免税

1. 纳税人生产销售以下货物免税：

（1）农业生产者销售的自产农产品，包括种植业、养殖业、林业、牧业和水产业生产的各种初级产品；

（2）避孕药品和用具；

（3）古旧图书，指向社会收购的古书和旧书；

（4）直接用于科学研究、科学试验和教学的进口仪器、设备；

（5）外国政府、国际组织无偿援助的进口物资和设备；

（6）由残疾人的组织直接进口供残疾人专用的物品；

（7）销售的自己使用过的物品，自己使用过的物品是指其他个人自己使用过的物品；

（8）批发、零售的蔬菜和部分鲜活肉蛋；

（9）除豆粕以外的其他粕类饲料产品；

（10）有机肥产品。

2. 纳税人发生以下行为免税：

（1）托儿所、幼儿园提供的保育和教育服务；

（2）养老机构提供的养老服务；

（3）残疾人福利机构提供的育养服务；

（4）婚姻介绍服务；

（5）殡葬服务；

（6）残疾人员本人为社会提供的服务；

（7）医疗机构提供的医疗服务；

（8）从事学历教育的学校提供的教育服务；

（9）学生勤工俭学提供的服务；

（10）农业机耕、排灌、病虫害防治、植物保护、农牧保险以及相关技术培训业务，家禽、牲畜、水生动物的配种和疾病防治；

（11）纪念馆、博物馆、文化馆、文物保护单位管理机构、美术馆、展览馆、书画院、图书馆在自己的场所提供文化体育服务取得的第一道门票收入；

（12）寺院、宫观、清真寺和教堂举办文化、宗教活动的门票收入；

（13）其他免税项目，如个人转让著作权、个人销售自建自用住房、纳税人提供技术转让、技术开发和与之相关的技术咨询、技术服务等。

3. 起征点。起征点仅适用于个体工商户小规模纳税人和其他个人：按期纳税的，为月销售额 5 000—20 000 元（含本数）；按次纳税的，为每次（日）销售额 300—500 元（含本数）。起征点的具体标准由各省、自治区和直辖市国家税务局根据实际情况确定。

微课：销项税额的计算

课件：销项税额的计算

第二节 增值税的计算

纳税人应纳税额的计算，关键在于正确掌握计税依据。增值税应纳税额的计算，可归纳为以下四种情况。

一、一般纳税人应纳税额的计算

前面举例中谈到，按照增值额计税，家具厂的应纳税额为：

应纳税额 = (200 - 100) × 13% = 13（元）

这种计算方法是先求出增值额，然后乘以增值税税率，计算出应纳税额。然而，实际生活中纳税人的增值因素难以精确计算，而且增值税并非单一税率，这使上述计算方法在实际工作中难以应用。

我国现行税法规定的计算方法，是以货物的销售额为计税依据，乘以增值税税率，然后从中减去外购原材料等已经缴纳的增值税税款，计算出应纳税额。

联系上例，家具厂的应纳税额为销售课桌收入 200 元，乘以税率，再减去购进木材已缴纳的税额，即：

应纳税额 = 200 × 13% - 13 = 13（元）

这种计算，虽然方法不同，但同样体现了按增值因素征税的原则，其计算原理和结果是相同的。

视频：税收助力中国芯

增值税纳税人销售货物或者应税劳务，按照销售额和规定的税率计算并向购买方收取的增值税额，称为销项税额。购进原材料等已纳的税款称为进项税额。

一般纳税人应纳税额的计算公式为：

应纳税额 = 当期销项税额 - 当期进项税额

销项税额 = 销售额 × 税率

拓展阅读：税收大数据助企业“逆境突围”

这里要注意，在我国增值税实行价外税情况下，纳税人销售货物或应税劳务的销项税额，是向购买方收取的。即卖方在收取货款时同时要向买方收取按照货款计算的增值税款。这表明增值税是一种可以转嫁的税，其税款最终由消费者负担。同时，也可以看出，在一项交易行为中，卖方的销项税额也就是买方的进项税额。

（一）销售额的确定

1. 销售额的含义。**销售额是指纳税人销售货物或者提供应税劳务向购买方收取的全部价款和价外费用，但不包括向购买方收取的销项税额。**

价外费用包括向购买方价外收取的手续费、补贴、基金、集资费、返还利润、奖励费、违约金（延期付款利息）、包装费、包装物租金、储备费、优质费、运输装卸费、代收款项、代垫款项及其他各种性质的价外费用。但不包括下列项目：

（1）因非经营活动而代为收取的政府性基金或者行政事业性收费。

（2）以委托方名义开具发票代委托方收取的款项。

（3）纳税人代垫运费，同时将承运部门开具给购货方的运费发票转交给购货方。

（4）销售货物的同时代办保险等而向购买方收取的保险费，以及向购买方收取的代购买方缴纳的车辆购置税、车辆牌照费。

2. 含税销售额的换算。增值税的应税销售额不包括向购买方收取的销项税额，但在实际生活中，常常出现纳税人将销售货物的销售额和销项税额合并定价，成为含税的销售额。遇到这种情况，在计税时先要将含税销售额换算为不含税销售额，其换算公式为①：

$$销售额=\frac{含税销售额}{1+税率}$$

【例3-1】 某商店向消费者销售洗衣机，某月销售100台，每台含税销售价为904元，增值税税率为13%，则该商场这个月洗衣机的销售额和销项税额分别为：

销售额=(100×904)÷(1+13%)=80 000（元）

销项税额=80 000×13%=10 400（元）

销项税额减去进项税额即为应纳增值税税额。

增值税一般纳税人（包括纳税人自己或代其他部门）向购买方收取的价外费用和应税的包装物押金，应视为含税收入，在征税时换算为不含税收入再并入销售额。

【例3-2】 某酒厂为增值税一般纳税人，向一般纳税人销售白酒开具专用发票注明价款10 000元，同时收取单独核算的包装物押金2 260元（尚未逾期），则此业务该酒厂应确认的销项税额为：

销项税额=[10 000+2 260÷(1+13%)]×13%=1 560（元）

3. 其他销售方式销售额的确定。

（1）折扣销售、销售折扣、销售货物退回或者折让。

①**折扣销售**。折扣销售是按商品标明的价格扣减一定数额后销售（又称“价格折扣”）。这项扣减数通常用百分比表示，如10%、15%等；我国习惯用九折、八五折等表示，例如，一件单价为100元的商品，按八五折销售即卖85元。

折扣销售，如果销售额和折扣额在同一张发票上分别注明的，可按折扣后的销售额计税；如果将折扣额另开一张发票，则不论其在财务上如何处理，均不得从销售额中减除折扣额。

这里的折扣销售仅限于货物价格折扣，如果是实物折扣应按视同销售中“无偿赠送”处理，实物款额不能从原销售额中减除。

②**销售折扣**。销售折扣又称“现金折扣”，是指在采用赊销方式销售商品

---

① 销售额公式的推导：

含税销售额=不含税销售额+税额 …………………………………………… (1)

税额=不含税销售额×税率 ………………………………………………………… (2)

公式（2）代入公式（1），含税销售额=不含税销售额+不含税销售额×税率

并项，含税销售额=不含税销售额×(1+税率)

移项，不含税销售额=含税销售额÷(1+税率)

时，为了鼓励购货方在一定期限内尽早偿还货款，而规定一个短于规定期限的折扣。一般用符号“折扣率/付款期限”表示，例如，2/10、1/20、n/30分别表示10天内付款给予2%的折扣、20天内付款给予1%的折扣、超过20天的应全额付款。这种折扣发生在销售货物之后，属于一种融资行为，折扣额不得从销售额中减除。

③**销售货物退回或者折让**。一般纳税人销售货物或者应税劳务，开具增值税专用发票后，发生销售货物退回或者折让、开票有误等情形，应按国家税务总局的规定开具红字增值税专用发票，未按规定开具红字增值税专用发票的，增值税额不得从销项税额中扣减。

【例3-3】 甲企业销售给乙公司1 000件玩具，每件不含税价格为20元，由于乙公司购买数量多，甲企业按原价的8折优惠销售，并提供1/10、n/20的销售折扣。乙公司于10日内付款，则甲企业此项业务的销项税额为：

销项税额 = 20 × 80% × 1 000 × 13% = 2 080（元）

（2）以旧换新、以物易物。**以旧换新**是指纳税人为了促销，在销售货物的同时有偿收回旧货物。对此，应按新货物的销售价确定销售额，不能从中扣减旧货物的收购价格。例如，某洗衣机厂为了促销采取以旧换新方式销售洗衣机一批，每台洗衣机不含税价为800元；同时，回收一台旧洗衣机，折价80元；实际只收现金720元。而计税时，须按每台800元确定销售额。但对金银首饰以旧换新业务，可以按销售方实际收取的不含增值税的全部价款征收增值税。

以物易物是指购销双方不以货币结算，而是以同等价款的货物相互结算，实现货物购销的一种方式。

以物易物双方都要作购销处理，以各自发出的货物核算销售额并计算销项税额；以各自收得的货物核算购货额，符合规定条件的，可以抵扣进项税额。

【例3-4】 某机械厂用4台出厂单价为2.5万元的C620车床向钢材厂换取一批销售价为10万元的钢材。双方均为增值税一般纳税人且均按价款给对方开具专用发票。

分析：在这笔交易中，机械厂的销售额应为25 000 × 4 = 10（万元），销项税额为100 000 × 13% = 13 000（元）；购进材料为10万元，进项税额13 000元。钢材厂的销售额为10万元，销项税额为100 000 × 13% = 13 000（元）；购进固定资产为10万元，进项税额13 000元。

提示：以物易物换入的货物，未能取得增值税专用发票的，不得抵扣进项税额。

（3）销售带包装的货物。如前所述，价外费用包括价外向购买方收取的包装费及其租金，因此，纳税人销售带包装的货物，无论包装物是否单独计价，在财务上如何核算，也不论这部分包装物是自制的还是外购的，销售额均应包括包装物的价格在内。但有的纳税人为了能收回包装物周转使用，对包装物不作价随同货物出售，而是另外收取押金，并单独记账核算，则包装物押金不并入销售额计税。但酒类产品收取的包装物押金，除销售啤酒、黄酒外，无论是否返还，以及会计上如何核算，都应并入当期销售额计税。

对按规定不并入销售额计税的包装物押金，如果逾期（①超过合同或双方协议约定的期限；②收回期不明确，超过一年未收回的）未能收回包装物，押金不再退还的，则应按所包装货物的适用税率计算销售额。这里需注意，逾期包装物押金为含税收入，需换算成不含税价再并入销售额。例如，某粮食部门向某团体供应大米、面粉等粮食，在价外收取米和面粉袋的押金545元，因逾期不再退还，则押金应按所包装货物的适用税率计税，其销售额为 $545\div(1+9\%)=500$（元）。

4. 视同销售或价格明显偏低并无正当理由的销售额的确定。**视同销售**，有的因不以货币形式反映，而没有销售额；或者有时纳税人虽有销售额但售价明显偏低又无正当理由。税法规定，这两种情况应按下列顺序确定其销售额：

（1）按纳税人最近时期同类货物的平均销售价格确定；

（2）按其他纳税人最近时期同类货物的平均销售价格确定；

（3）按组成计税价格确定。组成计税价格的公式为：

$$组成计税价格=成本\times(1+成本利润率)$$

成本为自产货物的实际生产成本或外购货物的实际采购成本。成本利润率由国家税务局统一确定为10%。

属于应征消费税的货物，其组成计税价格中应加计消费税额，其成本利润率需按消费税的有关规定计算。

固定资产视同销售行为，对已使用过的固定资产无法确定销售额的，以固定资产净值为销售额。

【例3－5】某针织厂（一般纳税人）某月将自产的针织内衣作为福利发给本厂职工，共发放A型内衣400件，同类产品每件销售价为150元；发放B型内衣200件，无同类产品销售价格，生产B型内衣的总成本为38 000元，则这项视同销售行为的销售额为：

A型内衣的销售额 $=400\times150=60\,000$（元）

B型内衣的销售额 $=38\,000\times(1+10\%)=41\,800$（元）

这两项视同销售行为的销项税额 $=(60\,000+41\,800)\times13\%=13\,234$（元）

5. 外汇结算销售额的折算。销售额以人民币计算。纳税人以人民币以外的货币结算销售额的，应当折合成人民币计算，其销售额的人民币折合率可以选择销售额发生的当天或者当月1日的人民币汇率中间价。纳税人应事先确定采用何种折合率，确定后1年内不得变更。

6. 部分特殊服务销售额的确定。

（1）贷款服务，以提供贷款服务取得的全部利息及利息性质的收入为销售额。

（2）直接收费金融服务，以提供直接收费金融服务收取的手续费、佣金、酬金、管理费、服务费、经手费、开户费、过户费、结算费、转托管费等各类费用为销售额。

（3）金融商品转让，按照卖出价扣除买入价后的余额为销售额。转让金融商品出现的正负差，按盈亏相抵后的余额为销售额。若相抵后出现负差，可结转下一纳税期与下期转让金融商品销售额相抵，但年末仍出现负差的，不得转入下一个会计年度。

金融商品的买入价，可以选择按照加权平均法或者移动加权平均法进行核算，选择后36个月内不得变更。

金融商品转让，不得开具增值税专用发票。

（4）经纪代理服务，以取得的全部价款和价外费用，扣除向委托方收取并代为支付的政府性基金或者行政事业性收费后的余额为销售额。向委托方收取的政府性基金或者行政事业性收费，不得开具增值税专用发票。

（5）融资租赁和融资性售后回租业务：

①经人民银行、银监会或者商务部批准从事融资租赁业务的试点纳税人，提供融资租赁服务，以取得的全部价款和价外费用，扣除支付的借款利息（包括外汇借款和人民币借款利息）、发行债券利息和车辆购置税后的余额为销售额。

②经人民银行、银监会或者商务部批准从事融资租赁业务的试点纳税人，提供融资性售后回租服务，以取得的全部价款和价外费用（不含本金），扣除对外支付的借款利息（包括外汇借款和人民币借款利息）、发行债券利息后的余额作为销售额。

（6）航空运输企业的销售额，不包括代收的机场建设费和代售其他航空运输企业客票而代收转付的价款。

（7）一般纳税人提供客运场站服务，以其取得的全部价款和价外费用，扣除支付给承运方运费后的余额为销售额。

（8）纳税人提供旅游服务，可以选择以取得的全部价款和价外费用，扣除向旅游服务购买方收取并支付给其他单位或者个人的住宿费、餐饮费、交通费、签证费、门票费和支付给其他接团旅游企业的旅游费用后的余额为销售额。

选择上述办法计算销售额的纳税人，向旅游服务购买方收取并支付的上述费用，不得开具增值税专用发票，可以开具普通发票。

（9）纳税人提供建筑服务适用简易计税方法的，以取得的全部价款和价外费用扣除支付的分包款后的余额为销售额。

（10）房地产开发企业中的一般纳税人销售其开发的房地产项目，以取得的全部价款和价外费用，扣除受让土地时向政府部门支付的土地价款后的余额为销售额。

（二）进项税额的确定

微课：进项税额确认和应纳税额的计算

课件：进项税额确认和应纳税额的计算

进项税额，是指纳税人购进货物、加工修理修配劳务、服务、无形资产或者不动产，支付或者负担的增值税额。按照税法规定，增值税进项税额允许纳税人在销售货物时从向购买方收取的销项税额中抵扣。在开具增值税专用发票的情况下，它们之间的对应关系是：销售方收取的销项税额，就是购买方支付的进项税额。对于任何一个一般纳税人而言，由于其在经营活动中既会发生销售货物或提供应税劳务，又会发生购进货物或接受应税劳务，因此，每一个一般纳税人都会有收取的销项税额和支付的进项税额。增值税的核心就是用纳税人收取的销项税额抵扣其支付的进项税额，其余额为纳税人实际应缴纳的增值税税额。因此，正确确定可抵扣的进项税额是准确计算应纳税额的又一关键。

1. 准予从销项税额中抵扣的进项税额。准予从销项税额中抵扣的进项税额，限于下列增值税扣税凭证上注明的增值税额和按规定的扣除率计算的进项税额。

（1）从销售方取得的增值税专用发票上注明的增值税额。生产经营企业的购销活动频繁，要确定进项税额是由于购进货物所发生，并且是由纳税人支付或负担的，需要有准确的记录。最初记录这一事项的是增值税专用发票（简称专用发票）。增值税专用发票的式样见图 3－1。一般纳税人销售货物符合条件的应向购买方开具专用发票，其中税率为销售货物所适用的税率；税额为销售额（即发票上的“金额”）乘以税率之积。

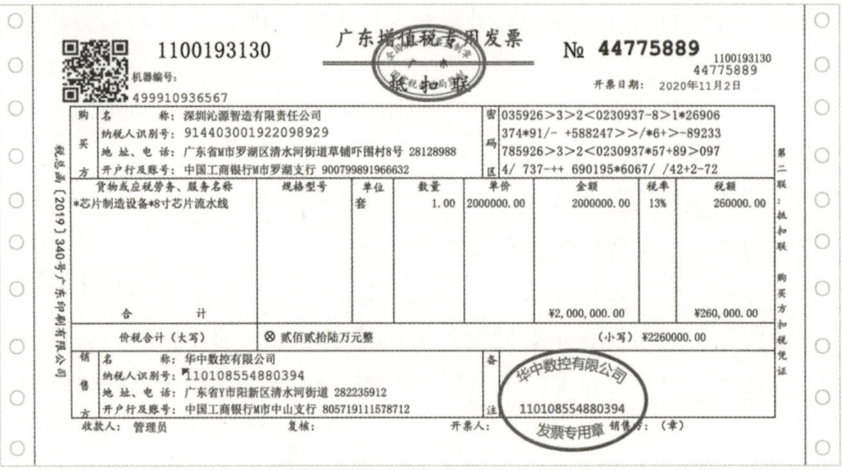
1100193130　　广东增值税专用发票　　№ 44775889
1100193130
44775889
机器编号：499910936567　　抵扣联　　开票日期：2020年11月2日

购买方　名　　称：深圳沁源智造有限责任公司
纳税人识别号：914403001922098929
地 址、电 话：广东省M市罗湖区清水河街道草铺吓围村8号 28128988
开户行及账号：中国工商银行M市罗湖支行 900799891966632

密码区
035926>3>2<0230937-8>1*26906
374*91/- +588247>>/*6+>-89233
785926>3>2<0230937*57+89>097
4/ 737-++ 690195*6067/ /42+2-72

货物或应税劳务、服务名称	规格型号	单位	数量	单价	金额	税率	税额
*芯片制造设备*8寸芯片流水线		套	1.00	2000000.00	2000000.00	13%	260000.00
合　　计					¥2,000,000.00		¥260,000.00
价税合计（大写）	⊗ 贰佰贰拾陆万元整				（小写）¥2260000.00		

销售方　名　　称：华中数控有限公司
纳税人识别号：110108554880394
地 址、电 话：广东省Y市阳新区清水河街道 282235912
开户行及账号：中国工商银行M市中山支行 805719111578712

备注　华中数控有限公司　110108554880394　发票专用章

收款人：管理员　　复核：　　开票人：　　销售方：（章）

税总函〔2019〕340号广东印制有限公司

第二联：抵扣联　购买方扣税凭证

图 3－1　增值税专用发票式样

增值税专用发票不只是一般的商业凭证，而且是兼记销售方销项税额和购货方进项税额，进行税款抵扣的重要凭证。

（2）从海关取得的海关进口增值税专用缴款书上注明的增值税额。纳税人进口货物凡已缴纳了增值税的，不论是否已经支付货款，其取得的海关进口增值税专用缴款书上注明的增值税额可作为增值税进项税额抵扣。

（3）中华人民共和国税收完税凭证。从境外单位或者个人购进服务、无形资产或者不动产，自税务机关或者扣缴义务人取得的解缴税款的完税凭证上注明的增值税额。

（4）购进农产品，除取得增值税专用发票或者海关进口增值税专用缴款书外，按照农产品收购发票或者销售发票上注明的农产品买价和9%（用于生产或提供9%、6%等税率货物、服务）或10%（用于生产、加工13%税率货物）的扣除率计算进项税额。进项税额计算公式：

进项税额 = 买价 × 扣除率

买价，包括纳税人购进农产品在农产品收购发票或者销售发票上注明的价款和按规定缴纳的烟叶税。

提示：上述情况下，即使没有增值税专用发票抵扣联，也可以作为进项税额抵扣。

【例3－6】某食品加工厂向农场收购小麦用于生产糕点，取得农产品收购发票注明买价为50 292元，该业务可以抵扣的进项税额为：

50 292 × 10% = 5 029.2（元）

（5）收费公路通行费的进项税额。纳税人支付的道路通行费，按照收费公路通行费增值税电子普通发票上注明的增值税额抵扣进项税额。其中，高速公路通行费的计税率为3%，一级、二级公路通行费的计税率为5%。纳税人支付的桥、闸通行费，暂凭取得的通行费发票上注明的收费金额按照下列公式计算可抵扣的进项税额：

桥、闸通行费可抵扣进项税额 = 桥、闸通行费发票上注明的金额 ÷（1 + 5%）× 5%

【例3－7】某企业支付桥、闸通行费6 825元，取得通行费发票（非财政票据）；支付高速公路通行费，增值税电子普通发票注明税额246元，则该企业上述发票可抵扣进项税额为：

6 825 ÷（1 + 5%）× 5% + 246 = 325 + 246 = 571（元）

（6）购进国内旅客运输服务的进项税额。自2019年4月1日起，纳税人购进国内旅客运输服务，其进项税额允许从销项税额中抵扣。所称“国内旅客运输服务”，限于与本单位签订了劳动合同的员工，以及本单位作为用工单位接受的劳务派遣员工发生的国内旅客运输服务。

如果纳税人未取得增值税专用发票，暂时按照以下规定确定进项税额：

①取得增值税电子普通发票的，为发票上注明的税额；

②取得注明旅客身份信息的航空运输电子客票行程单的，按照下列公式计算进项税额：

航空旅客运输进项税额 =（票价 + 燃油附加费）÷（1 + 9%）× 9%

③取得注明旅客身份信息的铁路车票的，按照下列公式计算进项税额：

铁路旅客运输进项税额 = 票面金额 ÷（1 + 9%）× 9%

④取得注明旅客身份信息的公路、水路等其他客票的，按照下列公式计算进项税额：

$$公路、水路等其他旅客运输进项税额 = 票面金额 \div (1 + 3\%) \times 3\%$$

【例 3－8】某公司有员工因公务出差，取得航空运输电子客票行程单，如图 3－2 所示。

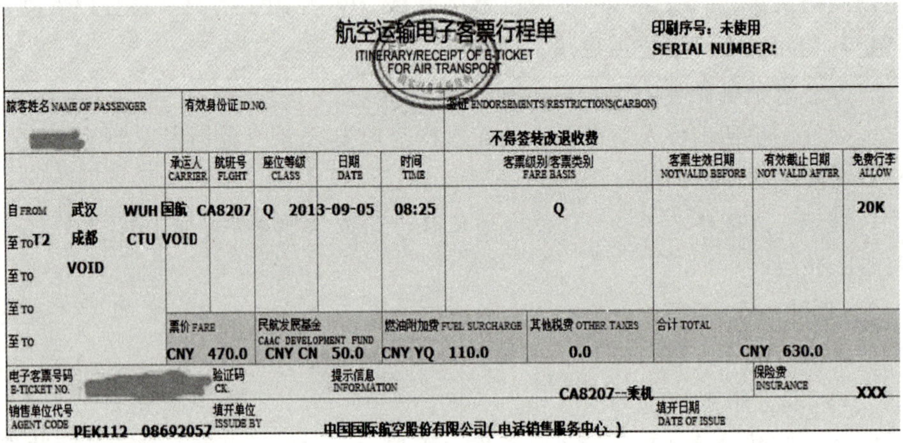

航空运输电子客票行程单
ITINERARY/RECEIPT OF E-TICKET FOR AIR TRANSPORT
印刷序号：未使用
SERIAL NUMBER:

旅客姓名 NAME OF PASSENGER [redacted]
有效身份证 ID.NO.
签注 ENDORSEMENTS/RESTRICTIONS(CARBON)　不得签转改退收费

	承运人 CARRIER	航班号 FLGHT	座位等级 CLASS	日期 DATE	时间 TIME	客票级别/客票类别 FARE BASIS	客票生效日期 NOTVALID BEFORE	有效截止日期 NOT VALID AFTER	免费行李 ALLOW
自 FROM 武汉 WUH	国航	CA8207	Q	2013-09-05	08:25	Q			20K
至 TO T2 成都 CTU	VOID								
至 TO VOID									
至 TO									
至 TO									

票价 FARE	民航发展基金 CAAC DEVELOPMENT FUND	燃油附加费 FUEL SURCHARGE	其他税费 OTHER TAXES	合计 TOTAL
CNY 470.0	CNY CN 50.0	CNY YQ 110.0	0.0	CNY 630.0

电子客票号码 E-TICKET NO. [redacted]　验证码 CK.　提示信息 INFORMATION　CA8207--乘机　保险费 INSURANCE　XXX
销售单位代号 AGENT CODE PEK112 08692057　填开单位 ISSUDE BY 中国国际航空股份有限公司（电话销售服务中心）　填开日期 DATE OF ISSUE

图 3－2　航空运输电子客票行程单

公司该项支出可抵扣的进项税额为：

航空旅客运输进项税额 =（470 + 110）÷（1 + 9%）× 9% = 47.89（元）

（7）购买税控设备所支付的费用。初次购买增值税税控系统专用设备、交纳的技术维护费可凭购买增值税税控系统专用设备取得的增值税专用发票和技术维护费发票，在增值税应纳税额中全额抵减（抵减额为价税合计额），不足抵减的可结转下期继续抵减。

（8）特殊抵税行为。按规定不得抵扣且未抵扣进项税额的固定资产、无形资产、不动产，发生用途改变，用于允许抵扣进项税额的应税项目，可在用途改变的次月按照下列公式计算可以抵扣的进项税额：

$$可以抵扣的进项税额 = 固定资产、无形资产、不动产净值/(1 + 适用税率) \times 适用税率$$

上述可以抵扣的进项税额应取得合法有效的增值税扣税凭证。

2. 不得从销项税额抵扣的进项税额。

（1）用于简易计税方法计税项目、免税项目、集体福利或者个人消费的购进货物，加工修理修配劳务、服务，无形资产和不动产。其中涉及的固定资产、无形资产、不动产，仅指专用于上述项目的固定资产、无形资产（不包括其他权益性无形资产）、不动产，发生兼用于增值税应税项目和上述项目情况的，该进项税额准予全部抵扣。

纳税人购进其他权益性无形资产无论是专用于简易计税方法计税项目、

免征增值税项目、集体福利或者个人消费，还是兼用于上述项目，均可以抵扣进项税额。

用于集体福利或个人消费的购进货物或应税劳务是指企业内部设置的供职工使用的食堂、浴室、理发室、宿舍、幼儿园等福利设施及其设备、物品等或者以福利、奖励、津贴等形式发放给职工个人的物品。个人消费，包括纳税人的交际应酬消费。纳税人凡购进货物或应税劳务是用于集体福利、个人消费的，由于其已改变了生产、经营需要的用途，成为最终消费品。因此，其进项税额不能抵扣。

（2）适用一般计税方法的纳税人，兼营简易计税方法计税项目、免征增值税项目而无法划分不得抵扣的进项税额，按照下列公式计算不得抵扣的进项税额：

$$\text{不得抵扣的进项税额}=\text{当期无法划分的全部进项税额}\times(\text{当期简易计税方法计税项目销售额}+\text{免征增值税项目销售额})\div\text{当期全部销售额}$$

主管税务机关可以按照上述公式，依据年度数据，对不得抵扣的进项税额进行清算。

（3）非正常损失的购进货物，非正常损失的在产品、产成品所耗用的购进货物（不包括固定资产），以及相关的加工修理修配劳务和交通运输服务；非正常损失的不动产，以及该不动产所耗用的购进货物、设计服务和建筑服务；非正常损失的不动产在建工程所耗用的购进货物、设计服务和建筑服务。以上业务所涉及的进项税额不准予从销项税额中抵扣。

纳税人新建、改建、扩建、修缮、装饰不动产，均属于不动产在建工程。

非正常损失，是指因管理不善造成货物被盗、丢失、霉烂变质，以及因违反法律法规造成货物或者不动产被依法没收、销毁、拆除的情形。

（4）购进的贷款服务、餐饮服务、居民日常服务和娱乐服务。

由于一般纳税人购买的餐饮服务、居民日常服务和娱乐服务，难以准确界定接受劳务的对象是企业还是个人，因此，一般纳税人购进的餐饮服务、居民日常服务和娱乐服务的进项税额不得从销项税额中抵扣（即使取得增值税发票也不能抵扣）。

需注意，酒店住宿可索取增值税专用发票，进项税额可抵扣。

（5）不符合法律法规规定的凭证。纳税人取得的增值税扣税凭证不符合法律、行政法规或者国家税务总局有关规定的，其进项税额不得从销项税额中抵扣。

增值税扣税凭证，是指增值税专用发票、海关进口增值税专用缴款书、农产品收购发票、农产品销售发票和完税凭证。下列凭证不能抵税：

①取得虚开的增值税专用发票。企业如果善意取得虚开的增值税专用发票，如能重新取得合法、有效的专用发票，准予其抵扣进项税款；如不能重新取得合法、有效的专票，不允许抵扣进项税款。

②资料不全的完税凭证。纳税人凭税收缴款凭证抵扣进项税额的，应当具备书面合同、付款证明和境外单位的对账单或者发票。资料不全的，其进项税额不得从销项税额中抵扣。

③没有按规定加盖财务专用章或者发票专用章的扣税凭证。一般纳税人销售货物或者提供应税劳务可汇总开具专用发票。汇总开具专用发票的，同时使用防伪税控系统开具“销售货物或者提供应税劳务清单”，并加盖财务专用章或者发票专用章。

（6）一般纳税人的特殊规定。为了加强对一般纳税人的管理，防止利用一般纳税人和小规模纳税人的两种不同的征税办法达到少缴税款的情况发生，有下列情形之一者，应当按照销售额和增值税税率计算应纳税额，不得抵扣进项税额，也不得使用增值税专用发票：

①一般纳税人会计核算不健全，或者不能够提供准确税务资料的。

②应当办理一般纳税人资格登记而未办理的。例如，年销售额超过小规模纳税人标准但未登记一般纳税人资格的。

（7）纳税人接受贷款服务向贷款方支付的与该笔贷款直接相关的投融资顾问费、手续费、咨询费等费用，其进项税额不得从销项税额中抵扣。

【例 3－9】 某企业兼营免税项目和非应税劳务，当月全部销售额、营业额合计 6 万元，其中免税项目、非应税项目营业额 2 万元。当月的进项税额 12 000 元全部无法分别核算。则：

不得抵扣的进项税额＝12 000×20 000÷60 000＝4 000（元）

已抵扣进项税额的购进货物或者应税劳务，发生不得抵扣规定的情形的（免税项目、非增值税应税劳务除外），应当将该项购进货物或者应税劳务的进项税额从当期的进项税额中扣减；无法确定该项进项税额的，按当期实际成本计算应扣减的进项税额。

【例 3－10】 某零售企业是增值税一般纳税人，某月因管理不善造成火灾，烧毁的库存商品账面售价为 40 万元，该批商品进销差价率 20%。则：

不得抵扣而需扣减的进项税额＝400 000×（1－20%）×13%

＝41 600（元）

提示： 不得抵扣的进项税额，取得时已明确不得抵扣的，会计不确认为“进项税额”；会计已确认“进项税额”，改变用途或发生非正常损失等原因不得抵扣的，作“进项税额转出”处理。

（三）计算应纳税额时进项税额不足抵扣的处理

如纳税人当期销项税额小于当期进项税额不足抵扣时，其不足部分可以结转下期继续抵扣。

【例 3－11】 某一般纳税人，1 月有未抵扣完的进项税 0.8 万元，2 月销售免税货物 40 万元，生产免税货物动用前期购进并已经抵扣进项税额的原材料 10 万元，计算其 2 月应纳增值税。

分析： 该企业 2 月增值税销项税额为 0，进项税额中用于生产免税货物的

进项税额不得抵扣，作进项税额转出处理，1 月未抵扣完的进项税额可在 2 月继续抵扣。则

2 月应纳增值税 =0 -（0 -10 ×13%）-0.8 =0.5（万元）

二、按简易办法征收增值税

（一）小规模纳税人应纳税额的计算

微课：增值税简易计税方法

课件：增值税简易计税方法

小规模纳税人数量众多，其财务核算也难于按规范的要求进行，考虑到征税成本和纳税人的实际情况等因素，我国对小规模纳税人销售货物或者应税劳务，实行按照销售额和征收率计算应纳税额的简易办法，并不得抵扣进项税额。计算公式为：

应纳税额 = 销售额 × 征收率

小规模纳税人的销售额不包括其应纳税额。小规模纳税人销售货物或者应税劳务采用销售额和应纳税额合并定价方法的，按下列公式计算销售额：

销售额 = 含税销售额 ÷（1 + 征收率）

【例 3 -12】 某个体户开设的修车店，修理自行车、三轮车、摩托车，某月营业收入额（含税）49 440 元。该个体户当月应纳增值税税额的计算为：

不含税销售额 =49 440 ÷（1 +3%）=48 000（元）

应纳税额 =48 000 ×3% =1 440（元）

小规模纳税人因销售货物退回或者折让退还给购买方的销售额，应从发生销售货物退回或者折让当期的销售额中扣减。

小规模纳税人（除其他个人外，下同）销售自己使用过的固定资产，减按 2% 征收率征收增值税。

小规模纳税人销售自己使用过的固定资产和旧货，按下列公式确定销售额和应纳税额：

销售额 = 含税销售额 ÷（1 +3%）

应纳税额 = 销售额 ×2%

小规模纳税人销售自己使用过的除固定资产以外的物品，应按 3% 的征收率征收增值税。

请思考

一般纳税人 13% 和 9% 的税率与小规模纳税人 3% 的征收率相比，能说明小规模纳税人的税负比较低吗？

（二）按简易办法征收增值税，不得抵扣进项税额

1. 纳税人销售自己使用过的物品，按下列政策执行：

（1）一般纳税人销售自己使用过的按规定不得抵扣且未抵扣进项税额的固定资产，按简易办法依 3% 征收率减按 2% 征收增值税。销售时应开具普通发票，不得开具增值税专用发票。纳税人亦可以放弃减税，按照简易办法依照 3% 征收率缴纳增值税，并可以开具增值税专用发票。

（2）小规模纳税人（除其他个人外，下同）销售自己使用过的固定资产和旧货，减按2%征收率征收增值税。按下列公式确定销售额和应纳税额：

销售额 = 含税销售额 ÷ (1 + 3%)

应纳税额 = 销售额 × 2%

小规模纳税人销售自己使用过的固定资产，应开具普通发票，不得由税务机关代开增值税专用发票。

小规模纳税人销售自己使用过的除固定资产以外的物品，应按3%的征收率征收增值税。

2. 一般纳税人销售自己使用过的物品和旧货，适用按简易办法依3%征收率减按2%征收增值税。按下列公式确定销售额和应纳税额：

销售额 = 含税销售额 ÷ (1 + 3%)

应纳税额 = 销售额 × 2%

所称旧货，是指进入二次流通的具有部分使用价值的货物（含旧汽车、旧摩托车和旧游艇），但不包括自己使用过的物品。

3. 一般纳税人销售自产的下列货物，可选择按照简易办法依照3%征收率计算缴纳增值税：（1）县级及县级以下小型水力发电单位生产的电力。（2）建筑用和生产建筑材料所用的砂、土、石料。（3）以自己采掘的砂、土、石料或其他矿物连续生产的砖、瓦、石灰。（4）用微生物、微生物代谢产物、动物毒素、人或动物的血液或组织制成的生物制品。（5）自来水。对属于一般纳税人的自来水公司销售自来水按简易办法依照3%征收率征收增值税，不得抵扣其购进自来水取得增值税扣税凭证上注明的增值税税款。（6）商品混凝土。（7）公共交通运输服务，包括轮客渡、公交客运、地铁、城市轻轨、出租车、长途客运、班车。（8）动漫服务。（9）电影放映服务、仓储服务、装卸搬运服务、收派服务和文化体育服务。（10）以纳入营改增试点之日前取得的有形动产为标的物提供的经营租赁服务。（11）在纳入营改增试点之日前签订的尚未执行完毕的有形动产租赁合同。

一般纳税人选择简易办法计算缴纳增值税后，36个月内不得变更。

4. 一般纳税人销售货物属于下列情形之一的，暂按简易办法依照3%征收率计算缴纳增值税：（1）寄售商店代销寄售物品（包括居民个人寄售的物品在内）；（2）典当业销售死当物品；（3）经国务院或国务院授权机关批准的免税商店零售的免税品。

5. 建筑服务的简易计税。

（1）一般纳税人以清包工方式提供的建筑服务，为甲供工程提供的建筑服务，为建筑工程老项目提供的建筑服务，可以选择适用简易计税方法依照3%征收率计税。以清包工方式提供建筑服务，是指施工方不采购建筑工程所需的材料或只采购辅助材料，并收取人工费、管理费或者其他费用的建筑服务；甲供工程，是指全部或部分设备、材料、动力由工程发包方自行采购的建筑工程。

（2）一般纳税人跨县（市）提供建筑服务，适用一般计税方法计税的，应以取得的全部价款和价外费用为销售额计算应纳税额。纳税人应以取得的全部价款和价外费用扣除支付的分包款后的余额，按照2%的预征率在建筑服务发生地预缴税款后，向机构所在地主管税务机关进行纳税申报。

（3）一般纳税人跨县（市）提供建筑服务，选择适用简易计税方法计税的，应以取得的全部价款和价外费用扣除支付的分包款后的余额为销售额，按照3%的征收率计算应纳税额。纳税人应按照上述计税方法在建筑服务发生地预缴税款后，向机构所在地主管税务机关进行纳税申报。

（4）试点纳税人中的小规模纳税人（以下称“小规模纳税人”）跨县（市）提供建筑服务，应以取得的全部价款和价外费用扣除支付的分包款后的余额为销售额，按照3%的征收率计算应纳税额。纳税人应按照上述计税方法在建筑服务发生地预缴税款后，向机构所在地主管税务机关进行纳税申报。

6. 销售不动产的简易计税。

（1）一般纳税人销售其2016年4月30日前取得（不含自建）的不动产，可以选择适用简易计税方法，以取得的全部价款和价外费用减去该项不动产购置原价或者取得不动产时的作价后的余额为销售额，按照5%的征收率计算应纳税额。纳税人应按照上述计税方法在不动产所在地预缴税款后，向机构所在地主管税务机关进行纳税申报。

（2）一般纳税人销售其2016年4月30日前自建的不动产，可以选择适用简易计税方法，以取得的全部价款和价外费用为销售额，按照5%的征收率计算应纳税额。纳税人应按照上述计税方法在不动产所在地预缴税款后，向机构所在地主管税务机关进行纳税申报。

（3）一般纳税人销售其2016年5月1日后取得（不含自建）的不动产，应适用一般计税方法，以取得的全部价款和价外费用为销售额计算应纳税额。纳税人应以取得的全部价款和价外费用减去该项不动产购置原价或者取得不动产时的作价后的余额，按照5%的预征率在不动产所在地预缴税款后，向机构所在地主管税务机关进行纳税申报。

（4）一般纳税人销售其2016年5月1日后自建的不动产，应适用一般计税方法，以取得的全部价款和价外费用为销售额计算应纳税额。纳税人应以取得的全部价款和价外费用，按照5%的预征率在不动产所在地预缴税款后，向机构所在地主管税务机关进行纳税申报。

（5）小规模纳税人销售其取得（不含自建）的不动产（不含个体工商户销售购买的住房和其他个人销售不动产），应以取得的全部价款和价外费用减去该项不动产购置原价或者取得不动产时的作价后的余额为销售额，按照5%的征收率计算应纳税额。纳税人应按照上述计税方法在不动产所在地预缴税款后，向机构所在地主管税务机关进行纳税申报。

（6）小规模纳税人销售其自建的不动产，应以取得的全部价款和价外费用为销售额，按照5%的征收率计算应纳税额。纳税人应按照上述计税方法在不动产所在地预缴税款后，向机构所在地主管税务机关进行纳税申报。

三、进口货物应纳税额的计算

对进口货物征税是国际上的通常做法。凡申报进入中华人民共和国海关的货物，均应缴纳增值税。由于进口货物在进口时，其所含价值均未向我国缴纳过增值税，所以进口货物不存在进项税额，也不能抵扣税额。纳税人进口货物，应按照组成计税价格和适用税率计算应纳税额。其税额计算公式为：

应纳税额 = 组成计税价格 × 税率

组成计税价格 = 关税完税价格 + 关税税额 + 消费税税额

进口货物的关税完税价格是指以海关审定的成交价格为基础的计税价格（详见第六章）。也就是说，进口货物一般要先征收一道关税；对应征消费税的，还要征收一道消费税；然后以关税完税价格、关税和消费税之和为计税依据，征收增值税。进口货物的增值税由海关代征。

【例3－13】 某进出口公司进口应征消费税的货物一批，经海关审定的关税完税价格折合人民币为150万元。该进口货物的进口关税225 000元，消费税90 789.4元，增值税税率为13%，其应纳增值税的计算为：

组成计税价格 = 1 500 000 + 225 000 + 90 789.4 = 1 815 789.4（元）

应纳增值税 = 1 815 789.4 × 13% = 236 052.62（元）

微课：进出口增值税的计算

课件：进出口增值税的计算

四、出口货物退（免）税

税法规定，我国对增值税出口货物实行零税率。零税率是指货物出口时整体税负为零，即不仅出口环节不征税，而且可以退还该货物以前环节已征的税款。

纳税人出口货物适用退（免）税规定的，应当向海关办理出口手续，凭出口报关单等有关凭证，在规定的出口退（免）税申报期内按月向主管税务机关申报办理该项出口货物的退（免）税。

小知识

出口退税是“国际惯例”，而非“政策优惠”

出口退税是国际上的通行做法，对出口产品退税是“国际惯例”，而非“政策优惠”。国家将出口货物出口前在国内生产、流通环节实际承担的增值税，在货物报关出口后退还给出口企业，使出口货物以不含税价格进入国际市场，有效地避免了国际双重课税。出口退税可以增强出口产品在国际市场的竞争力，是国家调节货物进出口，促进对外贸易的重要手段。

（一）出口退（免）税的基本政策和适用范围

我国现行出口退免税形式有三种：

1. 出口免税并退税（又免又退）。出口免税是指对货物在出口销售环节不征增值税、消费税，这是把货物出口环节与出口前的销售环节都同样视为一个征税环节。出口退税是指对货物在出口前实际承担的税收，按规定的退税率计算后予以退还。

下列出口货物和劳务，除另有规定外，给予免税并退税：（1）出口企业出口货物；（2）出口企业或其他单位视同出口货物；（3）出口企业对外提供加工修理修配劳务。

2. 出口免税但不退税（只免不退）。出口免税是指对货物在出口销售环节不征增值税、消费税；出口不退税是指适用这个政策的出口货物因在前一道生产、销售环节或进口环节是免税的，因此，出口时该货物的价格中本身就不含税，也无须退税。

下列企业出口的货物、劳务，除另有规定外，适用增值税免税政策：

（1）出口企业或其他单位出口规定的货物，具体是指：①增值税小规模纳税人出口的货物。②避孕药品和用具，古旧图书。③软件产品，具体范围是指海关税则号前四位为“9803”的货物。④含黄金、铂金成分的货物，钻石及其饰品。⑤国家计划内出口的卷烟。⑥已使用过的设备，具体范围是指购进时未取得增值税专用发票、海关进口增值税专用缴款书，但其他相关单证齐全的已使用过的设备。⑦非出口企业委托出口的货物。⑧非列名生产企业出口的非视同自产货物。⑨农业生产者自产农产品。⑩油画、花生果仁、黑大豆等财政部和国家税务总局规定的出口免税的货物。⑪外贸企业取得普通发票、废旧物资收购凭证、农产品收购发票、政府非税收入票据的货物。⑫来料加工复出口的货物。⑬特殊区域内的企业出口的特殊区域内的货物。⑭以人民币现金作为结算方式的边境地区出口企业从所在省（自治区）的边境口岸出口到接壤国家的一般贸易和边境小额贸易出口货物。⑮以旅游购物贸易方式报关出口的货物。

（2）出口企业或其他单位视同出口的货物、劳务：①国家批准设立的免税店销售的免税货物；②特殊区域内的企业为境外的单位或个人提供加工修理修配劳务；③同一特殊区域、不同特殊区域内的企业之间销售特殊区域内的货物。

（3）出口企业或其他单位未按规定申报或未补齐增值税退（免）税凭证的出口货物、劳务。

3. 出口不免税也不退税（不免不退）。下列出口货物、劳务，不免税也不退税，即适用增值税征税政策：

（1）出口企业出口或视同出口财政部和国家税务总局根据国务院决定明确的取消出口退（免）税的货物；

（2）出口企业或其他单位销售给特殊区域内的生活消费用品和交通运输工具；

(3) 出口企业或其他单位因骗取出口退税被税务机关停止办理增值税退(免)税期间出口的货物;

(4) 出口企业或其他单位提供虚假备案单证的货物;

(5) 出口企业或其他单位增值税退(免)税凭证有伪造或内容不实的货物;

(6) 出口企业或其他单位未在国家税务总局规定期限内申报免税核销,以及经主管税务机关审核不予免税核销的出口卷烟,等等。

(二) 出口货物退税率

出口货物的退税率不完全等同于销售货物的税率,现行增值税出口退税率有13%、10%、9%、6%等。

(三) 出口退税的计算

我国增值税出口退税的计算有两种方法,一是“免、抵、退”办法,主要适用于自营出口或者委托外贸企业出口自产货物的生产企业;二是“先征后退”办法,主要适用于收购货物出口的外(工)贸企业。

1. **“免、抵、退”计算方法。**生产企业自营出口或者委托外贸企业代理出口的自产货物,除另有规定外,一律实行“免、抵、退”税的办法。其中,“免”税,是指生产企业出口的自产货物,免征本企业生产销售环节的增值税;“抵”税,是指生产企业出口的自产货物所耗用的原材料、零部件、燃料、动力等所含应予退还的进项税额,抵顶内销货物应纳税额;“退”税,是指生产企业出口的自产货物应抵顶的进项税额大于应纳税额时,对未抵顶完的部分予以退税。

出口企业全部原材料均从国内购进的,“免、抵、退”计算基本步骤为五步:

第一步,计算不得免征和抵扣的税额。

$$\text{免抵退税不得免征和抵扣的税额}=\text{出口货物离岸价格}\times\text{外汇牌价}\times\left(\text{出口货物征税率}-\text{出口货物退税率}\right)$$

第二步,计算当期应纳增值税额。

$$\text{当期应纳税额}=\text{内销的销项税额}-(\text{进项税额}-\text{免抵退税不得免抵税额})-\text{上期末留抵税额}$$

第三步,计算免抵退税额。

$$\text{免抵退税额}=\text{出口货物离岸价}\times\text{外汇人民币牌价}\times\text{出口货物的退税率}$$

第四步,比较确定应退税额。

①当期期末留抵税额≤当期免抵退税额时:

$$\text{当期应退税额}=\text{当期期末留抵税额}$$

②当期期末留抵税额>当期免抵退税额时:

$$\text{当期应退税额}=\text{当期免抵退税额}$$

第五步，确定免抵税额。

①当期期末留抵税额≤当期免抵退税额时：

当期免抵税额 = 当期免抵退税额 - 当期应退税额

②当期期末留抵税额 > 当期免抵退税额时：

当期免抵税额 = 0

【例 3 - 14】 某自营出口的生产企业为增值税一般纳税人，出口货物的征税税率为 13%，退税税率为 9%。4 月的有关经营业务为：购进原材料一批，取得的增值税专用发票注明价款 200 万元，外购货物准予抵扣的进项税额 26 万元通过认证。上月末留抵税款 3 万元，本月内销货物不含税销售额 100 万元，收款 113 万元存入银行，本月出口货物的销售额折合人民币 200 万元。计算该企业当期的“免、抵、退”税额。

解：（1）当期免抵退税不得免征和抵扣税额 = 200 × (13% - 9%)

= 8（万元）

（2）当期应纳税额 = 100 × 13% - (26 - 8) - 3 = -8（万元）

（3）出口货物“免、抵、退”税额 = 200 × 9% = 18（万元）

（4）按规定，如当期末留抵税额≤当期免抵退税额时：

当期应退税额 = 当期期末留抵税额

即该企业当期应退税额为 8 万元。

（5）当期免抵税额 = 当期免抵退税额 - 当期应退税额 = 18 - 8 = 10（万元）

【例 3 - 15】 某自营出口的生产企业为增值税一般纳税人，出口货物的征税税率为 13%，退税税率为 9%。6 月有关经营业务为：购原材料一批，取得的增值税专用发票注明价款 400 万元，外购货物准予抵扣的进项税额 52 万元通过认证。上期末留抵税款 5 万元。本月内销货物不含税销售额 100 万元，收款 113 万元存入银行。本月出口货物的销售额折合人民币 200 万元。计算该企业当期的“免、抵、退”税额，并做出出口退税相关的会计处理。

解：（1）当期免抵退税不得免征和抵扣税额 = 200 × (13% - 9%)

= 8（万元）

（2）当期应纳税额 = 100 × 13% - (52 - 8) - 5 = 13 - 44 - 5

= -36（万元）

（3）出口货物“免、抵、退”税额 = 200 × 9% = 18（万元）

（4）当期期末留抵税额 > 当期免抵退税额时：

当期应退税额 = 当期免抵退税额

即该企业当期应退税额为 18 万元。

（5）当期免抵税额 = 当期免抵退税额 - 当期应退税额 = 18 - 18 = 0（万元）

（6）6 月期末留抵结转下期抵扣税额 18 万元（36 - 18）。

2. 外贸企业出口货物采用“**先征后退**”的计算方法。

（1）外贸企业“先征后退”的计算方法：

应退税额＝外贸收购不含增值税购进金额×退税率

（2）外贸企业委托生产企业加工出口货物的退税规定：外贸企业委托生产企业加工收回后报关出口的货物，按购进国内原辅材料的增值税专用发票上注明的进项金额、依原辅材料的退税税率计算原辅材料退税额。支付的加工费，凭受托方开具货物的退税税率，计算加工费的应退税额。

【例3－16】 某进出口公司6月购进牛仔布委托加工成服装出口，取得牛仔布增值税发票一张，注明计税金额10 000元（退税税率13%）；取得服装加工费计税金额2 000元（退税税率13%），计算该企业的应退税额。

解： 应退税额 $=10\,000\times13\%+2\,000\times13\%=1\,560$（元）

（四）出口货物办理退税后发生退货或者退关的处理

出口货物办理退税后发生退货或者退关的，纳税人应当依法补缴已退的税款。

拓展阅读：业务追踪，揭开企业木材旺销秘密

第三节 增值税的缴纳和会计处理

一、纳税义务发生时间

纳税义务发生时间是纳税人发生应税行为应当承担纳税义务的起始时间。

1. 销项税额的时间规定。销售货物或者应税劳务的纳税义务发生时间，为收讫销售款或者取得索取销售款凭据的当天。按销售结算方式的不同，具体分为以下10种：

（1）采取直接收款方式销售货物或发生应税行为，不论货物是否发出，均为收到销售款或取得索取销售款凭据的当天。先开具发票的，为开具发票的当天。

收讫销售款项，是指纳税人销售货物或服务、无形资产、不动产过程中或者完成后收到款项。

取得索取销售款项凭据的当天，是指书面合同确定的付款日期；未签订书面合同或者书面合同未确定付款日期的，为货物、服务、无形资产转让完成的当天或者不动产权属变更的当天。

（2）采取托收承付和委托银行收款方式销售货物，为发出货物并办妥托收手续的当天。

（3）采取赊销和分期收款方式销售货物，为书面合同约定的收款日期的当天，无书面合同的或者书面合同没有约定收款日期的，为货物发出的当天。

（4）采取预收货款方式销售货物，为货物发出的当天，但生产销售生产工期超过12个月的大型机械设备、船舶、飞机等货物，为收到预收款或者书面合同约定的收款日期的当天。

（5）委托其他纳税人代销货物，为收到代销单位的代销清单或者收到全

部或者部分货款的当天。未收到代销清单及货款的，为发出代销货物满 180 天的当天。

（6）纳税人发生视同销售，除将货物交付他人代销及销售代销货物外，纳税义务发生时间为货物移送的当天，或者是服务、无形资产转让完成的当天，或者是不动产权属变更的当天。

（7）销售应税劳务，为提供劳务同时收讫销售款或取得销售款凭据的当天。

（8）纳税人提供建筑服务、租赁服务采取预收款方式的，其纳税义务发生时间为收到预收款的当天。

如某试点纳税人出租一辆小轿车，租金 5 000 元 1 个月，一次性预收了对方一年的租金共 60 000 元，则应在收到 60 000 元租金的当天确认纳税义务发生，并按 60 000 元确认收入。而不能将 60 000 元租金按月分摊确认收入，也不能在该业务完成后再确认收入。

（9）纳税人从事金融商品转让的，为金融商品所有权转移的当天。

（10）增值税扣缴义务发生时间为纳税人增值税纳税义务发生的当天。

2. 进口货物的纳税义务发生时间，为报关进口的当天。

3. 扣缴义务人的扣缴义务发生时间，为纳税人增值税纳税义务发生的当天。

二、纳税期限

为保证按期缴纳税款，增值税的纳税期限分别为 1 日、3 日、5 日、10 日、15 日、1 个月或者 1 个季度。其中，以 1 个季度为纳税期限的规定仅适用于小规模纳税人、银行、财务公司、信托投资公司、信用社，以及财政部和国家税务总局规定的其他纳税人。纳税人的具体纳税期限，由主管税务机关根据纳税人应纳税额的大小分别核定；不能按照固定期限纳税的，可以按次纳税。

纳税人以 1 个月或者 1 个季度为 1 个纳税期的，自期满之日起 15 日内申报纳税；以 1 日、3 日、5 日、10 日或者 15 日为 1 个纳税期的，自期满之日起 5 日内预缴税款，于次月 1 日起 15 日内申报纳税并结清上月应纳税款。

扣缴义务人解缴税款的期限，依照上述规定执行。

纳税人进口货物，应当自海关填发海关进口增值税专用缴款书之日起 15 日内缴纳税款。

三、纳税地点

1. 固定业户应当向其机构所在地的主管税务机关申报纳税。总机构和分支机构不在同一县（市）的，应当分别向各自所在地的主管税务机关申报纳税；经国务院财政、税务主管部门或者其授权的财政、税务机关批准，可以由总机构汇总向总机构所在地的主管税务机关申报纳税。

2. 固定业户到外县（市）销售货物或者应税劳务，应当向其机构所在地的主管税务机关申请开具外出经营活动税收管理证明，并向其机构所在地的主管税务机关申报纳税；未开具证明的，应当向销售地或者劳务发生地的主管税务机关申报纳税；未向销售地或者劳务发生地的主管税务机关申报纳税的，由其机构所在地的主管税务机关补征税款。

3. 非固定业户销售货物或者应税劳务，应当向销售地或者劳务发生地的主管税务机关申报纳税；未向销售地或者劳务发生地的主管税务机关申报纳税的，由其机构所在地或者居住地的主管税务机关补征税款。

4. 进口货物，应当向报关地海关申报纳税。个人携带或者邮寄进境自用物品的增值税，连同关税一并计征。具体办法由国务院关税税则委员会会同有关部门制定。

5. 其他个人提供建筑服务，销售或者租赁不动产，转让自然资源使用权，应向建筑服务发生地、不动产所在地、自然资源所在地主管税务机关申报纳税。

6. 扣缴义务人应当向其机构所在地或者居住地的主管税务机关申报缴纳其扣缴的税款。

四、增值税的纳税申报

纳税申报的核心是填写并报送纳税申报表及相关资料，增值税一般纳税人填报的内容有 1 份主表、5 份附列资料和 1 份《增值税减免税申报明细表》，主表为《增值税及附加税费申报表（一般纳税人适用）》，附列资料（一）填报本期销售情况明细，附列资料（二）填报本期进项税额明细，附列资料（三）填报服务、不动产和无形资产扣除项目明细，附列资料（四）填报税额抵减情况，附列资料（五）填报附加税费情况表。增值税小规模纳税人应如实填报《增值税及附加税费申报表（小规模纳税人适用）》及附列资料。

五、增值税的会计处理

（一）账户设置

增值税一般纳税人应当在“应交税费”账户下设置“应交增值税”“未交增值税”“预交增值税”“待抵扣进项税额”“待认证进项税额”“待转销项税额”“增值税留抵税额”“简易计税”“转让金融商品应交增值税”“代扣代交增值税”等明细账户。

1. 增值税一般纳税人应在“应交增值税”明细账内设置“进项税额”“销项税额抵减”“已交税金”“转出未交增值税”“减免税款”“出口抵减内销产品应纳税额”“销项税额”“出口退税”“进项税额转出”“转出多交增值税”等专栏。

（1）“进项税额”专栏，记录一般纳税人购进货物、加工修理修配劳务、服务、无形资产或不动产而支付或负担的、准予从当期销项税额中抵扣的增值税额；

（2）“销项税额抵减”专栏，记录一般纳税人按照现行增值税制度规定因扣减销售额而减少的销项税额；

（3）“已交税金”专栏，记录一般纳税人当月已交纳的应交增值税额；

（4）“转出未交增值税”和“转出多交增值税”专栏，分别记录一般纳税人月度终了转出当月应交未交或多交的增值税额；

（5）“减免税款”专栏，记录一般纳税人按现行增值税制度规定准予减免的增值税额；

（6）“出口抵减内销产品应纳税额”专栏，记录实行“免、抵、退”办法的一般纳税人按规定计算的出口货物的进项税额抵减内销产品的应纳税额；

（7）“销项税额”专栏，记录一般纳税人销售货物、加工修理修配劳务、服务、无形资产或不动产应收取的增值税额；

（8）“出口退税”专栏，记录一般纳税人出口货物、加工修理修配劳务、服务、无形资产按规定退回的增值税额；

（9）“进项税额转出”专栏，记录一般纳税人购进货物、加工修理修配劳务、服务、无形资产或不动产等发生非正常损失，以及其他原因而不应从销项税额中抵扣、按规定转出的进项税额。

2. “未交增值税”明细账户，核算一般纳税人月度终了从“应交增值税”或“预交增值税”明细账户转入当月应交未交、多交或预缴的增值税额，以及当月交纳以前期间未交的增值税额。

3. “预交增值税”明细账户，核算一般纳税人转让不动产、提供不动产经营租赁服务、提供建筑服务、采用预收款方式销售自行开发的房地产项目等，以及其他按现行增值税制度规定应预缴的增值税额。

4. “待抵扣进项税额”明细账户，核算一般纳税人已取得增值税扣税凭证并经税务机关认证，按照现行增值税制度规定准予以后期间从销项税额中抵扣的进项税额。

5. “待认证进项税额”明细账户，核算一般纳税人由于未经税务机关认证而不得从当期销项税额中抵扣的进项税额。包括一般纳税人已取得增值税扣税凭证、按照现行增值税制度规定准予从销项税额中抵扣，但尚未经税务机关认证的进项税额；一般纳税人已申请稽核但尚未取得稽核相符结果的海关缴款书进项税额。

6. “待转销项税额”明细账户，核算一般纳税人销售货物、加工修理修配劳务、服务、无形资产或不动产，已确认相关收入（或利得）但尚未发生增值税纳税义务而需于以后期间确认为销项税额的增值税额。

7. “增值税留抵税额”明细账户，核算兼有销售服务、无形资产或者不动产的原增值税一般纳税人，截至纳入营改增试点之日前的增值税期末留抵税额按照现行增值税制度规定不得从销售服务、无形资产或不动产的销项税额中抵扣的增值税留抵税额。

8.“简易计税”明细账户，核算一般纳税人采用简易计税方法发生的增值税计提、扣减、预缴、缴纳等业务。

9.“转让金融商品应交增值税”明细账户，核算增值税纳税人转让金融商品发生的增值税额。

10.“代扣代交增值税”明细账户，核算纳税人购进在境内未设经营机构的境外单位或个人在境内的应税行为代扣代缴的增值税。

11. 小规模纳税人只需在“应交税费”账户下设置“应交增值税”明细账户，不需要设置上述专栏及除“转让金融商品应交增值税”“代扣代交增值税”外的明细账户。

（二）账务处理

1. 取得资产或接受劳务等业务的账务处理。

（1）采购等业务进项税额允许抵扣的账务处理。一般纳税人购进货物、加工修理修配劳务、服务、无形资产或不动产，按应计入相关成本费用或资产的金额，借记“在途物资”或“原材料”“库存商品”“生产成本”“无形资产”“固定资产”“管理费用”等账户，按当月已认证的可抵扣增值税额，借记“应交税费——应交增值税（进项税额）”账户，按当月未认证的可抵扣增值税额，借记“应交税费——待认证进项税额”账户，按应付或实际支付的金额，贷记“应付账款”“应付票据”“银行存款”等账户。发生退货的，如原增值税专用发票已做认证，应根据税务机关开具的红字增值税专用发票做相反的会计分录；如原增值税专用发票未做认证，应将发票退回并做相反的会计分录。

（2）采购等业务进项税额不得抵扣的账务处理。一般纳税人购进货物、加工修理修配劳务、服务、无形资产或不动产，用于简易计税方法计税项目、免征增值税项目、集体福利或个人消费等，其进项税额按照现行增值税制度规定不得从销项税额中抵扣的，取得增值税专用发票时，应借记相关成本费用或资产账户，借记“应交税费——待认证进项税额”账户，贷记“银行存款”“应付账款”等账户，经税务机关认证后，应借记相关成本费用或资产科目，贷记“应交税费——应交增值税（进项税额转出）”账户。

（3）购进不动产或不动产在建工程按规定进项税额分年抵扣的账务处理。一般纳税人自2016年5月1日后取得并按固定资产核算的不动产或者2016年5月1日后取得的不动产在建工程，其进项税额按现行增值税制度规定自取得之日起分两年从销项税额中抵扣的，应当按取得成本，借记“固定资产”“在建工程”等账户，按当期可抵扣的增值税额，借记“应交税费——应交增值税（进项税额）”账户，按以后期间可抵扣的增值税额，借记“应交税费——待抵扣进项税额”账户，按应付或实际支付的金额，贷记“应付账款”“应付票据”“银行存款”等账户。尚未抵扣的进项税额待以后期间允许抵扣时，按允许抵扣的金额，借记“应交税费——应交增值税（进项税额）”账户，贷记“应交税费——待抵扣进项税额”账户。

（4）小规模纳税人采购等业务的账务处理。小规模纳税人购买物资、服务、无形资产或不动产，取得增值税专用发票上注明的增值税应计入相关成本费用或资产，不通过“应交税费——应交增值税”账户核算。

2. 销售等业务的账务处理。

（1）销售业务的账务处理。企业销售货物、加工修理修配劳务、服务、无形资产或不动产，应当按应收或已收的金额，借记“应收账款”“应收票据”“银行存款”等账户，按取得的收入金额，贷记“主营业务收入”“其他业务收入”“固定资产清理”“工程结算”等账户，按现行增值税制度规定计算的销项税额（或采用简易计税方法计算的应纳增值税额），贷记“应交税费——应交增值税（销项税额）”或“应交税费——简易计税”账户（小规模纳税人应贷记“应交税费——应交增值税”账户）。发生销售退回的，应根据按规定开具的红字增值税专用发票做相反的会计分录。

（2）视同销售的账务处理。企业发生税法上视同销售的行为，应当按照企业会计准则制度相关规定进行相应的会计处理，并按照现行增值税制度规定计算的销项税额（或采用简易计税方法计算的应纳增值税额），借记“应付职工薪酬”“利润分配”等账户，贷记“应交税费——应交增值税（销项税额）”或“应交税费——简易计税”账户（小规模纳税人应计入“应交税费——应交增值税”账户）。

3. 差额征税的账务处理。按现行增值税制度规定，企业发生相关成本费用允许扣减销售额的，发生成本费用时，按应付或实际支付的金额，借记“主营业务成本”“存货”“工程施工”等账户，贷记“应付账款”“应付票据”“银行存款”等账户。待取得合规增值税扣税凭证且纳税义务发生时，按照允许抵扣的税额，借记“应交税费——应交增值税（销项税额抵减）”或“应交税费——简易计税”账户（小规模纳税人应借记“应交税费——应交增值税”账户），贷记“主营业务成本”“存货”“工程施工”等账户。

4. 进项税额抵扣情况发生改变的账务处理。因发生非正常损失或改变用途等，原已计入进项税额、待抵扣进项税额或待认证进项税额，但按现行增值税制度规定不得从销项税额中抵扣的，借记“待处理财产损溢”“应付职工薪酬”“固定资产”“无形资产”等账户，贷记“应交税费——应交增值税（进项税额转出）”“应交税费——待抵扣进项税额”或“应交税费——待认证进项税额”账户；原不得抵扣且未抵扣进项税额的固定资产、无形资产等，因改变用途等用于允许抵扣进项税额的应税项目的，应按允许抵扣的进项税额，借记“应交税费——应交增值税（进项税额）”账户，贷记“固定资产”“无形资产”等账户。固定资产、无形资产等经上述调整后，应按调整后的账面价值在剩余尚可使用寿命内计提折旧或摊销。

5. 月末转出多交增值税和未交增值税的账务处理。月度终了，企业应当将当月应交未交或多交的增值税自“应交增值税”明细账户转入“未交增值税”明细账户。对于当月应交未交的增值税，借记“应交税费——应交增值税（转出未交增值税）”账户，贷记“应交税费——未交增值税”账户；对于当月多交的增值税，借记“应交税费——未交增值税”账户，贷记“应交税费——应交增值税（转出多交增值税）”账户。

6. 缴纳增值税的账务处理。

（1）缴纳当月应交增值税的账务处理。企业缴纳当月应交的增值税，借记“应交税费——应交增值税（已交税金）”账户（小规模纳税人应借记“应交税费——应交增值税”账户），贷记“银行存款”账户。

（2）缴纳以前期间未交增值税的账务处理。企业缴纳以前期间未交的增值税，借记“应交税费——未交增值税”账户，贷记“银行存款”账户。

（3）预缴增值税的账务处理。企业预缴增值税时，借记“应交税费——预交增值税”账户，贷记“银行存款”账户。月末，企业应将“预交增值税”明细账户余额转入“未交增值税”明细账户，借记“应交税费——未交增值税”账户，贷记“应交税费——预交增值税”账户。房地产开发企业等在预缴增值税后，应直至纳税义务发生时方可从“应交税费——预交增值税”账户结转至“应交税费——未交增值税”账户。

（4）减免增值税的账务处理。对于当期直接减免的增值税，借记“应交税金——应交增值税（减免税款）”账户，贷记损益类相关账户。

“应交税费——应交增值税”明细账的格式如表 3-1 所示。

表 3-1　　应交税费——应交增值税

日期	凭证字号	摘要	借方						贷方					余额
			进项税额	销项税额抵减	已交税金			合计	销项税额	出口退税	进项税额转出		合计	

视频：带你认识增值税发票

第四节　增值税专用发票

专用发票是增值税一般纳税人销售货物或者提供应税劳务开具的发票，是购买方支付增值税额并可按照增值税有关规定据以抵扣增值税进项税额的凭证。

一、专用发票的领购使用

一般纳税人应通过增值税防伪税控系统使用专用发票，包括领购、开具、缴销、认证纸质专用发票及其相应的数据电文。

防伪税控系统，是指使用专用设备（指金税卡、IC 卡、读卡器和其他设备）和通用设备（指计算机、打印机、扫描器具和其他设备）、运用数字密码和电子存储技术管理专用发票的计算机管理系统。增值税一般纳税人必须通过防伪税控装置开具增值税发票。一般纳税人领购专用设备后，凭“最高开票限额申请表”“发票领购簿”到主管税务机关办理初始发行。初始发行，是指主管税务机关将一般纳税人的企业名称、税务登记代码、开票限额、购票限量、购票人员姓名、密码、开票机数量、国家税务总局规定的其他信息载入空白金税卡和 IC 卡的行为。

拓展阅读：税收大数据更懂企业“心”

一般纳税人首次领购发票时需凭“发票领购簿”、IC 卡和经办人身份证明领购专用发票；以后购买发票，还要加上在开票系统打印出来的“销项情况统计表”。

二、专用发票的开具

（一）专用发票的开具条件

纳税人销售货物、应税劳务或发生应税行为，应当向索取增值税专用发票的购买方开具增值税专用发票，并在增值税专用发票上分别注明销售额和销项税额。属于下列情形之一的，不得开具增值税专用发票：

（1）向消费者个人销售货物、应税劳务、服务、无形资产或者不动产。

（2）销售货物、应税劳务或应税行为适用免税规定的。

（3）金融商品转让，不得开具增值税专用发票。金融商品转让，按照卖出价扣除买入价后的余额为销售额。

（4）试点纳税人提供旅游服务，可以选择以取得的全部价款和价外费用，扣除向旅游服务购买方收取并支付给其他单位或者个人的住宿费、餐饮费、交通费、签证费、门票费和支付给其他接团旅游企业的旅游费用后的余额为销售额。选择上述办法计算销售额的纳税人，向旅游服务购买方收取并支付的上述费用，不得开具增值税专用发票，可以开具普通发票。

（5）纳税人提供有形动产融资性售后回租服务，向承租方收取的有形动产价款本金，不得开具增值税专用发票，可以开具普通发票。

（二）专用发票的开具要求

开具专用发票要求：项目齐全，与实际交易相符；字迹清楚，不得压线、错格；发票联和抵扣联加盖发票专用章；按照增值税纳税义务的发生时间开具。

（三）已开具专用发票的作废

一般纳税人在开具专用发票当月，发生销货退回、开票有误等情形，收到退回的发票联、抵扣联符合作废条件的，按作废处理；开具时发现有误的，可即时作废。作废专用发票须在防伪税控系统中将相应的数据电文按“作废”处理，在纸质专用发票（含未打印的专用发票）各联次上注明“作废”字样，全联次留存。

作废条件，指同时具有下列情形：①收到退回的发票联、抵扣联时间未超过销售方开票当月；②销售方未抄税（指报税前用 IC 卡或者 IC 卡和软盘抄取开票数据电文）并且未记账；③购买方未认证或者认证结果为“纳税人识别号认证不符”“专用发票代码、号码认证不符”。

（四）取得专用发票后，发生退货或销售折让等情况的处理

已开具的增值税专用发票，如发生销货退回、开票有误、应税行为中止以及发票抵扣联、发票联均无法认证等情形但不符合作废条件，或者因销货部分退回及发生销售折让，需要开具红字专用发票的，必须按以下方法处理：

（1）专用发票已交付购买方，购买方可在增值税专用发票系统升级版中填开并上传“开具红字增值税专用发票信息表”（以下统称“信息表”）。“信息表”所对应的蓝字专用发票应经税务机关认证（所购货物或服务等不属于增值税扣税项目范围的除外）。经认证结果为“认证相符”并且已经抵扣增值税进项税额的，购买方在填开“信息表”时不填写相对应的蓝字专用发票信息，应暂依“信息表”所列增值税税额从当期进项税额中转出，未抵扣增值税进项税额的可列入当期进项税额，待取得销售方开具的红字专用发票后，与“信息表”一并作为记账凭证；经认证结果为“无法认证”“纳税人识别号认证不符”“专用发票代码、号码认证不符”，以及所购货物或服务不属于增值税扣税项目范围的，购买方不列入进项税额，不作进项税额转出，填开“信息表”时应填写相对应的蓝字专用发票信息。

（2）专用发票尚未交付购买方或者购买方拒收的，销售方应于专用发票认证期限内在增值税发票系统升级版中填开并上传“信息表”。

（3）主管税务机关通过网络接收纳税人上传的“信息表”，系统自动校验通过后，生成带有“红字发票信息表编号”的“信息表”，并将信息同步至纳税人端系统中。

（4）销售方凭税务机关校验通过的“信息表”开具红字专用发票，在增值税发票系统升级版中以销项负数开具。红字专用发票应与“信息表”一一对应。

（5）纳税人也可凭“信息表”电子信息或纸质资料到税务机关对“信息表”内容进行系统校验。

（6）纳税人需要开具红字增值税普通发票的，可以在所对应的蓝字发票金额范围内开具多份红字发票。红字机动车销售统一发票需与原蓝字机动车销售统一发票一一对应。

三、增值税专用发票的网上认证

我国增值税一般纳税人按照信用程度分为 A、B、C、D 四级，税务部门根据税务总局发布的《纳税信用管理办法》，依据纳税人信用历史信息、税务内部信息和外部信息等内容对纳税人进行信用评价，每年 4 月，税务机关确定上一年度纳税信用评价结果。

纳税信用为 A 级、B 级和 C 级的增值税一般纳税人取得的增值税专用发票不需要进行发票认证。其他等级的纳税人仍需对发票进行扫描认证，通过税务部门认证的增值税专用发票抵扣联才准予作为进项税额抵扣。

第四章

消费税

现代消费税始于17世纪。目前，世界上大部分国家和地区都开设了针对不同消费品实行不同税负的消费税。我国现行消费税的基本规范是2008年11月10日由国务院修订通过并发布的《中华人民共和国消费税暂行条例》，自2009年1月1日起施行。

微课：消费税的含义与内容

第一节　消费税的含义与内容

课件：消费税的含义与内容

一、消费税的含义与特点

消费税是对在我国境内生产、委托加工和进口的应税消费品征收的一种税。

在商品劳务税中，消费税与增值税相配合形成双层次调节机制。增值税对各种货物和劳务普遍征收，发挥普遍调节作用，以保证财政收入的稳定增长为主要功能；消费税只对少数货物征收，作为特殊调节税种，其宗旨是调节产品结构、引导消费方向、增加财政收入。

消费税同其他商品劳务税种相比，具有以下特点：

1. **征收范围具有较强的选择性。**我国目前的消费税主要是对奢侈品、高能耗以及污染环境的特殊消费品进行征税，对与人民群众生活密切相关的基本生活必需品，不征收消费税。

2. **征收环节单一。**除少数特殊规定外，消费税主要选择了在生产销售环节进行征税，实行单一环节一次课征制。

3. **征收方法多样。**消费税以从价定率征税为主，对部分消费品实行从量定额征税，对少数消费品既从价又从量复合征税。

4. **注重税收对消费的调节作用。**除了财政收入功能外，消费税的征税范围选择和税率的差异，体现国家的经济政策，具有较强的税收调控作用。

5. **税收负担的转嫁性**。消费税是价内税，税负可以转嫁，税负主要由应税消费品的最终购买者承担。

视频：不可不知的消费税

二、消费税税制的基本内容

（一）征税范围

消费税以在我国境内生产、委托加工和进口的应税消费品，以及销售规定的应税消费品为征税对象。在我国境内，是指生产、委托加工和进口属于应当缴纳消费税的消费品的起运地或者所在地在境内。销售，是指有偿转让应税消费品的所有权。有偿，是指从购买方取得货币、货物或者其他经济利益。

拓展阅读：白酒跌惨了，一文带你搞懂消费税历史、影响及改革方向

我国的消费税选择对部分消费品征税，属于特别消费税。列入征税范围的消费品大致可以分为五大类：

1. **高档和奢侈品**。如贵重首饰及珠宝玉石、化妆品、高尔夫球及球具、高档手表、游艇。

2. **资源消耗型产品**。如成品油、木制一次性筷子、实木地板。

3. **高能耗消费品**。如摩托车、小汽车。

4. **过度消费对人类健康不利的消费品**。如烟、酒。

5. **其他消费品**。如鞭炮焰火、汽车轮胎。

税收法规：中华人民共和国消费税暂行条例

应税消费品共15个税目：

1. **烟**。凡以烟叶为原料加工生产的产品，不论使用何种辅料均属于本税目的征税范围，包括卷烟、雪茄烟、烟丝。卷烟又分甲类卷烟和乙类卷烟。甲类卷烟，即每标准条（200支）调拨价格在70元（不含增值税）及以上的卷烟。乙类卷烟，即每标准条调拨价格在70元（不含增值税）以下的卷烟。

2. **酒**。指酒精度在1度以上的各种酒类饮料，包括白酒、黄酒、啤酒和其他酒。

视频：巧记消费税税目

3. **高档化妆品**。包括高档美容、修饰类化妆品，高档护肤类化妆品和成套化妆品。

提示：洗面奶、花露水、洗发水等用于人体皮肤、毛发，起滋润、防护、清洁作用的消费品不是化妆品，而是属于不征消费税的护肤护发品。

4. **贵重首饰及珠宝玉石**。包括金银珠宝首饰和经采掘、打磨、加工的各种珠宝玉石。

税收法规：中华人民共和国消费税暂行条例实施细则

5. **鞭炮、焰火**。包括各种鞭炮、焰火。体育上用的发令纸、鞭炮药引线，不按本税目征税。

6. **成品油**。包括汽油、柴油、石脑油、溶剂油、航空煤油、润滑油、燃料油七类产品。航空煤油暂缓征收。

7. **摩托车**。指气缸容量250毫升（含）及以上的摩托车。气缸容量250毫升（不含）以下的小排量摩托车不征收消费税。

8. **小汽车**。指由动力驱动，具有4个或4个以上车轮的非轨道承载的车量。其中，每辆零售价格130万元（不含增值税）及以上的乘用车和中轻型商用客车为超豪华小汽车，在生产环节按气缸容量征税的基础上，在零售环节加征一道消费税。

9. **高尔夫球及球具**。指从事高尔夫球运动所需的各种专用装备，包括高尔夫球、高尔夫球杆及高尔夫球包（袋）等。

10. **高档手表**。指销售价格（不含增值税）每只在1万元（含）以上的各类手表。

11. **游艇**。指长度大于8米、小于90米，船体由玻璃钢、钢、铝合金、塑料等多种材料制作，可以在水上移动的水上浮载体。按动力划分，分为无动力艇、帆艇和机动艇。

12. **木制一次性筷子**。指以木材为原料，经过锯段、浸泡、旋切、刨切、烘干、筛选、打磨、倒角、包装等环节加工而成的各类供一次性使用的筷子。

13. **实木地板。指以木材为原料，经锯割、干燥、刨光、截断、开榫、涂漆等工序加工而成的块状或条状的地面装饰材料。**

14. **电池**。是一种将化学能、光能等直接转换为电能的装置，一般有电极、电解质、容器、极端，通常还有隔离层组成的基本功能单元，以及用一个或多个基本功能单元装配成的电池组。本税目征收范围包括原电池、蓄电池、燃料电池、太阳能电池和其他电池。

15. **涂料**。指涂于物体表面能形成具有保护、装饰或特殊性能的固态涂膜的一类液体或固体材料的总称。

（二）纳税人和扣缴义务人

1. 纳税人。消费税的纳税人为在我国境内生产、委托加工和进口应税消费品的单位和个人，以及销售规定的应税消费品的其他单位和个人。

“单位”，是指企业、行政单位、事业单位、军事单位、社会团体及其他单位。

“个人”，是指个体工商户及其他个人。

（1）纳税人的一般规定：①生产销售应税消费品（金银首饰、钻石及钻石饰品、铂金首饰除外）的单位和个人；②委托加工应税消费品的单位和个人；③进口应税消费品的单位和个人。

（2）纳税人的特殊规定：

①零售金银首饰、铂金首饰、钻石及钻石饰品的单位和个人，为金银首饰、铂金首饰、钻石及钻石饰品消费税的纳税人。委托加工（另有规定除外）、委托代销金银首饰、铂金首饰、钻石及钻石饰品的，受托方也是纳税人。

②在我国境内从事卷烟批发的单位、个人，为批发环节卷烟消费税的纳税人。

③在我国境内将超豪华小汽车销售给消费者的单位和个人。

2. 扣缴义务人。受托加工的应税消费品，除受托方为个人的由委托方收回后缴纳消费税外，均由受托方在向委托方交货时代收代缴税款。

（三）税率

1. **比例税率**。主要适用于价格差异较大、计量单位难于规范的应税消费品，包括化妆品、贵重首饰及珠宝玉石、鞭炮焰火、摩托车、小汽车、高尔夫球及球具、高档手表、游艇、木制一次性筷子、实木地板、电池、涂料。

2. **定额税率**。适用于供求基本平衡并且价格差异较小，计量单位比较容易规范的应税消费品，包括黄酒、啤酒、成品油。

3. **复合税率**。适用于白酒、卷烟，采用比例税率和定额税率双重征收形式。

消费税税目税率如表4－1所示。

表4－1　　消费税税目税率表

税　目	税　率
一、烟	
1. 卷烟	
（1）甲类卷烟	56%加0.003元/支
（2）乙类卷烟	36%加0.003元/支
（3）商业批发	11%加0.005元/支
2. 雪茄烟	36%
3. 烟丝	30%
二、酒	
1. 白酒	20%加0.5元/500克（或者500毫升）
2. 黄酒	240元/吨
3. 啤酒	
（1）甲类啤酒	250元/吨
（2）乙类啤酒	220元/吨
4. 其他酒	10%
三、高档化妆品	15%
四、贵重首饰及珠宝玉石	
1. 金银首饰、铂金首饰和钻石及钻石饰品	5%
2. 其他贵重首饰和珠宝玉石	10%
五、鞭炮、焰火	15%
六、成品油	
1. 汽油	1.52元/升
2. 柴油	1.20元/升
3. 航空煤油	1.20元/升
4. 石脑油	1.52元/升
5. 溶剂油	1.52元/升

续表

税　　目	税　　率
6. 润滑油	1.52 元/升
7. 燃料油	1.20 元/升
七、摩托车	
1. 气缸容量（排气量，下同）为 250 毫升的	3%
2. 气缸容量在 250 毫升以上的	10%
八、小汽车	
1. 乘用车	
（1）气缸容量（排气量，下同）在 1.0 升（含 1.0 升）以下的	1%
（2）气缸容量在 1.0 升以上至 1.5 升（含 1.5 升）的	3%
（3）气缸容量在 1.5 升以上至 2.0 升（含 2.0 升）的	5%
（4）气缸容量在 2.0 升以上至 2.5 升（含 2.5 升）的	9%
（5）气缸容量在 2.5 升以上至 3.0 升（含 3.0 升）的	12%
（6）气缸容量在 3.0 升以上至 4.0 升（含 4.0 升）的	25%
（7）气缸容量在 4.0 升以上的	40%
2. 中轻型商用客车	5%
3. 超豪华小汽车（零售环节）	10%
九、高尔夫球及球具	10%
十、高档手表	20%
十一、游艇	10%
十二、木制一次性筷子	5%
十三、实木地板	5%
十四、电池	4%
十五、涂料	4%

消费税税目、税率的调整，由国务院决定。

（四）纳税环节

消费税实行单环节一次征收，除金银首饰、钻石及钻石饰品改在零售环节征税，卷烟在批发环节加征一道卷烟从价消费税外，其他消费品只在生产、委托加工或进口环节征税，在以后的批发、零售等环节不再征收消费税。

具体规定为：

1. 生产环节。纳税人生产的应税消费品于生产者销售时纳税。

2. 自产自用。纳税人自产自用的应税消费品，用于连续生产应税消费品的，不纳税；用于其他方面的，于移送使用时纳税。所称用于连续生产应税消费品，是指纳税人将自产自用的应税消费品作为直接材料生产最终应税消费品，自产自用应税消费品构成最终应税消费品的实体。用于其他方面，是指纳税人将自产自用应税消费品用于生产非应税消费品、在建工程、管理部门、非生产机构、提供劳务、馈赠、赞助、集资、广告、样品、职工福利、奖励等方面。

3. 委托加工。委托加工的应税消费品，是指由委托方提供原料和主要材料，受托方只收取加工费和代垫部分辅助材料加工的应税消费品。对于由受托方提供原材料生产的应税消费品，或者受托方先将原材料卖给委托方，然后再接受加工的应税消费品，以及由受托方以委托方名义购进原材料生产的应税消费品，不论在财务上是否作销售处理，都不得作为委托加工应税消费品，而应当按照销售自制应税消费品缴纳消费税。

委托加工的应税消费品，除受托方为个人外，由受托方在向委托方交货时代收代缴税款。委托个人加工的应税消费品，由委托方收回后缴纳消费税。

委托加工的应税消费品，委托方用于连续生产应税消费品的，所纳税款准予按规定抵扣。

委托加工的应税消费品直接出售的，不再缴纳消费税。

4. 进口环节。进口的应税消费品于报关进口时纳税。

5. 零售环节。金银首饰、铂金首饰、钻石及钻石饰品在零售环节征税；超豪华小汽车在零售环节加征一道消费税。

6. 批发环节。纳税人批发卷烟在批发环节加征一道卷烟从价消费税。纳税人销售给纳税人以外的单位和个人的卷烟于销售时纳税。纳税人之间销售的卷烟不缴纳消费税。

第二节　消费税的计算

微课：消费税应纳税额计算的一般规定

一、消费税应纳税额计算的一般规定

消费税实行从价定率、从量定额，或者从价定率和从量定额复合计税的办法计算应纳税额。

课件：消费税应纳税额计算的一般规定

（一）从价定率征收消费税的计税

从价定率征收消费税的计算公式为：

应纳税额 = 销售额 × 比例税率

1. 销售额的一般规定。销售额为纳税人销售应税消费品向购买方收取的全部价款和价外费用，不包括应向购货方收取的增值税税款。

价外费用是指价外向购买方收取的手续费、补贴、基金、集资费、返还利润、奖励费、违约金、滞纳金、延期付款利息、赔偿金、代收款项、代垫款项、包装费、包装物租金、储备费、优质费、运输装卸费以及其他各种性质的价外收费。但下列项目不包括在内：

（1）同时符合以下条件的代垫运输费用：①承运部门的运输费用发票开具给购买方的；②纳税人将该项发票转交给购买方的。

（2）同时符合以下条件代为收取的政府性基金或者行政事业性收费：①由国务院或者财政部批准设立的政府性基金，由国务院或者省级人民政府及其财政、价格主管部门批准设立的行政事业性收费；②收取时开具省级以上财政部门印制的财政票据；③所收款项全额上缴财政。

拓展阅读：税惠赋能 高质量发展“绿”意浓

2. 销售额的特殊规定。

（1）含税销售额的换算。销售额不包括应向购货方收取的增值税税款。如果纳税人应税消费品的销售额中未扣除增值税税款或者因不得开具增值税专用发票而发生价款和增值税税款合并收取的，在计算消费税时，应当换算为不含增值税税款的销售额。其换算公式为：

$$\text{应税消费品的销售额} = \text{含增值税的销售额} \div (1 + \text{增值税税率或者征收率})$$

【例 4-1】 某化妆品生产企业为增值税一般纳税人，向某大型商场销售高档化妆品一批，开具增值税专用发票，取得不含增值税销售额 30 万元，增值税额 3.9 万元；向某单位销售高档修饰类化妆品一批，开具普通发票，取得含增值税销售额 4.52 万元。化妆品适用消费税税率 15%。该化妆品生产企业应缴纳的消费税额为：

化妆品的应税销售额 = 30 + 4.52 ÷ (1 + 13%) = 34（万元）

应缴纳的消费税额 = 34 × 15% = 5.1（万元）

（2）外汇结算销售额的规定。纳税人销售的应税消费品，以人民币计算销售额。纳税人以人民币以外的货币结算销售额的，应当折合成人民币计算，其销售额的人民币折合率可以选择销售额发生的当天或者当月 1 日的人民币汇率中间价。纳税人应在事先确定采用何种折合率，确定后 1 年内不得变更。

（3）包装物销售额的确定。应税消费品连同包装物销售的，无论包装物是否单独计价以及在会计上如何核算，均应并入应税消费品的销售额中缴纳消费税。

包装物不作价随同货物出售，而是收取押金的，此押金不应并入销售额计税。但因逾期未收回的包装物不再退还的或者已经收取的时间超过 12 个月的押金，应计入销售额计税。

酒类产品收取的包装物押金，无论是否返还，以及会计上如何核算，都应并入销售额计税。

上述对包装物及其押金的征税规定，只适用于实行从价定率以及复合计税办法的消费品。

实行从量定额的应税消费品（如啤酒、黄酒），计税与价格无直接关系，连同产品销售的包装物及其收取的押金，不再征收消费税。

（4）门市部销售应税消费品销售额的确定。纳税人通过自设非独立核算门市部销售的自产应税消费品，按照门市部对外销售额（或销售量）计征。门市部销售的价格大多为零售价格，要注意在计税时换算为不含税销售额。

（5）非货币性交易的确定。纳税人用以换取生产资料和消费资料，投资入股、抵偿债务等方面的消费品，以纳税人同类消费品最高售价计税。

（二）从量定额征收的计税

从量定额征收的计算公式为：

应纳税额 = 销售数量 × 定额税率

1. 销售数量是指应税消费品的数量。具体为：

（1）销售应税消费品的，为应税消费品的销售数量；

（2）自产自用应税消费品的，为应税消费品的移送使用数量；

（3）委托加工应税消费品的，为纳税人收回的应税消费品数量；

（4）进口应税消费品的，为海关核定的应税消费品进口征税数量。

2. 实行从量定额办法计算应纳税额的应税消费品，计量单位的换算标准如下：

黄酒	1 吨 = 962 升	石脑油	1 吨 = 1 385 升
啤酒	1 吨 = 988 升	溶剂油	1 吨 = 1 282 升
汽油	1 吨 = 1 388 升	润滑油	1 吨 = 1 126 升
柴油	1 吨 = 1 176 升	燃料油	1 吨 = 1 015 升
航空煤油	1 吨 = 1 246 升		

【例 4－2】 某炼油厂某月生产销售含铅汽油 10 万吨，其应纳消费税税额为：

销售数量 = 100 000 × 1 388 = 138 800 000（升）

当月应纳消费税 = 138 800 000 × 1.52 = 210 976 000（元）

（三）从价定率和从量定额复合计税的，应纳税额为从量和从价计税之和，公式为：

应纳税额 = 销售额 × 比例税率 + 销售数量 × 定额税率

【例 4－3】 某卷烟厂某月销售 A 卷烟 100 标准箱，每箱按计税价格 2 万元销售；销售 B 卷烟 50 标准箱，每箱按计税价格 7 500 元销售。卷烟每标准箱为 5 万支。计算其生产环节应纳消费税。

解： 由于卷烟分甲类卷烟和乙类卷烟，需要根据单价确定其类别和适用的比例税率。

A 卷烟每标准条计税价格 = 20 000 ÷ 50 000 × 200 = 80（元），适用比例税率 56%；B 卷烟每标准条计税价格 = 7 500 ÷ 50 000 × 200 = 30（元），适用比例税率 36%。

卷烟厂当月应纳税额 =（100 + 50）×（50 000 × 0.003）+（100 × 20 000 × 56% + 50 × 7 500 × 36%）= 22 500 + 1 255 000 = 1 277 500（元）

提示： 纳税人销售的应税消费品，如因质量等原因被购买者退回时，经机构所在地或者居住地主管税务机关审核批准后，可退还已缴纳的消费税税款。

二、销售额及应纳税额的具体计算方法

（一）纳税人销售自产应税消费品的计税

微课：视同销售应纳消费税的计算

课件：视同销售应纳消费税的计算

拓展阅读：深化消费税改革的几个关键性问题研究

1. 销售自己生产的应税消费品，其销售额的确定与计征增值税的销售额相同，即销售额包括向购买方收取的全部价款和价外费用，但不包括增值税税额。如果销售额中未扣除增值税税额，或因不得开具增值税专用发票而发生价款和增值税款合并收取的，在计征消费税时也应换算为不含增值税的销售额。

2. 纳税人外购已税消费品生产应税消费品，仍应以纳税人的销售额为依据计税。但为了避免重复征税，规定可从其应纳消费税额中扣除当期生产领用的外购已税消费品的已纳税款。

可以扣除原料已纳消费税税款的范围包括：

（1）外购已税烟丝生产的卷烟；

（2）外购已税高档化妆品为原料生产的高档化妆品；

（3）外购已税珠宝、玉石为原料生产的贵重首饰及珠宝玉石（但外购已税珠宝玉石生产改在零售环节征收消费税的金银镶嵌首饰除外）；

（4）外购已税鞭炮、焰火为原料生产的鞭炮、焰火；

（5）外购已税杆头、杆身和握把为原料生产的高尔夫球杆；

（6）外购已税木制一次性筷子为原料生产的木制一次性筷子；

（7）外购已税实木地板为原料生产的实木地板；

（8）以外购已税汽油、柴油、石脑油、润滑油、燃料油为原料连续生产的应税消费品。

准予从消费税应纳税额中抵扣原料已纳消费税税款的计算方法为：

（1）实行从价定率计算应纳税额的。

当期准予扣除外购应税消费品已纳税款 = 当期准予扣除外购应税消费品买价 × 外购应税消费品适用税率

当期准予扣除外购应税消费品买价 = 期初库存外购应税消费品买价 + 当期购进的外购应税消费品买价 − 期末库存的外购应税消费品买价

【例 4-4】 某化妆品厂用外购已税高档化妆品生产高档化妆品，当月不含增值税销售额为 180 万元。当月初库存外购的高档化妆品账面余额 70 万元，当月购进 30 万元，月末库存外购高档化妆品账面余额 50 万元。该厂当月高档化妆品应纳消费税税额为：

当月销售高档化妆品应纳税额 = 180 × 15% = 27（万元）

当月准予扣除外购高档化妆品已纳税额 = (70 + 30 − 50) × 15%

= 7.5（万元）

该厂当月实际应纳消费税 = 27 − 7.5 = 19.5（万元）

（2）实行从量定额计算应纳税额的。

$$\text{当期准予扣除外购应税消费品已纳税款} = \text{当期准予扣除外购应税消费品数量} \times \text{外购应税消费品单位税额}$$

$$\text{当期准予扣除外购应税消费品数量} = \text{期初库存外购应税消费品数量} + \text{当期购进外购应税消费品数量} - \text{期末库存外购应税消费品数量}$$

提示：①外购已税消费品生产应税消费品，可以扣除原料已纳消费税税款的适用范围，限于上述列举项目，其他的外购已税消费品生产应税消费品，不得扣除其原料已纳的消费税税款。②对于在零售环节缴纳消费税的金银首饰（含镶嵌首饰）、钻石及钻石饰品已纳消费税不得扣除。③允许扣除已纳税款的应税消费品只限于从工业企业购进的应税消费品和进口环节已缴纳消费税的应税消费品，对从境内商业企业购进应税消费品的已纳税款一律不得扣除。

微课：外购已税消费品生产应税消费品的计税

课件：外购已税消费品生产应税消费品的计税

（二）自产自用应税消费品的计税

1. 纳税人自产自用的应税消费品，按照纳税人生产的同类消费品的销售价格计算纳税。所称**“同类消费品的销售价格”**，是指纳税人或者代收代缴义务人的同类消费品的销售价格，如果当月同类消费品各期销售价格高低不同，应按销售数量加权平均计算。

【例4-5】 某酒厂5月分三批销售同一白酒，第一批销售5 000箱，销售额为625万元；第二批销售3 000箱，销售额为360万元；第三批销售2 000箱，销售额为225万元，则这一粮食白酒当月的加权平均销售价格为：

加权平均销售价格 =（6 250 000 + 3 600 000 + 2 250 000）÷（5 000 + 3 000 + 2 000）= 1 210（元/箱）

但销售的应税消费品有下列情况之一的，不得列入加权平均计算：（1）销售价格明显偏低并无正当理由的；（2）无销售价格的。

2. 没有同类消费品销售价格的，按照组成计税价格计算纳税。实行从价定率办法计算纳税的组成计税价格计算公式：

$$\text{组成计税价格} = (\text{成本} + \text{利润}) \div (1 - \text{消费税税率})$$ ①

实行复合计税办法计算纳税的组成计税价格计算公式：

---

① 公式的推导：

组成计税价格 = 成本 + 利润 + 消费税……………………………………（1）

消费税 = 组成计税价格 × 税率……………………………………………（2）

将（2）代入（1）：组成计税价格 = 成本 + 利润 + 组成计税价格 × 税率

移项：组成计税价格 - 组成计税价格 × 税率 = 成本 + 利润

并项：组成计税价格 ×（1 - 税率）= 成本 + 利润

移项：组成计税价格 =（成本 + 利润）÷（1 - 税率）

组成计税价格 =（成本 + 利润 + 自产自用数量 × 定额税率）÷（1 − 比例税率）

式中，“成本”是指应税消费品的产品生产成本，“利润”是指根据应税消费品的全国平均成本利润率计算的利润。应税消费品全国平均成本利润率由税务总局确定为：高档手表 20%；甲类卷烟、粮食白酒、高尔夫球及球具、游艇 10%；乘用车 8%；摩托车、贵重首饰及珠宝玉石 6%；电池 4%；涂料 7%；其他应税消费品 5%。

【例 4－6】 某日用化工厂新自制高档化妆品一批，分给本厂职工，无同类产品销售价，已知这批高档化妆品的成本为 3 万元。其应纳消费税税额为：

组成计税价格 =（30 000 + 30 000 × 5%）÷（1 − 15%）= 37 058.82（元）

应纳消费税税额 = 37 058.82 × 15% = 5 558.82（元）

提示： 不征消费税的货物在计算组成计税价格时采用的成本利润率统一规定为 10%。

（三）委托加工应税消费品的计税

微课：委托加工应税消费品的计税

委托加工的应税消费品，按照受托方的同类消费品的销售价格计算纳税；没有同类消费品销售价格的，按照组成计税价格计算纳税。

实行从价定率办法计算纳税的组成计税价格计算公式：

组成计税价格 =（材料成本 + 加工费）÷（1 − 比例税率）

实行复合计税办法计算纳税的组成计税价格计算公式：

组成计税价格 =（材料成本 + 加工费 + 委托加工数量 × 定额税率）÷（1 − 比例税率）

课件：委托加工应税消费品的计税

以上所称“**材料成本**”，是指委托方所提供加工材料的实际成本。委托加工应税消费品的纳税人，必须在委托加工合同上如实注明（或者以其他方式提供）材料成本，凡未提供材料成本的，受托方主管税务机关有权核定其材料成本。

所称“**加工费**”，是指受托方加工应税消费品向委托方所收取的全部费用（包括代垫辅助材料的实际成本，不含增值税）。

如前所述，委托加工的应税消费品，除受托方为个人的由委托方收回后缴纳消费税外，均由受托方在向委托方交货时代收代缴税款。

拓展阅读：倡导绿色发展，共建环保节能型社会

委托加工的应税消费品直接出售的，不再缴纳消费税。委托方将收回的应税消费品，以不高于受托方的计税价格出售的，为直接出售，不再缴纳消费税；委托方以高于受托方的计税价格出售的不属于直接出售，需按照规定申报缴纳消费税，在计税时准予扣除受托方已代收代缴的消费税。

提示： 委托加工的应税消费品，委托方用于连续生产应税消费品的，所纳税款准予从应纳消费税税额中按当期生产领用数量计算扣除委托加工收回的应税消费品已纳消费税税款。可以扣除的范围与外购已税消费品生产应税消费品扣除当期生产领用的外购已税消费品的已纳税款的范围相同。

当期准予扣除委托加工收回的应税消费品已纳消费税税款的计算公式是：

$$\frac{\text{当期准予扣除的委托加}}{\text{工应税消费品已纳税款}}=\frac{\text{期初库存的委托加工}}{\text{应税消费品已纳税款}}+\frac{\text{当期收回的委托加工}}{\text{应税消费品已纳税款}}-\frac{\text{期末库存的委托加工}}{\text{应税消费品已纳税款}}$$

（四）进口应税消费品的计税

1. 进口从量定额办法计算纳税的消费品。

$$\text{应纳消费税}=\text{进口数量}\times\text{消费税定额税率}$$

2. 进口从价定率办法计算纳税的消费品。

$$\text{组成计税价格}=(\text{关税完税价格}+\text{关税})\div(1-\text{消费税比例税率})$$

$$\text{应纳税额}=\text{组成计税价格}\times\text{消费税比例税率}$$

公式中所称“**关税完税价格**”，是指海关核定的关税计税价格。

微课：进出口货物应纳消费税的计算

课件：进出口货物应纳消费税的计算

【例4－7】 某外贸公司从国外进口一批应税消费品，已知该批应税消费品的关税完税价格为90万元，按规定应缴纳关税18万元，假定进口的应税消费品的消费税税率为10%，进口环节应缴纳的消费税为：

组成计税价格 $=(90+18)\div(1-10\%)=120$（万元）

应纳消费税额 $=120\times10\%=12$（万元）

3. 进口复合计税办法计算纳税的组成计税价格计算。

$$\text{组成计税价格}=\frac{\text{关税完税价格}+\text{关税}+\text{进口数量}\times\text{消费税定额税率}}{1-\text{消费税比例税率}}$$

$$\text{应纳税额}=\text{进口数量}\times\frac{\text{消费税}}{\text{定额税率}}+\frac{\text{组成计}}{\text{税价格}}\times\frac{\text{消费税}}{\text{比例税率}}$$

（五）价格明显偏低并无正当理由的应税消费品的计税

纳税人应税消费品的计税价格明显偏低并无正当理由的，由主管税务机关核定其计税价格。

核定权限规定如下：

1. 卷烟、白酒和小汽车的计税价格由国家税务总局核定，送财政部备案。其中，白酒消费税最低计税价格核定的主要规定如下：

生产销售、委托加工、自产自用白酒的计税价格按《消费税暂行条例》及其有关规定执行。

（1）白酒生产企业销售给销售单位的白酒，生产企业消费税计税价格低于销售单位对外销售价格（不含增值税，下同）70%以下的，税务机关应核定消费税最低计税价格。

（2）最低计税价格由白酒生产企业自行申报，税务机关核定。计税价格核定标准为：

①白酒生产企业销售给销售单位的白酒，生产企业消费税计税价格高于销售单位对外销售价格70%（含70%）以上的，税务机关暂不核定消费税最低计税价格。

②白酒生产企业销售给销售单位的白酒，生产企业消费税计税价格低于销售单位对外销售价格70%以下的，消费税最低计税价格由税务机关根据生产规模、白酒品牌、利润水平等情况在销售单位对外销售价格50%至70%范围内自行核定。其中，生产规模较大、利润水平较高的企业生产的需要核定消费税最低计税价格的白酒，税务机关核价幅度原则上应选择在销售单位对外销售价格60%至70%范围内。

（3）已核定最低计税价格的白酒，生产企业实际销售价格高于消费税最低计税价格的，按实际销售价格申报纳税；实际销售价格低于消费税最低计税价格的，按最低计税价格申报纳税。

（4）已核定最低计税价格的白酒，销售单位对外销售价格持续上涨或下降时间达到3个月以上、累计上涨或下降幅度在20%（含）以上的白酒，税务机关重新核定最低计税价格。

2. 其他应税消费品的计税价格由省、自治区和直辖市国家税务局核定。

3. 进口的应税消费品的计税价格由海关核定。

（六）金银首饰消费品的计税

金银首饰消费品以不含增值税的销售额为计税依据，这与其他应税消费品的计税依据是一致的，销售额中包括纳税人销售金银首饰所收取的全部价款和一切价外费用。

1. 以旧换新、翻新改制方式销售的金银首饰，按其实际收取的不含增值税的全部价款为计税依据。全部价款中可能包含一部分增加或添加的材料价款、一部分加工费。

2. 金银首饰连同包装物销售的，无论包装物是否单独计价，也无论在财务上如何核算，计征消费税的销售额均应包括包装物的价格在内。

3. 带料加工的金银首饰，按下列方法计税：

（1）按受托方的同类金银首饰的销售价格为计税依据。同类销售价格是指同类金银首饰的零售价格（不能采用工业出厂价）。确定同类销售价格的顺序，与上述自产自用及委托加工产品中同类销售价格的确定相同。

（2）没有同类销售价格的，按组成计税价格计税。计算公式为：

组成计税价格 =（材料成本 + 加工费）÷（1 − 金银首饰消费税税率）

4. 用于馈赠、赞助、集资、广告、样品、职工福利、奖励等方面的，按纳税人销售的同类金银首饰的销售价格计税。没有同类销售价格的，按组成计税价格计税，计算公式为：

组成计税价格 =（购进原价或成本 + 利润）÷（1 − 金银首饰消费税税率）

其中，购进原价是对商业企业而言，成本是对金银首饰的生产企业而言，利润为购进原价或生产成本乘以利润率，利润率暂统一规定为6%。

5. 用已税珠宝玉石生产金、银和金基、银基的镶嵌首饰，一律不得扣除珠宝玉石买价或已纳消费税税款。但用已税珠宝玉石生产非金银首饰的镶嵌首饰，在计税时仍可扣除珠宝玉石的已纳税额。

三、出口应税消费品的退（免）税

对纳税人出口应税消费品，免征消费税；国务院另有规定的除外。出口应税消费品的免税办法，由国务院财政、税务主管部门规定。

我国按照国际通行的做法，对出口的应税消费品实行免税或退税的政策。

1. 退（免）税范围。由于消费税是单环节征收，一般不存在进项税额的退税问题，其退（免）范围不同于增值税。退（免）税主要规定如下：

（1）出口免税并退税。适用于经营应税消费品出口的外贸企业，无论其自营出口，还是受其他外贸企业委托代理出口，都可以获得退税。

这类出口货物免税并退税，是因为外贸企业从生产企业购进的应税消费品已经包含消费税了，所以出口时除了出口环节免税以外，必须退还消费税，该消费品才能以不含税价格进入国际市场。

要注意的是，出口免税并退税只适用于外贸企业自营出口，或者受其他外贸企业委托代理出口，但外贸企业受非外贸企业（非生产性的商贸企业）委托代理出口的应税消费品，不得退税。

（2）出口免税但不退税。适用于应税消费品的生产企业。

一般而言，生产企业免除了消费税，出口的消费品也就不含消费税了，所以不存在退税问题。当然，如果生产该消费品的投入物包含了消费税，那么生产环节免税以后，出口消费品还是含有投入物的消费税的，但目前税法没有认可对这部分税款给予退税。

（3）出口不免税也不退税。适用于除生产企业、外贸企业外的其他企业，一般是指没有出口经营权的商贸企业。

2. 退税的计算。退税只适用于经营应税消费品出口的外贸企业。

外贸企业从生产企业购进货物直接出口，或者受其他外贸企业委托代理出口，消费品的应退消费税的计算，分如下三种情况：

（1）从价定率征税的消费品，按外贸企业从工厂购进货物时征收消费税的价格计算，公式为：

应退消费税税额 = 出口货物的工厂销售额 × 税率

其中，工厂销售额为不含增值税的销售额；税率，即征收消费税时所适用的税率。

（2）从量定额征税的消费品，按货物报关出口的数量计算退税，公式为：

应退消费税税额 = 出口数量 × 单位税额

单位税额，即征收消费税时所适用单位税额。

（3）复合计税的应税消费品，以货物购进从价定率与从量定额税额的合计数计算退税。

应退消费税税额 = 出口货物的工厂销售额 × 税率
+ 出口数量 × 单位税额

3. 出口应税消费品退（免）税后的管理。出口的应税消费品办理退税后，发生退关，或者国外退货进口时予以免税的，报关出口者必须及时向其机构所在地或者居住地主管税务机关申报补缴已退的消费税税款。

纳税人直接出口的应税消费品办理免税后，发生退关或者国外退货，进口时已予以免税的，经机构所在地或者居住地主管税务机关批准，可暂不办理补税，待其转为国内销售时，再向主管税务机关申报补缴消费税。

第三节　消费税的缴纳和会计处理

微课：消费税的缴纳和会计处理

课件：消费税的缴纳和会计处理

视频：三分钟了解增值税、消费税分别与附加税申报表整合

一、纳税义务发生时间和纳税期限

（一）消费税纳税义务发生时间

消费税纳税义务发生时间，规定如下：

1. 纳税人销售应税消费品的，按不同的销售结算方式分别为：

（1）采取赊销和分期收款结算方式的，为书面合同约定的收款日期的当天，书面合同没有约定收款日期或者无书面合同的，为发出应税消费品的当天。

（2）采取预收货款结算方式的，为发出应税消费品的当天。

（3）采取托收承付和委托银行收款方式的，为发出应税消费品并办妥托收手续的当天。

（4）采取其他结算方式的，为收讫销售款或者取得索取销售款凭据的当天。

2. 纳税人自产自用应税消费品的，为移送使用的当天。

3. 纳税人委托加工应税消费品的，为纳税人提货的当天。

4. 纳税人进口应税消费品的，为报关进口的当天。

（二）消费税的纳税期限

消费税的纳税期限分别为 1 日、3 日、5 日、10 日、15 日、1 个月或者 1 个季度。纳税人的具体纳税期限，由主管税务机关根据纳税人应纳税额的大小分别核定；不能按照固定期限纳税的，可以按次纳税。

纳税人以 1 个月或者 1 个季度为 1 个纳税期的，自期满之日起 15 日内申报纳税；以 1 日、3 日、5 日、10 日或者 15 日为 1 个纳税期的，自期满之日起 5 日内预缴税款，于次月 1 日起 15 日内申报纳税并结清上月应纳税款。

纳税人进口应税消费品，应当自海关填发海关进口消费税专用缴款书之日起 15 日内缴纳税款。

二、纳税地点

消费税由税务机关征收，进口的应税消费品的消费税由海关代征。

1. 纳税人销售的应税消费品，以及自产自用的应税消费品，除国务院财

政、税务主管部门另有规定外，应当向纳税人机构所在地或者居住地的主管税务机关申报纳税。

纳税人到外县（市）销售或者委托外县（市）代销自产应税消费品的，于应税消费品销售后，向机构所在地或者居住地主管税务机关申报纳税。

纳税人的总机构与分支机构不在同一县（市）的，应当分别向各自机构所在地的主管税务机关申报纳税；经省（自治区、直辖市）财政厅（局）、税务局审批同意，可以由总机构汇总向总机构所在地的主管税务机关申报纳税。

2. 委托加工的应税消费品，除受托方为个人外，由受托方向机构所在地或者居住地的主管税务机关解缴消费税税款。委托个人加工的应税消费品，由委托方向其机构所在地或者居住地主管税务机关申报纳税。

3. 进口的应税消费品，由进口人或者其代理人向报关地海关申报纳税。个人携带或者邮寄进境的应税消费品的消费税，连同关税一并计征。

4. 卷烟批发环节消费税，由卷烟批发企业向机构所在地的主管税务机关申报纳税，总机构与分支机构不在同一地区的，由总机构申报纳税。

三、申报缴纳

增值税、消费税分别与城市维护建设税、教育费附加、地方教育附加申报表整合，一起报税，消费税的纳税申报需要填写“消费税及附加税费申报表”及其附列资料。

消费税的缴纳由主管税务机关视不同情况，于下列办法中核定一种：

1. 纳税人按期向税务机关填报纳税申报表，并填开纳税缴款书，向所在地代理金库的银行缴纳税款。

2. 纳税人按期向税务机关填报纳税申报表，由税务机关审核后填开缴款书，按期缴纳。

3. 对会计核算不健全的小型业户，税务机关可根据其产销情况，按季或按年核定应纳税额，分月缴纳。

四、税额的会计核算

由于消费税征税范围的特殊和征税环节的单一，消费税会计核算的主要内容是生产企业和进口单位所进行的账务处理。其一般规定及具体内容为：

1. 缴纳消费税的企业，须在“应交税费”账户下增设“应交消费税”明细账户进行核算。

2. 企业生产应税消费品在销售时，即纳税义务发生时，按应交税额借记“税金及附加”账户，贷记“应交税费——应交消费税”账户。在实际缴纳消费税时，借记“应交税费——应交消费税”账户，贷记“银行存款”账户。如果发生销货退回及退税时，即销售和纳税义务不成立，则做相反的会计分录，予以冲回。

3. 期末，在计算企业本期损益时，借记“本年利润”，贷记“税金及附加”账户，表明本期已纳税金已计入当期损益。

4. 企业将生产的应税消费品作为长期股权投资按规定应纳的消费税，借记“长期股权投资”，贷记“应交税费——应交消费税”账户。企业将生产的应税消费品用于在建工程、非生产机构等其他方面的，按规定应纳的消费税，借记“固定资产”“在建工程”“营业外支出”等账户，贷记“应交税费——应交消费税”账户。

5. 进口的应税消费品，其缴纳的消费税计入该项消费品成本，借记“固定资产”“材料采购”“在途物资”等账户，贷记“银行存款”等账户。

第五章
关　税

关税是一个古老的税种，在我国西周后期就有“关市之赋”的记载，当时的关税主要是内地关税。随着对外贸易的出现，唐朝设立了“市舶司”，宋朝设立了“榷易院”，专门负责对国外来华贸易货物和船舶征收关税。我国现行关税以全国人民代表大会于 2017 年 11 月修正颁布的《中华人民共和国海关法》为法律依据，以国务院于 2003 年 11 月发布的《中华人民共和国进出口关税条例》，以及由国务院关税税则委员会审定并报国务院批准，作为条例组成部分的《中华人民共和国海关进出口税则》和《中华人民共和国海关入境旅客行李物品和个人邮递物品征收进口税办法》为基本法规。

第一节　关税的含义与内容

微课：关税的含义、征税对象和税率

一、关税的含义与特点

关税是对进出国境或关境的货物和物品征收的一种税。

国境是一个主权国家全面行使主权的境域，包括领土、领海、领空。**关境**又称税境或海关境域，是一个国家的关税法令完全实施的境域。通常情况下，一个国家的关境与国境是一致的，但在国境内设有免税的自由港或自由贸易区以及其他独立的关税区时，关境就小于国境；如果几个国家结成关税同盟，在成员国之间货物进出国境不征收关税，只对来自和运往非同盟成员国的货物进出共同关境时征收关税，这时就各成员国来说，关境大于国境。

课件：关税的含义、征税对象和税率

货物是指贸易性商品。**物品**是指入境旅客随身携带的行李物品、个人邮递进口物品、各种运输工具上的服务人员携带进口的自用物品、馈赠物品及以其他方式进入国境的个人物品等。

与其他税种比较，关税具有如下四个方面的特点：

1. 以进出国境或关境的货物和物品为征税对象。关税独特的征税对象使它不同于因商品交换或提供劳务取得收入而课征的商品劳务税，也不同于因取得所得或拥有财产而课征的所得税或财产税，它是对特定货物和物品途经海关通道进出口征收的一种税。

2. 以货物和物品进出统一的国境或关境为征税环节。货物和物品只有在进出国境或关境时才征收关税，在征收一次关税后，出口货物在关境或国境外、进口货物或物品在国境或关境内不再征收本国关税。

视频：关税怎么影响你的生活

3. 实行复式税则。关税的税则是关税课税范围及其税率的法则。复式税则又称多栏税则，是指一个税目设有两个或两个以上的税率，根据进口货物原产国的不同，分别适用高低不同的税率。

4. 由海关代表国家征收。关税由主权国家设置在边境、沿海口岸或境内的水陆空国际交往通道的海关根据国家制定的关税税法、税则征收，其他任何单位和个人均无权征收关税。监督管理、征收关税和查缉走私是海关工作的基本任务。

拓展阅读：“逆流”追踪 揭开出口骗局

二、进出口货物关税税制的主要内容

由于我国对进出口货物关税与个人行李和邮递进口物品进口税采用不同的征收方法，因而本书对二者分别讲述。本节先讲述进出口货物关税，个人行李和邮递进口物品进口税在本章第二节另行讲述。

（一）进出口货物关税的征税对象

进出口货物关税以国家准许进口和出口的货物为征税对象。凡准许进出口的货物，除国家另有规定以外，都要按照《海关进出口税则》征收进口税或出口税。对从境外进口国产货物也要征收进口关税。按照“奖出限入”的原则，对出口货物一般免征出口关税，税则中列名出口征收关税的仅有鲤鱼苗等少数商品。

税收法规：《中华人民共和国进出口关税条例》

（二）进出口货物关税的纳税人

根据《进出口关税条例》，进出口关税以进出口货物的收、发货人或他们的代理人为纳税人。具体界定为依法取得对外贸易经营权并进口或出口货物的法人或其他社会团体。

（三）进出口关税税则（税目、税率）

进出口税则是一国政府根据国家对外贸易政策和税收政策，通过一定的立法程序制定公布实施的进出口货物和物品的关税税率表和相关规则所组成的法律法规体系。关税税率表是关税税则的主体，包括税号、商品分类目录和税率三部分。

我国进出口税则是根据《商品名称及编码协调制度》（简称《协调制度》，英文缩写为HS）制定的。该制度是一部由海关合作理事会（即世界海关组织）制定，采用六位数字编码的多用途的商品分类目录，可供海关税则、统计、国际贸易管理、信息、运输等方面使用。它将国际贸易中的商品分为

21 类、97 章、1 241 个名目、5 019 个独立的商品组。每个商品名目和商品组都按一定的规律和顺序用数字编码，简称税号。我国在该制度的税目基础上，根据贯彻国家产业政策的需要和我国外贸进出口的实际情况，结合外贸管理和海关统计业务的要求，增加了一些子目，将编码数字由该制度规定的 6 位增加到 8 位。2006 年的海关商品编码及进出口税则中的一些商品根据代征税、暂定税率和贸易管制的需要而增设第 9、第 10 位代码。

关税的税率是税则的关键组成部分，根据国际惯例和我国的对外贸易政策，在实际执行过程中会不断进行调整。详细的税率表税目很多，分商品品目的具体的税率则更多。自 2002 年起，为履行中国加入世界贸易组织（WTO）承诺的关税减让义务和中国加入《亚太贸易协定》（《曼谷协定》）的需要，我国对进口税则中的税目每年都进行新的调整。

目前，进口货物关税设置有最惠国税率、协定税率、特惠税率、普通税率、关税配额税率等税率。对进口货物在一定期限内可以实行暂定税率（具体见表 5－1）。其适用范围分别为：

1. **最惠国税率**。对原产于共同适用最惠国待遇条款的世界贸易组织成员的进口货物，原产于与中华人民共和国签订含有相互给予最惠国待遇条款的双边贸易协定的国家或者地区的进口货物，以及原产于中华人民共和国境内的进口货物，适用最惠国税率。

2. **协定税率**。对原产于与中华人民共和国签订含有关税优惠条款的区域性贸易协定的国家或者地区的进口货物，适用协定税率。例如，“亚太贸易协定”协定税率、中国—东盟自由贸易区协定税率、中国—智利自由贸易协定税率、中国—巴基斯坦自由贸易协定税率、中国—新西兰自由贸易协定税率、中国—新加坡自由贸易协定税率、中国香港和澳门的零关税等。

3. **特惠税率**。对原产于与中华人民共和国签订含有特殊关税优惠条款的贸易协定的国家或者地区的进口货物，适用特惠税率。例如，对老挝、柬埔寨等东南亚国家和埃塞俄比亚等非洲国家，共 40 个联合国认定的最不发达国家实施特惠税率。

4. **普通税率**。对原产于上述国家或地区以外的国家或地区的进口货物以及原产地不明的进口货物适用普通税率。

对于货物的原产地，我国基本上采用“全部产地生产标准”和“实质性加工标准”。“全部产地生产标准”是指进口货物完全在一个国家内生产或制造。“实质性加工标准”是指多国参与加工、制造的货物，以最后一个对货物进行经济上可以视为实质性加工的国家作为原产国。“实质性加工”是指该货物在进出口税则中四位数税号一级的税则归类发生了变化，或者加工增值部分所占新产品总值的比例超过 30% 及以上。

5. **暂定税率**。适用最惠国税率的进口货物有暂定税率的，应当适用暂定税率；适用协定税率、特惠税率的进口货物有暂定税率的，应当从低适用税率；适用普通税率的进口货物，不适用暂定税率。

表 5-1　部分进口商品的关税税率（2022 年）

税号	商品名称	最惠国税率（%）	暂定税率（%）	普通税率（%）	协定税率（%）										特惠税率（%）		
					亚太6国	东/冰/格	巴基斯坦	韩国	瑞士	哥达	秘鲁	澳/毛	新西/坡/智	中国港/澳/台	亚太2国	老/柬/缅	36/3/1
0202.3000 10	冻藏的去骨野牛肉	12		70		0/0/	0	6.4	2.4	0	3.5	3.6/0	0//0	0/0/		/0/	0/0/0
2208.2000 10	装入 200 升及以上容器的蒸馏葡萄酒制得的烈性酒	10	5	180		0/0/0	5	3	0	0	0	0/0	0/0/0/	0/0/			0/0/0
8703.2230 10	仅装有 1 < 排量 ≤ 1.5 升点燃式活塞内燃发动机的小轿车	15		230	13.5	/0/	22.5	22.5		0		0/21.4	0/0/0/				
0207.1200 00	冻的整只鸡	1.3 元/千克		5.6 元/千克		0/0/0		0.6 元/千克	4 元/千克	0	0	0/0	0//0	0/0/		0/0/0	0/0/0

说明：表中的“亚太 6 国”是指韩国、印度、斯里兰卡、孟加拉国、老挝、蒙古国；“东/冰/格”是指东盟 10 国、冰岛和格鲁吉亚；“哥达”是指哥斯达黎加；“澳/毛”是指澳大利亚和毛里求斯；“新西/坡/智”是指新西兰、新加坡和智利；“亚太 2 国”是指孟加拉国和老挝；“36/3/1”是指埃塞俄比亚联邦民主共和国、布隆迪共和国、刚果民主共和国、吉布提共和国、几内亚共和国、几内亚比绍共和国等 40 个联合国认定的最不发达国家。

6. **关税配额税率**。按照国家规定实行关税配额管理的进口货物，关税配额内的，适用关税配额税率；关税配额外的，其税率的适用按上述规定执行。

出口货物税率没有按出口国的不同进行区分，一般是按应税出口货物分别规定不同的比例税率。对出口货物在一定期限内可以实行暂定税率，适用出口税率的出口货物有暂定税率的，应当适用暂定税率。

视频：什么是关税配额

根据《中华人民共和国进出口关税条例》，任何国家或地区违反与我国签订或共同参加的贸易协定及相关协定，对我国贸易单方面采取禁止、限制、加征关税或其他影响正常贸易的措施的，可以对原产于该国或地区的进口货物适用报复性关税税率。另外，按照有关法律、行政法规的规定对进口货物采取反倾销、反补贴、保障措施的，其税率适用于相关法规规定的特别关税税率。

（四）进出口货物关税完税价格

1. 进口货物完税价格。进口货物的完税价格由海关以进口货物的成交价格为基础审查确定，并应当包括该货物运抵中华人民共和国境内输入地点起卸前的运输及其相关费用、保险费。进口货物的成交价格，是指卖方向我国境内销售该货物时买方为进口该货物向卖方实付、应付的，并按照要求调整后的价款总额，包括直接支付的价款和间接支付的价款。

税收法规：《中华人民共和国海关审定进出口货物完税价格办法》

以下未包括在进口货物的实付或应付价格中的费用，应计入完税价格：

（1）由买方负担的购货佣金以外的佣金和经纪费。其中，购货佣金是指买方为购买进口货物向自己的采购代理人支付的劳务费；经纪费是指买方为购买进口货物向代表买卖双方利益的经纪人支付的劳务费用。

（2）由买方负担的与该货物视为一体的容器费用。

（3）由买方负担的包装材料费用和包装劳务费用。

（4）与该货物的生产和向中国境内销售有关的，由买方以免费或低于成本的方式提供并可以按适当比例分摊的货物或者服务的价值，包括进口货物包含的材料、部件、零件和类似货物；在生产进口货物过程中使用的工具、模具和类似货物；在生产进口货物过程中消耗的材料；在境外进行的为生产进口货物所需的工程设计、技术研发、工艺及制图等相关服务。

（5）作为该货物向中国境内销售的条件，买方必须支付的、与该货物有关的特许权使用费。

（6）卖方直接或者间接从买方获得的该货物进口后转售、处置或者使用的收益。

以下进口货物的价款中单独列明的税收、费用，不计入该货物的完税价格：

（1）厂房、机械、设备等货物进口后进行建设、安装、装配、维修和技术服务的费用。

（2）进口货物运抵境内输入地点起卸后的运输及其相关费用、保险费。

（3）进口关税及国内税收。

（4）为在境内复制进口货物而支付的费用。

（5）境内外技术培训及境外考察费用。

进口货物的成交价格应当符合下列条件：

（1）对买方处置或者使用该货物不予限制，但法律、行政法规规定实施的限制、对货物转售地域的限制和对货物价格无实质性影响的限制除外。

（2）进口货物的价格不得受到使该货物成交价格无法确定的条件或者因素的影响。

（3）卖方不得从买方直接或者间接获得因该货物进口后转售、处置或者使用而产生的任何收益，或者虽有收益，但可以根据纳税义务人向海关提供的费用、价值的有关资料进行合理调整。

（4）买卖双方没有特殊关系，或者虽有特殊关系但未对成交价格产生影响。

进口货物的成交价格不符合上述规定条件的，或者成交价格不能确定的，海关经了解有关情况，并与纳税义务人进行价格磋商后，依次以下列价格估定该货物的完税价格：

（1）相同货物成交价格估价方法，是指海关以与进口货物同时或者大约同时向中华人民共和国境内销售的相同货物的成交价格为基础，审查确定进口货物的完税价格的估价方法。

（2）类似货物成交价格估价方法，是指海关以与进口货物同时或者大约同时向中华人民共和国境内销售的类似货物的成交价格为基础，审查确定进口货物的完税价格的估价方法。

（3）倒扣价格估价方法，即与该货物进口的同时或者大约同时，将该进口货物、相同或者类似进口货物在第一级销售环节销售给无特殊关系买方最大销售总量的单位价格，但应当扣除同等级或者同种类货物在我国境内第一级销售环节销售时通常的利润和一般费用以及通常支付的佣金、进口货物运抵境内输入地点起卸后的运输及其相关费用、保险费、进口关税及国内税收。

（4）计算价格估价方法，即按照下列各项总和计算的价格：生产该货物所使用的料件成本和加工费用，向中华人民共和国境内销售同等级或者同种类货物通常的利润和一般费用，该货物运抵境内输入地点起卸前的运输及其相关费用、保险费。

（5）合理方法，是指当海关不能根据成交价格估价方法、相同货物成交价格估价方法、类似货物成交价格估价方法、倒扣价格估价方法和计算价格估价方法确定完税价格时，海关根据客观、公平、统一的原则，以客观量化的数据资料为基础审查确定进口货物完税价格的估价方法。

纳税义务人向海关提供有关资料后，可以提出申请，颠倒前款第（3）项和第（4）项的适用次序。

2. 出口货物的完税价格。出口货物的完税价格由海关以该货物的成交价格为基础审查确定，并应当包括该货物运至中华人民共和国境内输出地点装载前的运输及其相关费用、保险费。出口货物的成交价格，是指该货物出口时卖方为出口该货物应当向买方直接收取和间接收取的价款总额。下列税收、费用不计入出口货物的完税价格：

（1）出口关税。

（2）在货物价款中单独列明的货物运至我国境内输出地点装载后的运输及其相关费用、保险费。

（3）在货物价款中单独列明由卖方承担的佣金。

出口货物的成交价格不能确定的，海关经了解有关情况，并与纳税义务人进行价格磋商后，依次以下列价格估定该货物的完税价格：

（1）同时或者大约同时向同一国家或者地区出口的相同货物的成交价格。

（2）同时或者大约同时向同一国家或者地区出口的类似货物的成交价格。

（3）根据境内生产相同或者类似货物的成本、利润和一般费用（包括直接费用和间接费用）、境内发生的运输及其相关费用、保险费计算所得的价格。

（4）按照合理方法估定的价格。

3. 进出口货物完税价格中的运输及相关费用、保险费的计算。

（1）进口货物的运费，应当按照实际支付的费用计算。如果进口货物的运费无法确定的，海关应当按照该货物的实际运输成本或者该货物进口同期运输行业公布的运费率（额）计算运费。

运输工具作为进口货物，利用自身动力进境的，海关在审查确定完税价格时，不再另行计入运费。

（2）进口货物的保险费，应当按照实际支付的费用计算。如果进口货物的保险费无法确定或者未实际发生，海关应当按照“货价加运费”两者总额的3‰计算保险费。

（3）邮运进口的货物，应当以邮费作为运输及其相关费用、保险费。

（4）以境外边境口岸价格条件成交的铁路或者公路运输进口货物，海关应当按照境外边境口岸价格的1%计算运输及其相关费用、保险费。

请思考

关税的计税依据与增值税、消费税、城市维护建设税有哪些联系和区别。

（五）减税免税

我国关税减免政策可分法定减免、特定减免和临时减免三种类型。

1. 法定减免。法定减免是依照关税基本法规的规定列明予以的减免，包括：

（1）下列进出口货物，免征关税：关税税额在人民币50元以下的一票货物；无商业价值的广告品和货样；外国政府、国际组织无偿赠送的物资；在海关放行前损失的货物；进出境运输工具装载的途中必需的燃料、物料和饮食用品。

（2）在海关放行前遭受损坏的货物，可以根据海关认定的受损程度减征关税。

(3) 经海关批准暂时进境或者暂时出境的下列货物，在进境或者出境时纳税义务人向海关交纳相当于应纳税款的保证金或者提供其他担保的，可以暂不缴纳关税，并应当自进境或者出境之日起6个月内复运出境或者复运进境。包括在展览会、交易会、会议及类似活动中展示或者使用的货物；文化、体育交流活动中使用的表演、比赛用品；进行新闻报道或者摄制电影、电视节目使用的仪器、设备及用品；开展科研、教学、医疗活动使用的仪器、设备及用品；以上所列活动中使用的交通工具及特种车辆；货样；供安装、调试、检测设备时使用的仪器、工具；盛装货物的容器；其他用于非商业目的的货物。

经纳税义务人申请，海关可以根据海关总署的规定延长复运出境或者复运进境的期限，但如果所列暂准进境货物在规定的期限内未复运出境的，或者暂准出境货物在规定的期限内未复运进境的，海关应当依法征收关税。

(4) 因品质或者规格原因，出口货物自出口之日起1年内原状复运进境的，不征收进口关税。

(5) 因品质或者规格原因，进口货物自进口之日起1年内原状复运出境的，不征收出口关税。

(6) 因残损、短少、品质不良或者规格不符原因，由进出口货物的发货人、承运人或者保险公司免费补偿或者更换的相同货物，进出口时不征收关税。被免费更换的原进口货物不退运出境或者原出口货物不退运进境的，海关应当对原进出口货物重新按照规定征收关税。

(7) 法律规定的其他免征或者减征关税的货物，海关根据规定予以免征或者减征。

2. 特定减免。特定减免是指在关税基本法规确定的法定减免以外，由国务院或国务院授权的机关颁布法规、规章规定对特定地区、特定企业或有特定用途的进出口货物减免关税。例如，对保税区和出口加工区进出口货物的减免；对加工贸易产品和边境贸易进口物资关税的减免；对科教用品、残疾人专用品、扶贫慈善性捐赠物资进口税的减免，以及其他依法给予关税减免优惠的进出口货物的减免。

3. 临时减免。临时减免是指在以上两项减免税以外，由国务院规定，根据某个纳税人、某个时期或某批进出口货物的特殊情况临时给予的减免。

微课：进出口货物关税的计算

第二节　进出口货物关税的计算和缴纳

一、应纳税额的计算

（一）进出口货物从价税应纳税额的计算

我国对进出口商品主要是实行从价税，即以进出口货物的完税价格作为计税依据，按照规定的税率计算应交税金。其应纳税额的计算公式为：

关税税额 = 应税进(出)口货物数量 × 单位完税价格 × 税率

【例 5 -1】 某单位进口原产于某 WTO 成员方的排气量为 2.2L 的小轿车 20 辆，该批货物在出口国的离岸价格为 310 万元，运抵我国关境内输入地点起卸前的包装费、运输费、保险费和其他费用共 5 万元；支付货物在我国输入地点起卸后的运输费用 2 万元。进口关税税率为 15%。该单位应纳关税税额的计算方法为：

应纳税额 = (3 100 000 + 50 000) × 15% = 472 500（元）

课件：进出口货物关税的计算

（二）进出口货物从量税应纳税额的计算

从量税以进口商品的重量、长度、容量、面积等计量单位为计税依据，按照规定的单位税额计算应交税金。其应纳税额的计算公式为：

关税税额 = 应税进(出)口货物数量 × 单位货物税额

视频：一分钟了解报关流程

（三）进出口货物复合税应纳税额的计算

复合税是对某种进口商品同时使用从价和从量计征的一种计征关税的方法，复合税既可发挥从量税抑制低价商品进口的作用，又可充分体现从价税税负合理、稳定的特点。我国曾经对录像机、放像机、摄像机、数字照相机和摄录一体机实行复合税。其应纳税额的计算公式为：

关税税额 = 应税进(出)口货物数量 × 单位货物税额
+ 应税进(出)口货物数量 × 单位完税价格 × 税率

拓展阅读：关税与民生福利

（四）进出口货物滑准税应纳税额的计算

滑准税是一种关税税率随进口商品价格由高到低而由低至高设置计征关税的方法，可以使进口商品价格越高，其进口关税税率越低；进口商品的价格越低，其进口关税税率越高。其主要特点是可保持滑准税商品的国内市场价格的相对稳定，尽可能减少国际市场价格波动的影响。目前，我国对配额外进口的一定数量棉花实行滑准税。其应纳税额的计算公式为：

关税税额 = 应税进(出)口货物数量 × 单位完税价格 × 滑准税税率

二、关税的纳税申报

（一）纳税期限和地点

进口货物的纳税人应当自运输工具申报进境之日起 14 日内，出口货物的纳税人除海关特准的外，应当在货物运抵海关监管区后、装货的 24 小时以前，向货物的进出境地海关申报。进口货物到达前，纳税义务人经海关核准可以先行申报。海关根据税则归类和完税价格计算应缴纳的关税和进口环节代征税，并填发税款缴款书。纳税义务人应当自海关填发税款缴款书之日起 15 日内向指定银行缴纳税款。如缴纳期限的最后一日是周末或法定节假日，则缴纳期限顺延至周末或法定节假日过后的第一个工作日。

纳税义务人因不可抗力或者在国家税收政策调整的情形下，不能按期缴纳税款的，经海关总署批准，可以延期缴纳税款，但是最长不得超过 6 个月。

进口货物应当由收货人在货物的进境地海关办理海关手续，出口货物应当由发货人在货物的出境地海关办理海关手续。为方便纳税人，经收发货人申请，海关同意，进口货物的收货人可以在设有海关的指运地、出口货物的发货人可以在设有海关的启运地办理海关手续。经电缆、管道或者其他特殊方式输送进出境的货物，经营单位应当定期向指定的海关申报和办理海关手续。过境、转运和通运货物，运输工具负责人应当向进境地海关如实申报，并应当在规定期限内运输出境。

（二）关税的强制执行

纳税义务人未在关税缴纳期限内缴纳税款，即构成关税滞纳。海关有权对滞纳关税的纳税义务人采取强制措施，具体包括：

1. 滞纳金。纳税义务人未按期缴纳税款的，从滞纳税款之日起，按日加收滞纳税款0.5‰的滞纳金。海关征收关税、滞纳金等，应当按人民币计征。进出口货物的成交价格以及有关费用以外币计价的，以中国人民银行公布的基准汇率折合为人民币计算完税价格；以基准汇率币种以外的外币计价的，按照国家有关规定套算为人民币计算完税价格。适用汇率的日期由海关总署规定。

2. 税收保全和强制执行。进出口货物的纳税人在规定的纳税期限内有明显的转移、藏匿其应税货物以及其他财产迹象的，海关应当要求纳税人在规定的期限内提供海关认可的担保。纳税人不能在海关规定的期限内按照海关要求提供担保的，经批准，海关应当采取税收保全措施。依照规定对上述纳税人采取税收保全措施的，海关应当书面通知纳税人开户银行或者其他金融机构暂停支付纳税人相当于应纳税款的存款。因无法查明纳税人账户、存款数额等情形不能实施暂停支付措施的，应当扣留纳税人价值相当于应纳税款的货物或者其他财产。纳税人自海关填发税款缴款书之日起15日内未缴纳税款的，经批准，海关应当向金融机构制发《中华人民共和国海关扣缴税款通知书》，通知其从暂停支付的款项中扣缴相应税款，或依法变卖被扣留的货物或者其他财产，并以变卖所得抵缴税款。

进出口货物的纳税义务人、担保人自规定的纳税期限届满之日起超过3个月未缴纳税款的，经直属海关关长或者其授权的隶属海关关长批准，海关可以依次采取下列强制措施：

（1）书面通知金融机构从其存款中扣缴税款；（2）将应税货物依法变卖，以变卖所得抵缴税款；（3）扣留并依法变卖其价值相当于应纳税款的货物或者其他财产，以变卖所得抵缴税款。

（三）关税的退还

海关发现多征税款的，应当立即通知纳税义务人办理退还手续。纳税义务人发现多缴税款的，自缴纳税款之日起1年内，可以书面形式要求海关退还多缴的税款并加算银行同期活期存款利息；海关应当自受理退税申请之日起30日内查实并通知纳税义务人办理退还手续。纳税义务人应当自收到通知之日起 3 个月内办理有关退税手续。

有下列情形之一的，纳税人自缴纳税款之日起 1 年内，可以申请退还关税，并应当以书面形式向海关说明理由，提供原缴款凭证及相关资料：（1）已征进口关税的货物，因品质或者规格原因，原状退货复运出境的；（2）已征出口关税的货物，因品质或者规格原因，原状退货复运进境，并已重新缴纳因出口而退还的国内环节有关税收的；（3）已征出口关税的货物，因故未装运出口，申报退关的。

（四）税款的补征和追征

进出口货物放行后，海关发现少征或者漏征税款的，应当自缴纳税款或者货物放行之日起 1 年内，向纳税人补征税款。但因纳税人违反规定造成少征或者漏征税款的，海关可以自缴纳税款或者货物放行之日起 3 年内追征税款，并从缴纳税款或者货物放行之日起按日加收少征或者漏征税款 0.5‰的滞纳金。

需由海关监管使用的减免税进口货物，在监管年限内转让或者移作他用需要补税的，海关应当根据该货物进口时间折旧估价，补征进口关税。

三、关税的会计处理

进出口企业缴纳进口关税的会计核算，一般通过“库存商品”或“材料采购”和“应交税费”等账户。购进进口商品时，借记“库存商品”或“材料采购”账户，贷记“银行存款”和“应交税费”账户；缴纳税金时，借记“应交税费”账户，贷记“银行存款”或“现金”账户。而出口关税的会计核算，一般通过“税金及附加”和“应交税费”两个账户。计算应纳税额时，借记“税金及附加”账户，贷记“应交税费”账户；缴纳税金时，借记“应交税费”账户，贷记“银行存款”或“现金”账户。但须注意由于经营进出口业务的形式与内容的不同，其具体核算方法有所不同。

微课：行李和邮递物品进口税

第三节　行李和邮递物品进口税

课件：行李和邮递物品进口税

一、行李和邮递物品进口税的含义与内容

（一）行李和邮递物品进口税的含义

行李和邮递物品进口税简称“行邮税”，是海关对入境旅客行李物品、个人邮递物品、运输工具服务人员携带进口的应税自用物品以及用其他方式进口的个人自用物品所征收的进口税。

我国于 1962 年开始对行邮物品征收进口税。现行的《关于入境旅客行李物品和个人邮递物品征收进口税办法》是国务院关税税则委员会于 1994 年 5 月 18 日发布，同年 7 月 1 日施行的。此后，对税率表进行了多次调整。

（二）行李和邮递物品进口税的内容

1. 纳税人和征税范围。行李和邮递物品进口税的纳税人为携有应税个人自用物品的入境旅客和运输工具服务人员、进口邮递物品的收件人、以其他方式进口应税个人自用物品的收件人。

税收法规：中华人民共和国海关关于入境旅客行李物品和个人邮递物品征收进口税办法

上述应税个人自用物品，不包括汽车、摩托车及其配件、附件。进口应税个人自用汽车、摩托车及其配件、附件，应当按照有关税法规定缴纳关税、增值税和消费税。

2. 税目和税率。行李和邮递物品进口税的征税项目共有3类，都采用比例税率，如表5－2所示。

表5－2　进境物品进口税率表

税号	物品名称	税率（%）
1	书报、刊物、教育用影视资料；计算机、视频摄录一体机、数字照相机等信息技术产品；食品、饮料；金银；家具；玩具、游戏品、节日或其他娱乐用品；药品	13
2	运动用品（不含高尔夫球及球具）、钓鱼用品；纺织品及其制成品；电视摄像机及其他电器用具；自行车；税目1、3中未包含的其他商品	20
3	烟、酒；贵重首饰及珠宝玉石；高尔夫球及球具；高档手表；化妆品	50

注：税目1中，对国家规定减按3%征收进口环节增值税的进口药品，按照货物税率征税；税目3所列商品的具体范围与消费税征收范围一致。

税收法规：中华人民共和国进境物品完税价格表

行李和邮递物品进口税税率的调整，由国务院关税税则委员会确定。

3. 减免税。行李和邮递物品税的主要免税规定有：

（1）中国籍旅客可以享受一定的免征行李和邮递物品进口税待遇，对海关规定免税限值（量）内的自用物品，海关予以免税放行。居民旅客携带在境外获取的总值不超过人民币5 000元的自用物品免税，只对超出部分予以征税，但国家规定应税的20种商品海关不予免税，20种商品是指电视机、摄像机、录像机、放像机、音响设备、空调器、电冰箱（柜）、洗衣机、照相机、复印机、程控电话交换机、微型计算机、电话机、无线寻呼系统、传真机、电子计算器、打印机及文字处理机、家具、灯具和餐料。对不可分割的单件物品超出5 000元的，全额征税。携带超过1 500毫升的酒精饮料（酒精含量12度以上），或超过400支的香烟，或超过100支的雪茄，或超过500克的烟丝，对超出限量但仍属自用的部分，海关予以征税放行，限量以内的免税。中国常驻境外的外交机构人员、留学人员、访问学者、劳务人员、援外人员连续在外每满180天，远洋海员每满120天，可以免税携带进境一件规定范围以内的生活用品，包括电视机、洗衣机、电冰箱、照相机、录像机、收录音机、组合音响等。

税收法规：《中华人民共和国进境物品归类表》

上述“**中国籍旅客**”是指持中华人民共和国护照等有效旅行证件出入境的旅客，包括公派出境工作、考察、访问、学习和因私出境探亲、访友、旅游、经商、学习等中国籍居民旅客和华侨、台湾同胞、港澳同胞等中国籍非居民旅客。

（2）不超过海关规定的自用合理数量的避孕用具和药品，可以免征行李和邮递物品进口税。

（3）非居民长期旅客取得境内长期居留证件后首次申请进境的自用物品海关予以免税。但按规定准予进境的机动车辆和应当征税的20种商品除外。

上述**"非居民长期旅客"**是指经公安部门批准进境并在境内连续居留一年以上（含一年），期满后仍回到境外定居地的外国公民、港澳台地区人员、华侨。

（4）外国在华常驻人员在签证有效期内初次来华携带进境的个人自用的家用摄像机、照相机、便携式收录机、便携式激光唱机、便携式计算机，报经所在地主管海关审核，在每个品种一台的数量限制内，予以免征进口税。其中，外籍专家（含中国港、澳、台地区专家）或华侨专家携运进境的图书资料、科研仪器、工具、样品、试剂等教学、科研物品，在自用合理数量范围内，免征进口税。

上述**"外国在华常驻人员"**包括：外国企业和其他经济贸易、文化等组织在华常驻机构的常驻人员，外国民间经济贸易、文化团体在华常驻机构的常驻人员，外国在华常驻新闻机构的常驻记者，在华的中外合资经营企业、中外合作经营企业和外资企业的外方常驻人员，长期来华工作的外籍专家和华侨专家，长期来华学习的外国留学生和华侨留学生。

（5）根据政府间协定免税进境的非居民长期旅客自用物品和常驻机构公用物品，海关依法免征税款。

二、行李和邮递物品进口税应纳税额的计算和缴纳

（一）行李和邮递物品进口税应纳税额的计算

1. 行李和邮递物品进口税的完税价格。行李和邮递物品进口税的完税价格由海关参照应税物品的境外正常零售价格确定。其依据为海关总署制定的《中华人民共和国进境物品归类表》和《中华人民共和国进境物品完税价格表》。例如，茶叶、咖啡每千克200元，按摩床每张1万元，微波炉每台600元，家用洗碗机每台1 500元，三角钢琴每架9万元，皮鞋每双300元等。表中所列完税价格与应税物品实际价格相差悬殊达到2倍及以上或1/2及以下程度的，经现场科级领导同意，可采取另行确定价格原则或按物品实际价格计征税赋。

小知识

《中华人民共和国进境物品归类表》和《中华人民共和国进境物品完税价格表》参见海关总署2019年第63号公告。

2. 应纳税额的计算。行李和邮递物品进口税实行从价计征。应纳税额计算公式为：

应纳税额 = 完税价格 × 进口税税率

【例 5-2】某出国人员回国时带入境内 1 台应税立体式数字照相机，购买价格折合人民币 1 万元，适用税率为 13%。该出国人员应纳行李和邮递物品进口税税额的计算方法为：

完税价格表数字照相机的所列价格为 2 000 元，实际价格 10 000 元超出了完税价格表所列价格的 2 倍，因此照相机的完税价格为 10 000 元；

应纳税额 = 10 000 × 13% = 1 300（元）

（二）行李和邮递物品进口税的申报

进出境旅客需要向海关申报纳税的，应到海关申报台填写《中华人民共和国海关进出境旅客行李物品申报单》，同时交验身份证件。

（三）行李和邮递物品进口税的缴纳

1. 纳税人应当按照海关填发税款缴纳证当日应税物品的完税价格和税率，在海关放行物品之前计算缴纳行李和邮递物品进口税。

2. 纳税人可以自行办理纳税手续，也可委托他人办理纳税手续。

提示：缴纳行李和邮递物品进口税的物品不缴纳进口货物关税和进口环节的增值税和消费税。

3. 进口税的减免、补征、追征、退还以及对暂准进境物品征收进口税参照上节对货物征收进口关税的有关规定。

微课：船舶吨税

第四节　船舶吨税

课件：船舶吨税

一、船舶吨税的含义与内容

（一）船舶吨税的含义

船舶吨税是对进出、停靠我国港口的国际航行船舶由海关负责征收的一种税。国际航行船舶因在我国港口行驶，使用了我国的港口和助航设备，对其征收的这种税收，是一种属于使用性质的税。凡征收了吨税的船舶不再征收车船税，反之亦然。

税收法规：《中华人民共和国船舶吨税法》

（二）船舶吨税的内容

1. 征税范围。**中华人民共和国境外港口进入境内港口的船舶（以下称“应税船舶”，应当缴纳船舶吨税。**

2. 计税依据和税率。船舶吨税的计税依据是注册净吨位。所谓“净吨位”是指由船籍国（地区）政府授权签发的船舶吨位证明书上标明的净吨位。

拖船按照发动机功率每 1 千瓦折合净吨位 0.67 吨。拖船，是指专门用于拖（推）动运输船舶的专业作业船舶。拖船和非机动驳船分别按相同净吨位船舶税率的50%计征税款。非机动船舶，是指自身没有动力装置，依靠外力驱动的船舶。非机动驳船，是指在船舶管理部门登记为驳船的非机动船舶。

船舶吨税，按船舶的净吨位，以吨为单位确定定额税率，吨位越大，定额税率越高。船舶吨税定额税率分为优惠税率和普通税率两种，凡与中华人民共和国签订互惠协议的国家或地区适用船舶吨税优惠税率，未签订互惠协议的适用船舶吨税普通税率，见表5－3。

表5－3　　吨税税目税率表

税目（按船舶净吨位划分）	税率（元/净吨）						说明
	普通税率（按执照期限划分）			优惠税率（按执照期限划分）			
	1年	90日	30日	1年	90日	30日	
不超过2 000净吨	12.6	4.2	2.1	9.0	3.0	1.5	拖船和非机动驳船分别按相同净吨位船舶税率的50%计征税款
超过2 000净吨，但不超过10 000净吨	24.0	8.0	4.0	17.4	5.8	2.9	
超过10 000净吨，但不超过50 000净吨	27.6	9.2	4.6	19.8	6.6	3.3	
超过50 000净吨	31.8	10.6	5.3	22.8	7.6	3.8	

3. 减免税。下列情况免征吨税：

（1）应纳税额在人民币50元以下的船舶。

（2）自境外以购买、受赠、继承等方式取得船舶所有权的初次进口到港的空载船舶。

（3）吨税执照期满后24小时内不上下客货的船舶。

（4）非机动船舶（不包括非机动驳船）。非机动船舶，是指自身没有动力装置，依靠外力驱动的船舶；非机动驳船，是指在船舶登记机关登记为驳船的非机动船舶。

（5）捕捞、养殖渔船：是指在中华人民共和国渔业船舶管理部门登记为捕捞船或养殖船的船舶。

（6）避难、防疫隔离、修理、终止运营或者拆解，并不上下客货的船舶。

（7）军队、武装警察部队专用或者征用的船舶。

（8）依照法律规定应当予以免税的外国驻华使领馆、国际组织驻华代表机构及其有关人员的船舶。

（9）国务院规定的其他船舶。

在吨税执照期限内，应税船舶发生下列情形之一的，海关按照实际发生的天数批注延长吨税执照期限：

（1）避难、防疫隔离、修理，并不上下客货。

（2）军队、武装警察部队征用。

应税船舶因不可抗力在未设立海关地点停泊的，船舶负责人应当立即向附近海关报告，并在不可抗力原因消除后，依照本条例规定向海关申报纳税。

二、船舶吨税的计算和缴纳

（一）船舶吨税的计算

船舶吨税按“船舶吨位证书”中净吨位计征，计税公式为：

应纳税额 = 净吨位 × 船舶吨税税率（元/净吨）

【例5-3】一艘美国籍船舶停靠在我国境内某港口。纳税人申领了30日的吨税执照。该轮船总吨位为4 000吨，注册净吨位为2 000吨。则该船舶应征纳的船舶吨税为：

（1）确定吨位数：船舶吨税按注册净吨位计算，因此应按2 000吨计算；

（2）确定吨税率：美国籍船舶适用优惠吨税，净吨位2 000吨的船舶30天期限的优惠税率为1.5元/吨；

（3）计算吨税：应纳船舶吨税 = 2 000 × 1.5 = 3 000（元）。

（二）船舶吨税的缴纳

1. 应税船舶在进入港口办理入境手续时，应当向海关申报纳税，领取吨税执照，或者交验吨税执照（或者申请核验吨税执照电子信息）。应税船舶在离开港口办理出境手续时，应当交验吨税执照（或者申请核验吨税执照电子信息）。应税船舶负责人申领吨税执照时，应当向海关提供下列文件：一是船舶国籍证书或者海事部门签发的船舶国籍证书收存证明；二是船舶吨位证明。

2. 船舶吨税分1年期缴纳、90天期缴纳与30天期缴纳三种。缴纳期限由纳税人自行选择。吨税纳税义务发生时间为应税船舶进入港口的当日。应税船舶在吨税执照期满后尚未离开港口的，应当申领新的吨税执照，自上一次执照期满的次日起续缴吨税。

3. 应税船舶负责人应当自海关填发吨税缴款凭证之日起15日内向指定银行缴清税款。未按期缴清税款的，自滞纳税款之日起，按日加收滞纳税款0.5‰的滞纳金。缴款期限届满日遇星期六、星期日等休息日或者法定节假日的，顺延至休息日或者法定节假日之后的第一个工作日。

4. 应税船舶未按照规定申报纳税、领取吨税执照的，未按照规定交验吨税执照（或者申请核验吨税执照电子信息）及其他证明文件的，由海关责令限期改正，处2 000元以上3万元以下罚款；不缴或者少缴应纳税款的，处不缴或者少缴税款50%以上5倍以下的罚款，但罚款不得低于2 000元。

第六章

企业所得税

最早的所得税是英国政府为了适应英法战争对军费开支的需要于1799年在英国开征的一种临时税收，19世纪以后各国相继仿效，现已成为世界各国普遍开征的重要税种。

初期，通过实行国有企业利改税，我国实行了在不同所有制企业征收不同所得税的方法。此后通过不断归并，最终实现了对所有企业统一征收的企业所得税。现行企业所得税的基本法是2007年3月16日第十届全国人民代表大会第五次会议通过颁布的《中华人民共和国企业所得税法》，从2008年1月1日起施行。

第一节　企业所得税的含义与内容

微课：企业所得税含义与纳税人

一、企业所得税的含义及特点

（一）企业所得税的含义

企业所得税是对我国境内除个人独资、合伙性质的企业以外的企业和组织，就其生产经营所得和其他所得征收的一种税。

课件：企业所得税含义与纳税人

企业所得税制一直是我国工商税制中的一个重要组成部分，解放初期包含在工商业税中。1958年税制改革后成为一个独立的税种，称为“工商所得税”。1980年至1994年，我国对企业征收的所得税分成内外两套税制，并按经济性质设置有外商投资企业和外国企业所得税、国有企业所得税和调节税、集体企业所得税、私营企业所得税。1994年1月1日，后三者合并为针对内资企业的所得税。从2008年1月1日起，原企业所得税与外商投资企业和外国企业所得税合并为现行的企业所得税。

（二）企业所得税的特点

企业所得税与其他税种比较有如下特点：

1. **企业所得税以应纳税所得额为征税对象。**应纳税所得额是按照企业所得税法的规定，以企业每一纳税年度的收入总额，减除不征税收入、免税收入、各项扣除以及允许弥补的以前年度亏损后的余额。

拓展阅读：王莽，所得税的创始人

2. **企业所得税较好地体现了量能负担的原则。**企业所得税以企业的最终所得为征税对象，所得多的多征，所得少的少征，没有所得的不征，充分体现税收的公平负担原则。与商品劳务税相比，企业所得税更容易为社会大众所接受。

3. **企业所得税以某一会计期间作为纳税义务发生时间。**与商品劳务税相比，企业所得税通常以一个时间段落总体的收支累计结果的得出作为纳税义务发生的时间。因此，企业所得税在征收上采取了以企业一个纳税年度的应纳税所得额为计税依据，平时分月或分季预缴，年度终了后进行汇算清缴，多退少补的办法。

税收法规：中华人民共和国企业所得税法

二、企业所得税税制的主要内容

（一）纳税人

在中华人民共和国境内，除依照中国法律、行政法规成立的个人独资企业和合伙企业以外的企业和其他取得收入的组织（以下统称“企业”）为企业所得税的纳税人，依法缴纳企业所得税。

企业分为居民企业和非居民企业。**居民企业**，是指依法在中国境内成立，或者依照外国（地区）法律成立但实际管理机构在中国境内的企业。**非居民企业**，是指依照外国（地区）法律成立且实际管理机构不在中国境内，但在中国境内设立机构、场所的，或者在中国境内未设立机构、场所，但有来源于中国境内所得的企业。

“依法在中国境内成立”的企业需要同时符合以下三个条件：一是成立的依据为中国的法律、行政法规；二是在中国境内成立，这是属地管辖原则的体现，即在中国境内成立的企业或其他取得收入的组织，其成立条件、程序以及经营活动等方面都应当适用中国的法律、法规；三是属于取得收入的经济组织。

企业和其他取得收入的组织都统称“企业”，包括以下各类取得收入的组织：

1. 企业。包括公司制企业和其他非公司制企业。企业是以营利为目的、从事生产经营活动的经济实体，是企业所得税法最主要的适用对象。但这里的“企业”，不包括依照中国法律、行政法规规定成立的个人独资企业、合伙企业，但包括依照外国法律法规在境外成立的个人独资企业和合伙企业。

依照中国法律、行政法规成立的个人独资企业是指依法在中国境内设立，由一个自然人投资，财产为投资人个人所有，投资人以其个人财产对企业债务承担无限连带责任的经营实体。由于个人独资企业是以投资人的个人财产对外承担无限责任的，其生产经营所得也即出资人个人所得，应该缴纳个人所得税。企业本身没有独立的财产和所得，所以不属于企业所得税的纳税人。

依照中国法律、行政法规成立的合伙企业，是指自然人、法人和其他组织依法在中国境内设立的普通合伙企业和有限合伙企业。普通合伙企业由普通合伙人组成，合伙人对合伙企业债务承担无限连带责任。有限合伙企业由普通合伙人和有限合伙人组成，普通合伙人对合伙企业债务承担无限连带责任，有限合伙人以其认缴的出资额为限对合伙企业债务承担责任。合伙企业以每一个合伙人为纳税义务人，其生产经营所得和其他所得采取“先分后税”的原则，合伙人是自然人的，缴纳个人所得税；合伙人是法人和其他组织的，缴纳企业所得税。

2. 事业单位。事业单位是公益性或非营利性组织，也可能通过经营或接受捐赠等行为取得收入。企业所得税法规定，符合条件的事业单位的收入为免税收入，如果事业单位的收入不属于符合条件的非营利组织的收入范畴，则不能予以免税。

3. 社会团体。社会团体包括公益性或非营利性组织，符合条件的社会团体的收入可以享受免税优惠，如果社会团体的收入不符合免税条件，应当依法缴纳企业所得税。

4. 其他取得收入的组织。除上述之外的经济组织也能够依法取得各种收入，也是企业所得税的纳税人，应当依法缴纳企业所得税。例如，民办非企业单位、基金会、商会、农民专业合作社，以及随着经济社会发展而出现的其他类型的取得收入的组织。

“依照外国（地区）法律成立”的企业也需要同时具备的三个条件：一是成立的法律依据为外国（地区）的法律法规；二是在中国境外成立；三是属于取得收入的经济组织。

实际管理机构，是指对企业的生产经营、人员、账务、财产等实施实质性全面管理和控制的机构，需要同时符合三个条件：一是对企业有实质性管理和控制的机构；二是对企业实行全面的管理和控制的机构；三是管理和控制的内容是企业的生产经营、人员、账务、财产等，这是界定实际管理机构的最关键标准。

小知识

合伙企业以每个合伙人为纳税义务人。合伙企业合伙人是自然人的，缴纳个人所得税；合伙人是法人和其他组织的，缴纳企业所得税。因此，不缴纳企业所得税的合伙企业仅指合伙人均为自然人的合伙企业。

（二）征税对象和征税范围

企业所得税的征税对象是纳税人取得的所得。包括销售货物所得、提供劳务所得、转让财产所得、股息红利所得、利息所得、租金所得、特许权使用费所得、接受捐赠所得和其他所得。

1. 销售货物所得是指企业销售商品、产品、原材料、包装物、低值易耗品以及其他存货取得的所得。

2. 提供劳务所得是指企业从事建筑安装、修理修配、交通运输、仓储租赁、金融保险、邮电通信、咨询经纪、文化体育、科学研究、技术服务、教育培训、餐饮住宿、中介代理、卫生保健、社区服务、旅游、娱乐、加工以及其他劳务服务活动取得的所得。

微课：企业所得税征税对象和征税范围

3. 转让财产所得是指企业转让固定资产、生物资产、无形资产、股权、债权等财产取得的所得。

4. 股息、红利等权益性投资收益是指企业因权益性投资从被投资方取得的所得。

5. 利息所得是指企业将资金提供他人使用但不构成权益性投资，或者因他人占用本企业资金取得的所得，包括存款利息、贷款利息、债券利息、欠款利息等所得。

课件：企业所得税征税对象和征税范围

6. 租金所得是指企业提供固定资产、包装物或者其他资产的使用权取得的所得。

7. 特许权使用费所得是指企业提供专利权、非专利技术、商标权、著作权以及其他特许权的使用权取得的所得。

8. 接受捐赠所得是指企业接受的来自其他企业、组织或者个人无偿给予的货币性资产、非货币性资产的所得。

税收法规：中华人民共和国企业所得税法实施条例

9. 其他所得是指除以上列举外的也应当缴纳企业所得税的其他所得，包括企业资产溢余所得、逾期未退包装物押金所得、确实无法偿付的应付款项、已作坏账损失处理后又收回的应收款项、债务重组所得、补贴所得、违约金所得、汇兑收益等。

居民企业应当就其来源于中国境内、境外的所得缴纳企业所得税；非居民企业在中国境内设立机构、场所的，应当就其所设机构、场所取得的来源于中国境内的所得，以及发生在中国境外但与其所设机构、场所有实际联系的所得，缴纳企业所得税；对非居民企业在中国境内未设立机构、场所的，或者虽设立机构、场所但取得的所得与其所设机构、场所没有实际联系的，应当就其来源于中国境内的所得缴纳企业所得税。

上述所说的“机构”“场所”，是指在中国境内从事生产经营活动的机构、场所，包括：管理机构、营业机构、办事机构；工厂、农场、开采自然资源的场所；提供劳务的场所；从事建筑、安装、装配、修理、勘探等工程作业的场所；其他从事生产经营活动的机构、场所。非居民企业委托营业代理人在中国境内从事生产经营活动的，包括委托单位或者个人经常代其签订合同，或者储存、交付货物等，该营业代理人视为非居民企业在中国境内设立的机构、场所。

中国境内、境外的所得，按照以下原则确定：

1. 销售货物所得，按照交易活动发生地确定；

2. 提供劳务所得，按照劳务发生地确定；

3. 转让财产所得，不动产转让所得按照不动产所在地确定，动产转让所得按照转让动产的企业或者机构、场所所在地确定，权益性投资资产转让所得按照被投资企业所在地确定；

4. 股息、红利等权益性投资所得，按照分配所得的企业所在地确定；

5. 利息所得、租金所得、特许权使用费所得，按照负担、支付所得的企业或者机构、场所所在地确定，或者按照负担、支付所得的个人的住所地确定；

6. 其他所得，由国务院财政、税务主管部门确定。

实际联系是指非居民企业在中国境内设立的机构、场所拥有据以取得所得的股权、债权，以及拥有、管理、控制据以取得所得的财产等，非居民企业取得的所得如果与其在中国境内设立的机构、场所有以下两种关系的，就属于有“实际联系”：

（1）非居民企业取得的所得，是通过该机构、场所拥有的股权、债权而取得的。例如，非居民企业通过该机构、场所对其他企业进行股权、债权等权益性投资或者债权性投资而获得股息、红利或者利息收入，就可以认定为与该机构、场所有实际联系。

（2）非居民企业取得的所得，是通过该机构、场所拥有、管理和控制的财产取得的。例如，非居民企业将境内或者境外的房产对外出租收取的租金，如果该房产是由该机构、场所拥有、管理或者控制的，那么就可以认定这笔租金收入与该机构、场所有实际联系。

小知识

企业所得税的征税对象从内容上看包括生产经营所得、其他所得和清算所得，从空间范围上看包括来源于中国境内、境外的所得。

微课：企业所得税税率与税收优惠

（三）税率

1. **企业所得税的法定税率为 25%**。适用于居民企业和在中国境内设有机构、场所且所得与机构、场所有关联的非居民企业。现行企业所得税基本税率设定为 25%，既考虑了我国财政承受能力，又考虑了企业负担水平。

2. **企业所得税的低税率为 20%**（减按 10% 执行）。适用于在中国境内未设立机构、场所的，或者虽设立机构、场所但所得与其所设机构、场所没有实际联系的非居民企业。

课件：企业所得税税率与税收优惠

（四）税收减免优惠

1. 国家对重点扶持和鼓励发展的产业和项目，给予企业所得税优惠。

2. 企业的下列收入为免税收入：国债利息收入；符合条件的居民企业之间的股息、红利等权益性投资收益；在中国境内设立机构、场所的非居民企业从居民企业取得与该机构、场所有实际联系的股息、红利等权益性投资收益；符合条件的非营利组织的收入。

视频：小型微利企业所得税优惠政策大礼包

拓展阅读：企业所得税与“中国芯”

3. 企业的下列所得，可以免征、减征企业所得税：

（1）从事农、林、牧、渔业项目的所得，属于免征企业所得税的项目有：蔬菜、谷物、薯类、油料、豆类、棉花、麻类、糖料、水果、坚果的种植；农作物新品种的选育；中药材的种植；林木的培育和种植；牲畜、家禽的饲养；林产品的采集；灌溉、农产品初加工、兽医、农技推广、农机作业和维修等农、林、牧、渔服务业项目；远洋捕捞。从事农、林、牧、渔业项目的所得，属于减半征收企业所得税的有：花卉、茶以及其他饮料作物和香料作物的种植；海水养殖、内陆养殖。企业从事国家限制和禁止发展的项目，不得享受本条规定的企业所得税优惠。

（2）从事《公共基础设施项目企业所得税优惠目录》规定的港口码头、机场、铁路、公路、城市公共交通、电力、水利等国家重点扶持的公共基础设施项目取得的投资经营的所得，自项目取得第一笔生产经营收入所属纳税年度起，第一年至第三年免征企业所得税，第四年至第五年减半征收企业所得税，企业承包经营、承包建设和内部自建自用本条规定的项目，不得享受本条规定的企业所得税优惠。

（3）从事包括公共污水处理、公共垃圾处理、沼气综合开发利用、节能减排技术改造、海水淡化等符合条件的环境保护、节能节水项目的所得，自项目取得第一笔生产经营收入所属纳税年度起，第一年至第三年免征企业所得税，第四年至第六年减半征收企业所得税。

（4）对符合条件的节能服务公司实施合同能源管理项目，自项目取得第一笔生产经营收入所属纳税年度起，第一年至第三年免征企业所得税，第四年至第六年减半征收企业所得税。

小知识

对符合条件的节能服务公司，以及与其签订节能效益分享型合同的用能企业，实施合同能源管理项目有关资产的企业所得税税务处理按以下规定执行：用能企业按照能源管理合同实际支付给节能服务公司的合理支出，均可以在计算当期应纳税所得额时扣除，不再区分服务费用和资产价款进行税务处理；能源管理合同期满后，节能服务公司转让给用能企业的因实施合同能源管理项目形成的资产，按折旧或摊销期满的资产进行税务处理，用能企业从节能服务公司接受有关资产的计税基础也应按折旧或摊销期满的资产进行税务处理；能源管理合同期满后，节能服务公司与用能企业办理有关资产的权属转移时，用能企业已支付的资产价款，不再另行计入节能服务公司的收入。

（5）符合条件的技术转让所得。一个纳税年度内，居民企业技术转让所得不超过500万元的部分，免征企业所得税；超过500万元的部分，减半征收企业所得税。

4. 民族自治地方的自治机关对本民族自治地方的企业应缴纳的企业所得税中属于地方分享的部分，可以决定减征或者免征。自治州、自治县决定减征或者免征的，须报省、自治区、直辖市人民政府批准。

5. 企业的下列支出，可以在计算应纳税所得额时加计扣除：开发新技术、新产品、新工艺发生的研究开发费用，未形成无形资产计入当期损益的，在按照规定据实扣除的基础上，按照研究开发费用的 75% 加计扣除；形成无形资产的，按照无形资产成本的 175% 摊销；自 2021 年 1 月 1 日起，制造业企业开展研发活动中实际发生的研发费用，未形成无形资产计入当期损益的，在按规定据实扣除的基础上，再按照实际发生额的 100% 在税前加计扣除；形成无形资产的，按照无形资产成本的 200% 在税前摊销。安置残疾人员及国家鼓励安置的其他就业人员所支付的工资，在按照支付给残疾职工工资据实扣除的基础上，按照支付给残疾职工工资的 100% 加计扣除，残疾人员的范围适用《中华人民共和国残疾人保障法》的有关规定。

6. 创业投资企业从事国家需要重点扶持和鼓励的创业投资，采取股权投资方式投资于未上市的中小高新技术企业两年以上的，可以按照其投资额的 70% 在股权持有满两年的当年抵扣该创业投资企业的应纳税所得额；当年不足抵扣的，可以在以后纳税年度结转抵扣。

7. 企业的固定资产由于技术进步等原因，确需加速折旧的，可以缩短折旧年限或者采取加速折旧的方法。具体包括：由于技术进步，产品更新换代较快的固定资产；常年处于强震中、高腐蚀状态的固定资产。采取缩短折旧年限方法的，最低折旧年限不得低于企业所得税法规定折旧年限的 60%；采取加速折旧方法的，可以采取双倍余额递减法或者年数总和法。

8. 企业综合利用资源，生产符合国家产业政策规定的产品所取得的收入，可以在计算应纳税所得额时减计收入。以《资源综合利用企业所得税优惠目录》规定的资源作为主要原材料，生产国家非限制和禁止并符合国家和行业相关标准的产品取得的收入，减按 90% 计入收入总额。

9. 企业购置并实际使用《环境保护专用设备企业所得税优惠目录》《节能节水专用设备企业所得税优惠目录》和《安全生产专用设备企业所得税优惠目录》规定的环境保护、节能节水、安全生产等专用设备的，该专用设备的投资额的 10% 可以从企业当年的应纳税额中抵免；当年不足抵免的，可以在以后 5 个纳税年度结转抵免。享受此项企业所得税优惠的企业，应当实际购置并自身实际投入使用符合规定的专用设备；企业购置上述专用设备在 5 年内转让、出租的，应当停止享受企业所得税优惠，并补缴已经抵免的企业所得税税款。

10. 国家需要重点扶持的高新技术企业减按 15% 的税率征收企业所得税。国家需要重点扶持的高新技术企业，是指拥有核心自主知识产权，并同时满足规定条件的企业。

11. 自 2017 年 1 月 1 日起，在全国范围内对经认定的技术先进型服务企业，减按15%的税率征收企业所得税。

12. 小型微利企业减按20%的税率征收企业所得税。小型微利企业，是指年应纳税所得额不超过300万元，从业人数不超过300人，资产总额不超过5 000万元的企业。

企业同时从事适用不同企业所得税待遇的项目的，其优惠项目应当单独计算所得，并合理分摊企业的期间费用；没有单独计算的，不得享受企业所得税优惠。

微课：收入的确定

第二节 企业所得税应纳税所得额的确定

一、应纳税所得额计算的一般规定

课件：收入的确定

企业所得税的计税依据为纳税人的应纳税所得额。企业每一纳税年度的收入总额，减除不征税收入、免税收入、各项扣除以及允许弥补的以前年度亏损后的余额，为应纳税所得额。其计算公式为：

$$应纳税所得额=收入总额-不征税收入-免税收入-准予扣除项目金额-允许弥补的以前年度亏损$$

应纳税所得额的计算，以权责发生制为原则，属于当期的收入和费用，不论款项是否收付，均作为当期的收入和费用；不属于当期的收入和费用，即使款项已经在当期收付，也不作为当期的收入和费用。

在计算应纳税所得额时，企业财务、会计处理办法与税收法律、行政法规的规定不一致的，应当依照税收法律、行政法规的规定计算。

二、收入总额的确定

（一）收入确定的基本规定

1. 企业以货币形式和非货币形式从各种来源取得的收入，为收入总额。企业取得收入的货币形式，包括现金、存款、应收账款、应收票据、准备持有至到期的债券投资以及债务的豁免等。企业取得收入的非货币形式，包括固定资产、生物资产、无形资产、股权投资、存货、不准备持有至到期的债券投资、劳务以及有关权益等，非货币形式取得的收入，应当按照公允价值确定收入额。公允价值，是指按照市场价格确定的价值。

2. 收入确定必须遵循权责发生制原则和实质重于形式原则。

（1）企业销售商品同时满足下列条件的，应确认收入的实现：商品销售合同已经签订，企业已将商品所有权相关的主要风险和报酬转移给购货方；企业对已售出的商品既没有保留通常与所有权相联系的继续管理权，也没有实施有效控制；收入的金额能够可靠地计量；已发生或将发生的销售方的成本能够可靠地核算。

（2）符合上款收入确认条件，采取下列商品销售方式的，应按以下规定确认收入实现时间：销售商品采用托收承付方式的，在办妥托收手续时确认收入；销售商品采取预收款方式的，在发出商品时确认收入；销售商品需要安装和检验的，在购买方接受商品以及安装和检验完毕时确认收入，如果安装程序比较简单，可在发出商品时确认收入；销售商品采用支付手续费方式委托代销的，在收到代销清单时确认收入。

（3）采用售后回购方式销售商品的，销售的商品按售价确认收入，回购的商品作为购进商品处理。有证据表明不符合销售收入确认条件的，如以销售商品方式进行融资，收到的款项应确认为负债，回购价格大于原售价的，差额应在回购期间确认为利息费用。

（4）销售商品以旧换新的，销售商品应当按照销售商品收入确认条件确认收入，回收的商品作为购进商品处理。

（5）企业为促进商品销售而在商品价格上给予的价格扣除属于商业折扣，商品销售涉及商业折扣的，应当按照扣除商业折扣后的金额确定销售商品收入金额。债权人为鼓励债务人在规定的期限内付款而向债务人提供的债务扣除属于现金折扣，销售商品涉及现金折扣的，应当按扣除现金折扣前的金额确定销售商品收入金额，现金折扣在实际发生时作为财务费用扣除。企业因售出商品的质量不合格等原因而在售价上给的减让属于销售折让；企业因售出商品质量、品种不符合要求等原因而发生的退货属于销售退回。企业已经确认销售收入的售出商品发生销售折让和销售退回，应当在发生当期冲减当期销售商品收入。

3. 企业在各个纳税期末，提供劳务交易的结果能够可靠估计的，应采用完工进度（完工百分比）法确认提供劳务收入。

（1）提供劳务交易的结果能够可靠估计，是指同时满足下列条件：收入的金额能够可靠地计量；交易的完工进度能够可靠地确定；交易中已发生和将发生的成本能够可靠地核算。

（2）企业提供劳务完工进度的确定，可选用下列方法：已完工作的测量；已提供劳务占劳务总量的比例；发生成本占总成本的比例。

（3）企业应按照从接受劳务方已收或应收的合同或协议价款确定劳务收入总额，根据纳税期末提供劳务收入总额乘以完工进度扣除以前纳税年度累计已确认提供劳务收入后的金额，确认为当期劳务收入；同时，按照提供劳务估计总成本乘以完工进度扣除以前纳税期间累计已确认劳务成本后的金额，结转为当期劳务成本。

（4）下列提供劳务满足收入确认条件的，应按规定确认收入：

①安装费。应根据安装完工进度确认收入。安装工作是商品销售附带条件的，安装费在确认商品销售实现时确认收入。

②宣传媒介的收费。应在相关的广告或商业行为出现于公众面前时确认收入。广告的制作费，应根据制作广告的完工进度确认收入。

③软件费。为特定客户开发软件的收费，应根据开发的完工进度确认收入。

④服务费。包含在商品售价内可区分的服务费，在提供服务的期间分期确认收入。

⑤艺术表演、招待宴会和其他特殊活动的收费。在相关活动发生时确认收入。收费涉及几项活动的，预收的款项应合理分配给每项活动，分别确认收入。

⑥会员费。申请入会或加入会员，只允许取得会籍，所有其他服务或商品都要另行收费的，在取得该会员费时确认收入。申请入会或加入会员后，会员在会员期内不再付费就可得到各种服务或商品，或者以低于非会员的价格销售商品或提供服务的，该会员费应在整个受益期内分期确认收入。

⑦特许权费。属于提供设备和其他有形资产的特许权费，在交付资产或转移资产所有权时确认收入；属于提供初始及后续服务的特许权费，在提供服务时确认收入。

⑧劳务费。长期为客户提供重复的劳务收取的劳务费，在相关劳务活动发生时确认收入。

4. 企业以买一赠一等方式组合销售本企业商品的，不属于捐赠，应将总的销售金额按各项商品的公允价值的比例来分摊确认各项的销售收入。

（二）收入确定的特殊规定

1. 企业的下列生产经营业务可以分期确认收入的实现。

（1）以分期收款方式销售货物的，按照合同约定的收款日期确认收入的实现；

（2）企业受托加工制造大型机械设备、船舶、飞机，以及从事建筑、安装、装配工程业务或者提供其他劳务等，持续时间超过12个月的，按照纳税年度内完工进度或者完成的工作量确认收入的实现。

2. 采取产品分成方式取得收入的，按照企业分得产品的日期确认收入的实现，其收入额按照产品的公允价值确定。

3. 企业发生非货币性资产交换，以及将货物、财产、劳务用于捐赠、偿债、赞助、集资、广告、样品、职工福利或者利润分配等用途的，应当视同销售货物、转让财产或者提供劳务。但企业的内部处理行为，如将货物或者劳务用于在建工程、管理部门、非生产性部门，不再视同销售作收入处理。

三、不征税收入和免税收入的确定

（一）不征税收入

1. 财政拨款。财政拨款，是指各级人民政府对纳入预算管理的事业单位、社会团体等组织拨付的财政资金，但国务院和国务院财政、税务主管部门另有规定的除外。

2. 依法收取并纳入财政管理的行政事业性收费、政府性基金。行政事业性收费，是指依照法律法规等有关规定，按照国务院规定程序批准，在实施社会公共管理，以及在向公民、法人或者其他组织提供特定公共服务过程中，向特定对象收取并纳入财政管理的费用；政府性基金，是指企业依照法律、行政法规等有关规定，代政府收取的具有专项用途的财政资金。

3. 国务院规定的其他不征税收入。国务院规定的其他不征税收入，是指企业取得的，由国务院财政、税务主管部门规定专项用途并经国务院批准的财政性资金。

提示：企业从县级以上各级人民政府财政部门及其他部门取得的应计入收入总额的财政性资金，凡同时符合以下条件的，可以作为不征税收入，在计算应纳税所得额时从收入总额中减除：企业能够提供规定资金专项用途的资金拨付文件；财政部门或其他拨付资金的政府部门对该资金有专门的资金管理办法或具体管理要求；企业对该资金以及以该资金发生的支出单独进行核算。

上述不征税收入用于支出所形成的费用，不得在计算应纳税所得额时扣除；用于支出所形成的资产，其计算的折旧、摊销不得在计算应纳税所得额时扣除。

（二）免税收入

1. 国债利息收入为免税收入，是指企业持有国务院财政部门发行的国债取得的利息收入。

2. 符合条件的居民企业之间的股息、红利等权益性投资收益为免税收入，是指居民企业直接投资于其他居民企业取得的投资收益。股息、红利等权益性投资收益，不包括连续持有居民企业公开发行并上市流通的股票不足 12 个月取得的投资收益。

3. 在中国境内设立机构、场所的非居民企业从居民企业取得与该机构、场所有实际联系的股息、红利等权益性投资收益为免税收入。股息、红利等权益性投资收益，不包括连续持有居民企业公开发行并上市流通的股票不足 12 个月取得的投资收益。

4. 符合条件的非营利组织的收入为免税收入。非营利组织的下列收入为免税收入：

（1）接受其他单位或者个人捐赠的收入；

（2）不征税收入规定的财政拨款以外的其他政府补助收入，但不包括因政府购买服务取得的收入；

（3）按照省级以上民政、财政部门规定收取的会费；

（4）不征税收入和免税收入孳生的银行存款利息收入；

（5）财政部、国家税务总局规定的其他收入。

小知识

符合条件的非营利组织，是指同时符合下列条件的组织：

(1) 依法履行非营利组织登记手续；

(2) 从事公益性或者非营利性活动；

(3) 取得的收入除用于与该组织有关的、合理的支出外，全部用于登记核定或者章程规定的公益性或者非营利性事业；

(4) 财产及其孳息不用于分配；

(5) 按照登记核定或者章程规定，该组织注销后的剩余财产用于公益性或者非营利性目的，或者由登记管理机关转赠给予该组织性质、宗旨相同的组织，并向社会公告；

(6) 投入人对投入该组织的财产不保留或者享有任何财产权利；

(7) 工作人员工资福利开支控制在规定的比例内，不变相分配该组织的财产；

(8) 国务院财政、税务主管部门规定的其他条件。

微课：扣除项目的确定

课件：扣除项目的确定

四、扣除项目的确定

(一) 扣除项目确定的原则

1. 真实性原则。是指除税法规定的加计扣除费用外的任何费用，除非确属已经实际发生，否则不允许税前扣除。企业申报扣除的任何费用必须能够提供确属已经实际发生的足够和适当凭据。

2. 相关性原则。是指企业的可扣除费用必须与取得的应税收入直接相关。具体判断必须从费用发生的根源和性质上分析，而不是费用支出的结果。企业的不征税收入用于支出所形成的费用或者财产，不得扣除或者计算对应的折旧、摊销扣除。

3. 合理的支出。是指符合生产经营活动常规，应当计入当期损益或者有关资产成本的必要和正常的支出，其计算和分配方法应该符合一般的经营常规和会计惯例。如果费用的发生既是为了经营目的，又是为了投资者个人目的；既与经营活动有关，又与非经营活动有关，就必须进行合理分配。

4. 合法性原则。各项支出必须符合税法规定，一是超限额支出不得扣除，二是非法支出不得扣除。

5. 区分收益性支出和资本性支出原则。收益性支出在发生当期直接扣除；资本性支出应当分期扣除或者计入有关资产成本，不得在发生当期直接扣除。

6. 不得重复扣除原则。企业实际发生的成本、费用、税金、损失和其他支出，不得重复扣除。

(二) 准予扣除项目的基本内容

企业实际发生的与取得收入有关的、合理的支出，包括成本、费用、税金、损失和其他支出，准予在计算应纳税所得额时扣除。

1. 准予扣除的成本。准予扣除的成本，是指企业在生产经营活动中发生的销售成本、销货成本、业务支出以及其他耗费。准予扣除的成本必须是生产经营过程中的成本。企业所发生的成本必须是企业在生产经营活动过程中的支出或者耗费，在非生产经营活动过程中所发生的支出，不得作为企业的生产经营成本予以认定。也就是说，企业所发生的成本，必须是企业在生产产品、提供劳务、销售商品等过程中的支出和耗费。

销售成本，主要是针对以制造业为主的生产性企业而言。生产性企业在生产产品过程中，将耗费产品所需的原材料、直接人工以及耗费在产品上的辅助材料、物料等，这些都属于销售成本的组成部分。

视频：取得机票、火车票和汽车票如何抵扣

销货成本，主要是针对以商业企业为主的流通性企业而言。流通性企业本身并不直接制造可见的成品，而是通过向生产性企业购买成品或者经过简单包装、处理就能出售的产品，通过购入价与售出价的差额等，来获取相应的利润。所以，此类企业的成本主要是所销售货物的成本，而所销售的货物是购置于生产性企业，应以购买价（含生产性企业所获取的利润）为主体部分，加上可直接归属于销售货物所发生的支出，就是销货成本。

拓展阅读：漫画了解扣除项目

业务支出，主要是针对服务业企业而言的成本概念。与制造业企业和商业企业不同，服务业企业提供的服务，从广义上也可以称之为“产品”，但是从根本上说这种“产品”往往是无形的劳务，虽然在提供服务过程中也可能需要一定的辅助材料，但是它必须借助于服务业企业特有的人工或者技术，所以服务业企业的成本就称之为业务支出，以区别于制造业企业和商业企业，它的成本主要包括提供服务过程中直接耗费的原材料、服务人员的工资、薪金等直接可归属于服务的其他支出。

其他耗费，是一个“兜底”的规定，保证企业发生的与取得收入有关、合理的支出得以税前扣除。它适用于销售成本、销货成本和业务支出，凡是企业生产产品、销售商品、提供劳务等过程中耗费的直接相关支出，如果没有列入费用的范畴，则将被允许列入成本的范围，准予税前扣除。

2. 准予扣除的费用。准予扣除的费用，是指企业在生产经营活动中发生的销售费用、管理费用和财务费用，已经计入成本的有关费用除外。准予扣除的费用必须是生产经营过程中发生的费用。企业所发生的费用必须是在生产经营活动过程中的支出或者耗费，在非生产经营活动过程中所发生的支出，不得作为企业的生产经营费用予以认定。也就是说，企业所发生的费用，必须是企业在生产产品、提供劳务、销售商品等过程中的支出和耗费。

销售费用，是企业为销售商品和材料、提供劳务的过程中发生的各种费用。企业所生产出来的产品，在出售前，其经济利益只能说是潜在的，而尚未得到正式的社会承认，只有等产品真正售出后，才能实现现实的经济利益，而企业为销售商品，必然将发生一定的支出，这部分支出是企业为获取收入而产生的必要与正常的支出，包括广告费、运输费、装卸费、包装费、展览费、保险费、销售佣金、代销手续费、经营性租赁费及销售部门发生的差旅费、工资、福利费等费用。从事商品流通业务的纳税人购入存货抵达仓库前发生的包装费、运杂费、运输存储过程中的保险费、装卸费、运输途中的合理损耗和入库前的挑选整理费用等购货费用可直接计入销售费用。

管理费用，是企业的行政管理部门等为管理组织经营活动提供各项支援性服务而发生的费用。企业为组织生产经营提供辅助性服务的机构和人员的相应支出，也是与企业取得收入有关的必要与正常的支出，这些在企业所得税扣除方面体现为管理费用，包括由纳税人统一负担的总部（公司）经费（包括总部行政管理人员的工资薪金、福利费、差旅费、办公费、折旧费、修理费、物料消耗、低值易耗品摊销等）、研究开发费（技术开发费）、劳动保护费、业务招待费、工会经费、职工教育经费、股东大会或董事会费、开办费摊销、无形资产摊销（含土地使用费、土地损失补偿费）、坏账损失、印花税等税金、消防费、排污费、绿化费、外事费和法律、财务、资料处理及会计事务方面的成本（咨询费、诉讼费、聘请中介机构费、商标注册费等）。

财务费用，是企业筹集经营性资金而发生的费用。实践中，企业发生资金拆借行为较为普遍，为此企业要支付一定的费用，这些费用就是被计入财务费用的，包括利息净支出、汇兑净损失、金融机构手续费以及其他非资本化支出等。

3. 准予扣除的税金。准予扣除的税金，是指企业发生的除企业所得税和允许抵扣的增值税以外的各项税金及其附加。目前，允许税前扣除的税种主要有消费税、资源税、城市维护建设税和教育费附加、房产税、车船税、耕地占用税、城镇土地使用税、车辆购置税、印花税、环境保护税等。

提示：准予扣除的税金不包括增值税。

4. 准予扣除的损失。准予扣除的损失，是指企业在生产经营活动中发生的固定资产和存货的盘亏、毁损、报废损失，转让财产损失，呆账损失，坏账损失，自然灾害等不可抗力因素造成的损失以及其他损失。企业发生的损失，减除责任人赔偿和保险赔款后的余额，依照国务院财政、税务主管部门的规定扣除。企业已经作为损失处理的资产，在以后纳税年度又全部收回或者部分收回时，应当计入当期收入。

5. 准予扣除的其他支出。准予扣除的其他支出，是指除成本、费用、税金、损失外，企业在生产经营活动中发生的与生产经营活动有关的、合理的支出。

6. 以前年度发生的应扣未扣支出。对企业发现以前年度实际发生的、按照税收规定应在企业所得税前扣除而未扣除或者少扣除的支出，企业做出专项申报及说明后，准予追补至该项目发生年度计算扣除，但追补确认期限不得超过5年。由于上述原因多缴的企业所得税税款，可以在追补确认年度企业所得税应纳税款中抵扣，不足抵扣的，可以向以后年度递延抵扣或申请退税。

（三）准予扣除项目的具体规定

1. **工资薪金支出。**企业发生的合理的工资薪金支出，准予扣除。企业发生的合理的工资薪金支出，是指企业每一纳税年度支付给在本企业任职或者受雇的员工的所有现金形式或者非现金形式的劳动报酬，包括基本工资、奖金、津贴、补贴、年终加薪、加班工资，以及与员工任职或者受雇有关的其他支出。对工资支出合理性的判断，主要包括两个方面：一是雇员实际提供了服务；二是报酬总额在数量上是合理的。实际操作中，主要考虑雇员的职责、过去的报酬情况，以及雇员的业务量和复杂程度等相关因素。同时，还要考虑当地同行业职工平均工资水平。

小知识

企业因雇用季节工、临时工、实习生、返聘离退休人员以及接受外部劳务派遣用工所实际发生的费用，应区分为工资薪金支出和职工福利费支出，并按规定在企业所得税前扣除。其中，属于工资薪金支出的，准予计入企业工资薪金总额的基数，作为计算其他各项相关费用扣除的依据。

2. **社会保险费**。企业依照国务院有关主管部门或者省级人民政府规定的范围和标准为职工交纳的基本养老保险费、基本医疗保险费、失业保险费、工伤保险费、生育保险费等基本社会保险费和住房公积金（简称“五险一金”），准予扣除。企业为投资者或者职工支付的补充养老保险费、补充医疗保险费，在国务院财政、税务主管部门规定的范围和标准内，准予扣除。除企业依照国家有关规定为特殊工种职工支付的人身安全保险费和国务院财政、税务主管部门规定可以扣除的其他商业保险费外，企业为投资者或者职工支付的商业保险费，不得扣除。

企业根据国家有关政策规定，为在本企业任职或者受雇的全体员工支付的补充养老保险费、补充医疗保险费，分别在不超过职工工资总额5%标准内的部分，在计算应纳税所得额时准予扣除；超过的部分，不予扣除。

3. **借款费用**。企业在生产经营活动中发生的合理的不需要资本化的借款费用，准予扣除。企业为购置、建造固定资产、无形资产和经过12个月以上的建造才能达到预定可销售状态的存货发生借款的，在有关资产购置、建造期间发生的合理的借款费用，应当作为资本性支出计入有关资产的成本，并依照有关规定扣除。

4. **利息费用**。企业在生产经营活动中发生的下列利息支出，准予扣除：(1) 非金融企业向金融企业借款的利息支出、金融企业的各项存款利息支出和同业拆借利息支出、企业经批准发行债券的利息支出；(2) 非金融企业向非金融企业借款的利息支出，不超过按照金融企业同期同类贷款利率计算的数额的部分。非银行企业内营业机构之间支付的利息，不得税前扣除。

小知识

企业通过发行债券、取得贷款、吸收保户储金等方式融资而发生的合理的费用支出，符合资本化条件的，应计入相关资产成本；不符合资本化条件的，应作为财务费用，准予在企业所得税前据实扣除。

5. **公益性捐赠支出**。企业发生的公益性捐赠支出，在年度利润总额12%以内的部分，准予在计算应纳税所得额时扣除。超过年度利润总额12%的部分，准予结转以后3年内在计算应纳税所得额时扣除。年度利润总额，是指企业依照国家统一会计制度的规定计算的年度会计利润。公益性捐赠，是指企业通过获得公益性捐赠税前扣除资格的公益性社会团体（相关部门每年公布名单）或者县级以上人民政府及其部门，用于《中华人民共和国公益事业捐赠法》规定的公益事业的捐赠。企业在所属年度内向名单内的公益性社会团体进行的公益性捐赠支出，可按规定进行税前扣除。

企业在对公益性捐赠支出计算扣除时，应先扣除以前年度结转的捐赠支出，再扣除当前发生的捐赠支出。

6. **汇兑损失**。企业在货币交易中，以及纳税年度终了时将人民币以外的货币性资产、负债按照期末即期人民币汇率中间价折算为人民币时产生的汇兑损失，除已经计入有关资产成本以及与向所有者进行利润分配相关的部分外，准予扣除。

7. **职工福利费**。企业发生的职工福利费支出，不超过工资薪金总额14%的部分，准予扣除。

8. **工会经费**。企业拨缴的工会经费，不超过工资薪金总额2%的部分，凭工会组织开具的“工会经费收入专用收据”准予扣除。在委托税务机关代收工会经费的地区，企业拨缴的工会经费，也可凭合法、有效的工会经费代收凭据依法在税前扣除。

9. **职工教育经费**。除国务院财政、税务主管部门另有规定外，企业发生的职工教育经费支出，不超过工资薪金总额8%的部分，准予扣除；超过部分，准予在以后纳税年度结转扣除。软件企业发生的职工教育经费中的职工培训费用，可以全额在企业所得税前扣除。

10. **业务招待费**。企业发生的与生产经营活动有关的业务招待费支出，按照发生额的60%扣除，但最高不得超过当年销售（营业）收入的5‰。业务招待费支出税前扣除的管理必须符合税前扣除的一般条件和原则。具体地分析：

（1）企业开支的业务招待费必须是正常和必要的。

（2）业务招待费支出一般要求与经营活动“直接相关”。

（3）必须有大量足够有效凭证证明企业相关性的陈述。例如，费用金额、招待、娱乐旅行的时间和地点、商业目的、企业与被招待人之间的业务关系等。

（4）虽然纳税人可以证明费用已经真实发生，但费用金额无法证明，主管税务机关有权根据实际情况合理推算最确切的金额。如果纳税人不同意，则有证明的义务。

11. **广告费和业务宣传费**。企业发生的符合条件的广告费和业务宣传费支出，除国务院财政、税务主管部门另有规定外，不超过当年销售（营业）收入 15% 的部分，准予扣除；超过部分，准予在以后纳税年度结转扣除。

12. **环境保护专项资金**。企业依照法律、行政法规有关规定提取的用于环境保护、生态恢复等方面的专项资金，准予扣除。上述专项资金提取后改变用途的，不得扣除。

13. **保险费**。企业参加财产保险，按照规定交纳的保险费，准予扣除。

14. **租赁费**。企业根据生产经营活动的需要，租入固定资产支付的租赁费，按照以下方法扣除：以经营租赁方式租入固定资产发生的租赁费支出，按照租赁期限均匀扣除；以融资租赁方式租入固定资产发生的租赁费支出，按照规定构成融资租入固定资产价值的部分应当提取折旧费用，分期扣除。

15. **劳动保护费**。企业发生的合理的劳动保护支出，准予扣除。劳动保护支出，是指确因工作需要为雇员配备或提供工作服、手套、安全保护用品、防暑降温用品等所发生的支出。

16. **手续费及佣金支出**。企业发生与生产经营有关的手续费及佣金支出，不超过以下规定计算限额以内的部分，准予扣除；超过部分，不得扣除。

（1）保险企业：保险企业发生与其经营活动有关的手续费及佣金支出，不超过当年全部保费收入扣除退保金等后余额的 18%（含本数）的部分，在计算应纳税所得额时准予扣除；超过部分，允许结转以后年度扣除。

（2）其他企业：按与具有合法经营资格的中介服务机构或个人（不含交易双方及其雇员、代理人和代表人等）所签订的服务协议或合同确认的收入金额的 5% 计算限额。

除委托个人代理外，企业以现金等非转账方式支付的手续费及佣金不得在税前扣除。企业不得将手续费及佣金支出计入回扣、业务提成、返利、进场费等费用。

17. **投资损失**。企业对外进行权益性（股权）投资所发生的损失，在经确认的损失发生年度，作为企业损失在计算企业应纳税所得额时一次性扣除。

18. **保险保障基金**。保险公司符合规定缴纳的保险保障基金，准予据实税前扣除。保险公司按国务院财政部门的相关规定提取的未到期责任准备金、寿险责任准备金、长期健康险责任准备金、已发生已报案未决赔款准备金和已发生未报案未决赔款准备金，准予在税前扣除。

小知识

保险公司有下列情形之一的，其缴纳的保险保障基金不得在税前扣除：财产保险公司的保险保障基金余额达到公司总资产 6% 的；人身保险公司的保险保障基金余额达到公司总资产 1% 的。

19. **总机构分摊的费用**。非居民企业在中国境内设立的机构、场所，就其中国境外总机构发生的与该机构、场所生产经营有关的费用，能够提供总机构出具的费用汇集范围、定额、分配依据和方法等证明文件，并合理分摊的，准予扣除。

20. **资产损失**。企业当期发生的固定资产和流动资产盘亏、毁损净损失（包括不得从销项税金中抵扣的进项税金），由其提供清查盘存资料，经向主管税务机关备案后，准予扣除。

21. 企业依照法律、行政法规和国家有关税法规定准予扣除的其他项目，如会员费、合理的会议费、差旅费、违约金、诉讼费用等。

（四）不得扣除的项目

在计算应纳税所得额时，下列项目不得扣除：

1. 向投资者支付的股息、红利等权益性投资收益款项；

2. 企业所得税税款；

3. 税收滞纳金，是指纳税人违反税收法规，被税务机关处以的滞纳金；

4. 罚金、罚款和被没收财物的损失，是指纳税人违反国家有关法律、法规规定，被有关部门处以的罚款，以及被司法机关处以的罚金和被没收财物；

5. 允许税前扣除的公益性捐赠以外的捐赠支出；

6. 赞助支出，是指企业发生的与生产经营活动无关的各种非广告性质支出；

7. 未经核定的准备金支出，是指不符合国务院财政、税务主管部门规定的各项资产减值准备、风险准备等准备金支出；

8. 企业之间支付的管理费、企业内营业机构之间支付的租金和特许权使用费，以及非银行企业内营业机构之间支付的利息，不得扣除；

9. 企业对外投资期间，投资资产的成本在计算应纳税所得额时不得扣除；

10. 与取得收入无关的其他支出。

另外，企业的不征税收入用于支出所形成的费用或财产，不得扣除或计算对应的折旧、摊销扣除。除企业所得税法及其实施条例另有规定外，企业实际发生的成本、费用、税金、损失和其他支出，不得重复扣除。

五、亏损弥补

微课：亏损的弥补

亏损，是指企业依照企业所得税法和暂行条例的规定，将每一纳税年度的收入总额减除不征税收入、免税收入和各项扣除后小于 0 的数额。企业某一纳税年度发生的亏损可以用下一年度的所得弥补，下一年度的所得不足以弥补的，可以逐年延续弥补，但最长不得超过 5 年。而且，企业在汇总计算缴纳企业所得税时，其境外营业机构的亏损不得抵减境内营业机构的盈利。

课件：亏损的弥补

需注意，这里的“亏损”不是指企业利润表中的亏损额，而是利润表中的亏损额经税务机关或者经税务机关批准认可的中介机构按税法规定核实、调整后的金额。

【例 6－1】 某企业 2013—2021 年的盈亏情况如表 6－1 所示。

表 6－1 单位：万元

年度	2013	2014	2015	2016	2017	2018	2019	2020	2021
盈亏情况	－50	－30	10	－40	20	30	10	40	10

分析：按规定，2013 年度的亏损弥补期为 2014—2018 年，可依次以 2015 年、2017 年、2018 年的盈利弥补，弥补后 2018 年尚有盈利 10 万元；2014 年度亏损弥补期为 2015—2019 年，因 2015 年、2017 年盈利和 2018 年盈利的 20 万元已用于弥补 2013 年的亏损，因此只能依次以 2018 年剩余的 10 万元和 2019 年的盈利弥补，弥补后尚有 10 万元亏损不能延续到 2020 年，只能以企业以后年度的税后利润自行解决。2016 年亏损可延续弥补至 2021 年，但以 2020 年的盈利刚好弥补完，因而 2021 年的盈利 10 万元应依法纳税。

亏损企业追补确认以前年度未在企业所得税前扣除的支出，或盈利企业经过追补确认后出现亏损的，应首先调整该项支出所属年度的亏损额，然后再按照弥补亏损的原则计算以后年度多缴的企业所得税款。

六、资产的税务处理

资产是由于资本投资而形成的财产，对于资本性支出以及无形资产受让、开办、开发费用，不允许作为成本、费用从纳税人的收入总额中做一次性扣除，只能采取分次计提折旧或分次摊销的方式予以扣除。

微课：资产的税务处理

企业的各项资产，包括固定资产、生物资产、无形资产、长期待摊费用、投资资产、存货等，以历史成本为计税基础。历史成本，是指企业取得该项资产时实际发生的支出。企业持有各项资产期间资产增值或者减值，除国务院财政、税务主管部门规定可以确认损益外，不得调整该资产的计税基础。

课件：资产的税务处理

（一）固定资产的税务处理

固定资产，是指企业为生产产品、提供劳务、出租或者经营管理而持有的、使用时间超过 12 个月的非货币性资产，包括房屋、建筑物、机器、机械、运输工具以及其他与生产经营活动有关的设备、器具、工具等。

拓展阅读：固定资产加速折旧促进技术更新

1. 固定资产计税基础。

外购的固定资产，以购买价款和支付的相关税费以及直接归属于使该资产达到预定用途产生的其他支出为计税基础；

自行建造的固定资产，以竣工结算前发生的支出为计税基础；

融资租入的固定资产，以租赁合同约定的付款总额和承租人在签订租赁合同过程中发生的相关费用为计税基础，租赁合同未约定付款总额的，以该资产的公允价值和承租人在签订租赁合同过程中发生的相关费用为计税基础；

盘盈的固定资产，以同类固定资产的重置完全价值为计税基础；

通过捐赠、投资、非货币性资产交换、债务重组等方式取得的固定资产，以该资产的公允价值和支付的相关税费为计税基础；

改建的固定资产，除已足额提取折旧的固定资产和租入的固定资产以外的其他固定资产，以改建过程中发生的改建支出增加计税基础。

2. 固定资产的折旧方法和折旧年限。固定资产按照直线法计算的折旧，准予扣除。

企业应当自固定资产投入使用月份的次月起计算折旧；停止使用的固定资产，应当自停止使用月份的次月起停止计算折旧。

企业应当根据固定资产的性质和使用情况，合理确定固定资产的预计净残值。固定资产的预计净残值一经确定，不得变更。

除国务院财政、税务主管部门另有规定外，固定资产计算折旧的最低年限如下：

（1）房屋、建筑物，为20年；

（2）飞机、火车、轮船、机器、机械和其他生产设备，为10年；

（3）与生产经营活动有关的器具、工具、家具等，为5年；

（4）飞机、火车、轮船以外的运输工具，为4年；

（5）电子设备，为3年。

3. 固定资产折旧的范围。在计算应纳税所得额时，企业按照规定计算的固定资产折旧，准予扣除。下列固定资产不得计算折旧扣除：

（1）房屋、建筑物以外未投入使用的固定资产；

（2）以经营租赁方式租入的固定资产；

（3）以融资租赁方式租出的固定资产；

（4）已足额提取折旧仍继续使用的固定资产；

（5）与经营活动无关的固定资产；

（6）单独估价作为固定资产入账的土地；

（7）其他不得计算折旧扣除的固定资产。

（二）生物资产的税务处理

生物资产，是指有生命的动物和植物。生物资产分为消耗性生物资产、生产性生物资产和公益性生物资产。

1. 生物资产的计税基础。外购的生产性生物资产，以购买价款和支付的相关税费为计税基础；通过捐赠、投资、非货币性资产交换、债务重组等方式取得的生产性生物资产，以该资产的公允价值和支付的相关税费为计税基础。

2. 生物资产的折旧方法和折旧年限。生产性生物资产按照直线法计算的折旧，准予扣除。企业应当自生产性生物资产投入使用月份的次月起计算折旧；停止使用的生产性生物资产应当自停止使用月份的次月起停止计算折旧。生产性生物资产计算折旧的最低年限为：林木类生产性生物资产为10年；畜类生产性生物资产为3年。

（三）无形资产的税务处理

无形资产，是指企业为生产产品、提供劳务、出租或者经营管理而持有的、没有实物形态的非货币性长期资产，包括专利权、商标权、著作权、土地使用权、非专利技术、商誉等。

1. 无形资产的计税基础。外购的无形资产，以购买价款和支付的相关税费，以及直接归属于使该资产达到预定用途发生的其他支出为计税基础；自行开发的无形资产，以开发过程中该资产符合资本化条件后至达到预定用途前发生的支出为计税基础；通过捐赠、投资、非货币性交换、债务重组等方式取得的无形资产，以该资产的公允价值和支付的相关税费为计税基础。

2. 无形资产摊销的范围。下列无形资产不得计算摊销费用扣除：

（1）自行开发的支出已在计算应纳税所得额时扣除的无形资产；

（2）自创商誉；

（3）与经营活动无关的无形资产；

（4）其他不得计算摊销费用扣除的无形资产。

3. 无形资产的摊销方法及年限。无形资产的摊销采取直线法计算。无形资产的摊销不得低于10年。作为投资或者受让的无形资产，有关法律规定或者合同约定了使用年限的，可以按照规定或者约定的使用年限分期摊销。外购商誉，在企业整体转让或者清算时准予扣除。

（四）长期待摊费用的税务处理

长期待摊费用，是指企业发生的应在一个年度以上或几个年度进行摊销的费用。在计算应纳税所得额时，企业发生的下列支出作为长期待摊费用，按照规定摊销的，准予扣除。具体包括：已足额提取折旧的固定资产的改建支出；租入固定资产的改建支出；固定资产的大修理支出；其他应当作为长期待摊费用的支出。

固定资产的大修理支出，是指同时符合以下条件的支出：修理支出达到取得固定资产时的计税基础50%以上；修理后固定资产的使用年限延长2年以上。大修理支出按照固定资产尚可使用资产使用年限分期摊销。

其他应当作为长期待摊费用的支出，自支出发生月份的次月起，分期摊销，摊销年限不得低于3年。

（五）投资资产的税务处理

1. 投资资产的成本。**投资资产**，是指企业对外进行权益性投资和债权性投资形成的资产。投资资产按照以下方法确定成本：通过支付现金方式取得的投资资产，以购买价款为成本；通过支付现金以外的方式取得的投资资产，以该资产的公允价值和支付的相关税费为成本。

2. 投资资产成本的扣除方法。企业对外投资期间，投资资产的成本在计算应纳税所得额时不得扣除，企业在转让或者处置投资资产时，投资资产的成本准予扣除。

3. 投资企业撤回或减少投资的税务处理。投资企业从被投资企业撤回或减少投资，其取得的资产中，相当于初始出资的部分，应确认为投资收回；相当于被投资企业累计未分配利润和累计盈余公积按减少实收资本比例计算的部分，应确认为股息所得；其余部分确认为投资资产转让所得。

被投资企业发生的经营亏损，由被投资企业按规定结转弥补；投资企业不得调整减低其投资成本，也不得将其确认为投资损失。

（六）存货的税务处理

存货，是指企业持有以备出售的产品或者商品，或在生产过程中的在产品、在生产或者提供劳务过程中耗用的材料和物料等。

1. 存货成本的确定。存货按照以下方法确定成本：

（1）通过支付现金方式取得的存货，以购买价款和支付的相关税费为成本；

（2）通过支付现金以外的方式取得的存货，以该存货的公允价值和支付的相关税费为成本；

（3）生产性生物资产收获的农产品，以产出或者采收过程中发生的材料费、人工费和分摊的间接费用等必要支出为成本。

2. 存货成本的计算方法。企业使用或者销售的存货的成本计算方法，可以在先进先出法、加权平均法、个别计价法中选用一种。计价方法一经选用，不得随意变更。

资产的净值和财产净值，是指有关资产、财产的计税基础减除已经按照规定扣除的折旧、折耗、摊销、准备金等后的余额。

除另有规定外，企业在重组过程中，应当在交易发生时确认有关资产的转让所得或者损失，相关资产应当按照交易价格重新确定计税基础。

小知识

企业转让资产，该资产的净值准予在计算企业应纳税所得额时扣除。其中，资产的净值是指有关资产、财产的计税基础减除已经按规定扣除的折旧、折耗、摊销、准备金等后的余额。除国务院、财政、税务主管部门另有规定外，企业在重组过程中，应当在交易发生时确认有关资产的转让所得或者损失，相关资产应当按照交易价格重新确定计税基础。

七、应纳税所得额的计算

税法通过上述规定规范了企业应纳税所得额的计算，企业财务、会计处理办法与税收法律、行政法规的规定不一致的，应当依照税收法律、行政法规的规定计算。因此，在实际工作中表现为，以企业按照会计准则进行核算得出的会计利润，依照税法的规定作相应调整后确定应纳税所得额，用公式表示为：

应纳税所得额 = 利润总额 + 纳税调整增加额 − 纳税调整减少额
− 弥补以前年度亏损

需作纳税调整的项目包括调增、调减两个方面：

1. 调增的项目有三类：

一是按企业财务、会计制度规定允许从收入中扣除而税收制度规定不允许扣除的项目，如某些捐赠等。

二是超过税收规定允许扣除的范围和标准的项目。例如，按实发工资多列支的职工工会、福利、教育三项经费支出；应资本化的借款利息，以及向非金融机构借款等利息支出超过金融机构同期同类贷款利息的部分；非公益性捐赠、直接向受赠者的捐赠，以及公益性捐赠超过税法规定标准的部分；业务招待费超过标准的部分；超过规定范围和标准提取的折旧费；无形资产摊销超过标准的部分；其他税法规定不得扣除而已列支的项目，以及超过税法规定标准的成本、费用项目。

三是未计或少计应税收入的项目。例如，在建工程试运行收入；自产用于集体福利、个人消费的产品；接受来料加工装配，按合同规定留归企业的节余材料；保险公司给予的无赔款优待；已作为坏账处理的应收款项，在以后年度全部或部分收回的；等等。

2. 调减的项目，即按企业财务会计制度规定在利润总额中反映，但在计算应纳税所得额时准予扣除，不计入计税所得的项目，主要有：（1）不征税和免税收入；（2）不同减免税项目，如减计收入、加计扣除费用等。

【例6－2】 某贸易公司为居民企业，当年实现货物销售收入4 000万元，年度会计报表利润总额500万元。其中，有关的核算资料如下：（1）列支并支付职工工资总额100万元；（2）列支职工工会2万元、福利费16万元、教育经费3万元，工会经费全额上交上级工会并取得工会专用收据；（3）向其他企业借入经营资金200万元，一年支付利息40万元（同期银行贷款年利率为10%）；（4）在管理费用和营业费用中列支业务招待费20万元；（5）支付符合规定的广告费及业务宣传费100万元；（6）赞助市举办的体育运动会10万元；（7）国债利息收入15万元。则该公司当年应纳税所得额为：

按照税法规定需要调增的项目有：

（1）实际列支的职工工资准予据实扣除，无须调整。

（2）允许列支的工会经费为：100×2%＝2（万元），未超标不作调整。

允许列支的职工福利费为：100×14%＝14（万元），超标列支2万元。

允许列支的教育项经费为：100×8%＝8（万元），未超标不作调整。

合计调增应纳税所得额为：2万元。

（3）利息在不高于金融机构同类、同期贷款利率计算的数额以内扣除，应调增：40－(200×10%)＝20（万元）。

（4）业务招待费应按规定的标准扣除。列支限额为：4 000×5‰＝20（万元），实际开支按比例可以扣除20×60%＝12（万元），该公司准予列支的业务招待费为：12万元，应调增：20－12＝8（万元）。

（5）广告费及业务宣传费按规定的标准扣除，该公司准予列支：4 000×15%＝600（万元），实际列支100万元，未超标不作调整。

（6）非广告性赞助费不得在税前列支，应调增：10万元。

（7）国债利息收入属于免税收入，应调减：15万元。

（8）该公司当年应纳税所得额 =500 +（2 +20 +8 +10）-15 =525（万元）。

八、特别纳税调整

特别纳税调整是相对于前述一般纳税调整而言的，是指税务机关出于反避税目的对纳税人特定的纳税事项所做的税务调整，包括针对纳税人转让定价、弱化资本、避税港避税以及其他避税情况所进行的税务调整。

（一）关联企业的确定

关联企业，是指与企业有以下关系之一的公司、企业和其他经济组织：

1. 在资金、经营、购销等方面，存在直接或者间接的拥有或者控制关系；

2. 直接或者间接地同为第三者所拥有或者控制；

3. 其他在利益上属相关联的关系。

（二）关联交易的主要类型

关联交易主要包括以下类型：

1. 有形资产的购销、转让和使用，包括房屋建筑物、交通工具、机器设备、工具、商品、产品等有形资产的购销、转让和租赁业务；

2. 无形资产的转让和使用，包括土地使用权、版权（著作权）、专利、商标、客户名单、营销渠道、牌号、商业秘密和专有技术等特许权，以及工业品外观设计或实用新型等工业产权的所有权转让和使用权的提供业务；

3. 融通资金，包括各类长短期资金拆借和担保，以及各类计息预付款和延期付款等业务；

4. 提供劳务，包括市场调查、行销、管理、行政事务、技术服务、维修、设计、咨询、代理、科研、法律、会计事务等服务的提供。

（三）关联企业的税务处理

企业与其关联方之间的业务往来，不符合独立交易原则（独立交易原则，是指没有关联关系的交易各方，按照公平成交价格和营业常规进行业务往来遵循的原则）而减少企业或者其关联方应纳税收入或者所得额的，税务机关有权按照合理方法调整。具体包括：

1. 可比非受控价格法，是指按照没有关联关系的交易各方进行相同或者类似业务往来的价格进行定价的方法；

2. 再销售价格法，是指按照从关联方购进商品再销售给没有关联关系的交易方的价格，减除相同或者类似业务的销售毛利进行定价的方法；

3. 成本加成法，是指按照成本加合理的费用和利润进行定价的方法；

4. 交易净利润法，是指按照没有关联关系的交易各方进行相同或者类似业务往来取得的净利润水平确定利润的方法；

5. 利润分割法，是指将企业与其关联方的合并利润或者亏损在各方之间采用合理标准进行分配的方法；

6. 其他符合独立交易原则的方法。

企业与其关联方共同开发、受让无形资产，或者共同提供、接受劳务发生的成本，在计算应纳税所得额时应当按照独立交易原则进行分摊。企业与其关联方分摊成本时，应当按照成本与预期收益相配比的原则进行分摊，并在税务机关规定的期限内，按照税务机关的要求报送有关资料。违反上述规定的，其自行分摊的成本不得在计算应纳税所得额时扣除。

企业可以向税务机关提出与其关联方之间业务往来的定价原则和计算方法，税务机关与企业协商、确认后，达成预约定价安排。预约定价安排，是指企业就其未来年度关联交易的定价原则和计算方法，向税务机关提出申请，与税务机关按照独立交易原则协商、确认后达成的协议。预约定价安排包括单边、双边和多边三种类型。预约定价安排适用于自企业提交正式书面申请年度的次年起 3 至 5 个连续年度的关联交易。预约定价安排的谈签不影响税务机关对企业提交预约定价安排正式书面申请当年或以前年度关联交易的转让定价调查调整。如果企业申请当年或以前年度的关联交易与预约定价安排适用年度相同或类似，经企业申请，税务机关批准，可将预约定价安排确定的定价原则和计算方法适用于申请当年或以前年度关联交易的评估和调整。

企业从其关联方接受的债权性投资与权益性投资的比例超过规定标准（金融企业为 5∶1；其他企业为 2∶1）而发生的利息支出不得在税前扣除。

债权性投资，是指企业直接或者间接从关联方获得的，需要偿还本金和支付利息或者需要以其他具有支付利息性质的方式予以补偿的融资。企业间接从关联方获得的债权性投资，包括：（1）关联方通过无关联第三方提供的债权性投资；（2）无关联第三方提供的、由关联方担保且负有连带责任的债权性投资；（3）其他间接从关联方获得的具有负债实质的债权性投资。

权益性投资，是指企业接受的不需要偿还本金和支付利息，投资人对企业净资产拥有所有权的投资。

企业实施其他不具有合理商业目的（指以减少、免除或者推迟缴纳税款为主要目的）的安排，而减少其应纳税收入或者所得额的，税务机关有权按照合理方法调整。

税务机关依照税法规定做出纳税调整，需要补征税款的，自税款所属纳税年度的次年 6 月 1 日起至补缴税款之日止的期间，按日加收利息。加收的利息不得在计算应纳税所得额时扣除。加收利息，应当按照税款所属纳税年度中国人民银行公布的与补税期间同期的人民币贷款基准利率加 5 个百分点计算。

企业与其关联方之间的业务往来，不符合独立交易原则，或者企业实施其他不具有合理商业目的安排的，税务机关有权在该业务发生的纳税年度起 10 年内，进行纳税调整。

第三节 企业所得税的计算

一、境内应纳税额的计算

微课：应纳税额的计算

课件：应纳税额的计算

视频：研发费用加计扣除又有好消息！企业每年都能提前享优惠

1. **直接计算法**。直接计算法是将企业每一纳税年度的收入总额减除不征税收入、免税收入、各项扣除以及允许弥补的以前年度亏损后的余额作为应纳税所得额。企业的应纳税所得额乘以适用税率，减除依法规定减免和抵免的税额后的余额，为应纳税额。

应纳税额 =（收入总额 - 不征税收入 - 免税收入 - 准予扣除项目金额 - 弥补以前年度亏损）× 适用税率 - 减免税额 - 抵免税额
= 应纳税所得额 × 适用税率 - 减免税额 - 抵免税额

公式中的减免税额和抵免税额，是指依照企业所得税法和国务院的税收优惠规定减征、免征和抵免的应纳税额。

企业汇总计算缴纳企业所得税时，应当统一核算应纳税所得额，具体办法由国务院财政、税务主管部门另行规定。

【例 6-3】某企业为居民企业，2021 年全年实现营业收入 10 000 万元，应扣除营业成本 5 000 万元，发生销售费用 2 500 万元（含企业确认的广告及业务宣传费 1 550 万元），发生管理费用 380 万元（含业务招待费用 40 万元），应扣除的税金及附加 250 万元，营业外支出 20 万元（其中：税收罚款 10 万元，锅炉烟尘超标罚款 8 万元，由于没有按期履行合同支付罚款 2 万元），该企业当年购买环境保护设备 100 万元，按规定可以抵免的税额为 10 万元。该企业 2021 年应纳企业所得税税额计算如下：

（1）收入总额：营业收入 10 000 万元。

（2）准予扣除项目：

准予扣除的成本：5 000 万元；

准予扣除的税金及附加：250 万元；

准予扣除的费用：

准予扣除的销售费用 = 账面销售费用 - 按税法标准不得扣除的销售费用 = 2 500 -（1 550 - 10 000 × 15%）= 2 500 - 50 = 2 450（万元）

准予扣除的管理费用 = 账面管理费用 - 按税法标准不得扣除的管理费用 = 380 -（40 - 40 × 60%）= 380 - 16 = 364（万元）

准予扣除的营业外支出 = 账面营业外支出 - 不得扣除项目 = 20 - 10 - 8 = 2（万元）

合计准予扣除项目金额 = 5 000 + 250 + 2 450 + 364 + 2 = 8 066（万元）

（3）应纳税所得额 = 收入总额 - 不征税收入 - 免税收入 - 准予扣除项目金额 - 弥补以前年度亏损 = 10 000 - 0 - 0 - 8 066 - 0 = 1 934（万元）

（4）2021 年应缴纳的企业所得税 =1 934 ×25% －10 =473.5（万元）

2. **间接计算法**。间接计算法是以企业会计利润总额为基础，加减按照税法规定进行调整的项目金额后，得出应纳税所得额的计算方法。现行企业所得税年度纳税申报表采取该方法。其计算公式为：

应纳税额 =（会计利润总额 + 纳税调整增加额 – 纳税调整减少额 – 弥补以前年度亏损）× 适用税率 – 减免税额 – 抵免税额

纳税调整项目金额包括两方面的内容：一是会计规定的项目范围与税法规定的项目范围不一致应予以调整的金额；二是会计规定的扣除标准与税法规定的扣除标准不一致应予以调整的金额。

【例 6 –4】 某企业为居民企业，2021 年全年实现营业收入 10 000 万元，应扣除营业成本 5 000 万元，发生销售费用 2 500 万元（含企业确认的广告及业务宣传费 1 550 万元），发生管理费用 380 万元（含业务招待费用 40 万元），应扣除的税金及附加 250 万元，营业外支出 20 万元（其中：税收罚款 10 万元，锅炉烟尘超标罚款 8 万元，由于没有按期履行合同支付罚款 2 万元），该企业当年购买环境保护设备 100 万元，按规定可以抵免的税额为 10 万元。该企业 2021 年应纳企业所得税税额计算如下：

（1）会计利润 =10 000 –5 000 –2 500 –380 –250 –20 =1 850（万元）

（2）纳税调整项目：

①广告业务宣传费：

允许扣除的广告业务宣传费 =10 000 ×15% =1 500（万元）

实际列支 1 550 万元，则超标列支 =1 550 –1 500 =50（万元）

应调增当年应纳税所得额，但可以在以后年度结转扣除。

②业务招待费列支限额 =10 000 ×0.05% =50（万元），按比例允许在限额内列支的数额为 40 ×60% =24（万元）。因为 24 <50，所以允许扣除的业务招待为 24 万元，实际列支 40 万元，超标列支 =40 –24 =16（万元），应调增当年应纳税所得额。

③税收罚款、锅炉烟尘超标罚款属于行政性罚款，不允许税前扣除，应调增当年应纳税所得额为 10 +8 =18（万元）。

④合同罚款允许扣除，不作调整。

综合以上各项，该企业 2021 年应纳税所得额为：

应纳税所得额 = 会计利润总额 + 纳税调整增加额 – 纳税调整减少额 – 弥补以前年度亏损 =1 850 +50 +16 +18 =1 934（万元）

该企业 2021 年应纳企业所得税：

应纳企业所得税税额 =1 934 ×25% –10 =483.5 –10 =473.5（万元）

二、境外已纳税款的扣除

为了避免国际重复征税，企业取得的下列所得已在境外缴纳的所得税税额，可以从其当期应纳税额中抵免，抵免限额为该项所得依法计算的应纳税额；超过抵免限额的部分可以在以后5个年度内（指从企业取得的来源于中国境外的所得，已经在中国境外缴纳的企业所得税性质的税额超过抵免限额的当年的次年起连续5个纳税年度），用每年度抵免限额抵免当年应抵税额后的余额进行抵补：（1）居民企业来源于中国境外的应税所得；（2）非居民企业在中国境内设立机构、场所，取得发生在中国境外但与该机构、场所有实际联系的应税所得。

居民企业从外国企业分得的来源于中国境外的股息、红利等权益性投资收益，外国企业在境外实际缴纳的所得税税额中属于该项所得负担的部分，可以作为该居民企业的可抵免境外所得税税额，可在规定的抵免限额内抵免。

抵免限额，是指企业来源于中国境外的所得，依照企业所得税法及其实施条例的规定计算的应纳税额。除国务院财政、税务主管部门另有规定外，该抵免限额应当分国（地区）不分项计算，计算公式如下：

$$\text{抵免限额}=\frac{\text{中国境内、境外所得依照企业所得税法及其实施条例的规定计算的应纳税总额}}{}\times\frac{\text{来源于某国（地区）的应纳税所得额}}{}\div\text{中国境内、境外应纳税所得总额}$$

可以简化为：

$$\text{抵免限额}=\text{按照税法规定计算的来源于某国（地区）的应纳税所得额}\times\text{法定税率（25\%）}$$

上面所说在境外缴纳的所得税税额，是指企业来源于中国境外的所得依照中国境外税收法律以及相关规定应当缴纳并已经实际缴纳的企业所得税性质的税款。但不包括：（1）按照境外所得税法律及相关规定属于错缴或错征的境外所得税税款；（2）按照税收协定规定不应征收的境外所得税税款；（3）因少交或迟交境外所得税而追加的利息、滞纳金或罚款；（4）境外所得税纳税人或者其利害关系人从境外征税主体得到实际返还或补偿的境外所得税税款；（5）按照我国企业所得税法及其实施条例规定，已经免征我国企业所得税的境外所得负担的境外所得税税款；（6）按照国务院财政、税务主管部门有关规定已经从企业境外应纳税所得额中扣除的境外所得税税款。

抵免企业所得税税额时，应当提供中国境外税务机关出具的税款所属年度的有关纳税凭证。

企业抵免境外所得税额后，实际应纳所得税额的计算公式为：

$$\text{企业实际应纳所得税额}=\text{企业境内、境外所得应纳税总额}-\text{企业所得税减免、抵免优惠税额}-\text{境外所得税抵免额}$$

【例6-5】 国内某企业在A、B两国分别设有分厂，某企业某年取得境内所得为600万元，在A国所得100万元，并在A国缴纳所得税20万元；在B国所得150万元，其中生产经营所得120万元，特许权使用费所得30万元，并在 B 国共缴纳所得税 52.5 万元。该企业在汇总缴纳所得税时，首先，要分别计算 A、B 两国所得税税款扣除限额，来确定准予扣除的境外已缴税额，具体计算过程为：

（1）A 国所得税款扣除限额 $=(600+100+150)\times25\%\times100\div(600+100+150)=25$（万元）

因 $20<25$，因此可从应纳税额中按在 A 国的实缴税款 20 万元扣除。

（2）B 国所得税款扣除限额 $=(600+100+150)\times25\%\times150\div(600+100+150)=37.5$（万元）

因 $52.5>37.5$，因此从应纳税额中只能按最高扣除限额 37.5 万元扣除。

（3）该企业境内外所得应汇总缴纳所得税额 $=(600+100+150)\times25\%-20-37.5=212.5-57.5=155$（万元）

属于下列情形的，经企业申请，主管税务机关核准，可以采取简易办法对境外所得已纳税额计算抵免：

（1）企业从境外取得营业利润所得，以及符合境外税额间接抵免条件的股息所得，虽有所得来源国（地区）政府机关核发的具有纳税性质的凭证或证明，但因客观原因无法真实、准确地确认应当缴纳并已经实际缴纳的境外所得税税额的，除就该所得直接缴纳及间接负担的税额在所得来源国（地区）的实际有效税率低于我国企业所得税法税率 50% 以上的外，可按境外应纳税所得额的 12.5% 作为抵免限额，企业按该国（地区）税务机关或政府机关核发具有纳税性质凭证或证明的金额，其不超过抵免限额的部分，准予抵免；超过的部分不得抵免。除此以外的股息、利息、租金、特许权使用费、转让财产等投资性所得，均应按照相关规定计算境外税额抵免。

（2）企业从境外取得营业利润所得，以及符合境外税额间接抵免条件的股息所得，凡就该所得缴纳及间接负担的税额在所得来源国（地区）的法定税率且其实际有效税率明显高于我国的，可直接以按有关规定计算的境外应纳税所得额和我国企业所得税法规定的税率计算的抵免限额作为可抵免的已在境外实际缴纳的企业所得税税额。除此以外的股息、利息、租金、特许权使用费、转让财产等投资性所得，均应按照相关规定计算境外税额抵免。

三、核定征收应纳所得税的计算

纳税人具有下列情形之一的，应采取核定征收方式征收企业所得税：

1. 依照法律、行政法规的规定可以不设置账簿的；
2. 依照法律、行政法规的规定应当设置但未设置账簿的；
3. 擅自销毁账簿或者拒不提供纳税资料的；
4. 虽设置账簿，但账目混乱或者成本资料、收入凭证、费用凭证残缺不全，难以查账的；
5. 发生纳税义务，未按照规定的期限办理纳税申报，经税务机关责令限期申报，逾期仍不申报的；

6. 申报的计税依据明显偏低，又无正当理由的。

特殊行业、特殊类型的纳税人和一定规模以上的纳税人不适用本办法。上述特定纳税人由国家税务总局另行明确。

税务机关应根据纳税人具体情况，对核定征收企业所得税的纳税人，核定应税所得率或者核定应纳所得税额。

具有下列情形之一的，核定其应税所得率：

1. 能正确核算（查实）收入总额，但不能正确核算（查实）成本费用总额的；

2. 能正确核算（查实）成本费用总额，但不能正确核算（查实）收入总额的；

3. 通过合理方法，能计算和推定纳税人收入总额或成本费用总额的。

纳税人不属于以上情形的，核定其应纳所得税额。

税务机关采用下列方法核定征收企业所得税：（1）参照当地同类行业或者类似行业中经营规模和收入水平相近的纳税人的税负水平核定；（2）按照应税收入额或成本费用支出额定率核定；（3）按照耗用的原材料、燃料、动力等推算或测算核定；（4）按照其他合理方法核定。

采用上述所列一种方法不足以正确核定应纳税所得额或应纳税额的，可以同时采用两种以上的方法核定。采用两种以上方法测算的应纳税额不一致时，可按测算的应纳税额从高核定。

采用应税所得率方式核定征收企业所得税的，应纳所得税额计算公式如下：

应纳所得税额 = 应纳税所得额 × 适用税率

应纳税所得额 = 应税收入额 × 应税所得率

或 = 成本（费用）支出额 ÷（1 − 应税所得率）× 应税所得率

实行应税所得率方式核定征收企业所得税的纳税人，经营多业的，无论其经营项目是否单独核算，均由税务机关根据其主营项目确定适用的应税所得率。

主营项目应为纳税人所有经营项目中，收入总额或者成本（费用）支出额或者耗用原材料、燃料、动力数量所占比重最大的项目。

应税所得率按表 6 − 2 规定的幅度标准确定。

表 6 − 2 分行业应税所得率表

行业	应税所得率（%）
农、林、牧、渔业	3—10
制造业	5—15
批发和零售贸易业	4—15

续表

行业	应税所得率（%）
交通运输业	7—15
建筑业	8—20
饮食业	8—25
娱乐业	15—30
其他行业	10—30

纳税人的生产经营范围、主营业务发生重大变化，或者应纳税所得额或应纳税额增减变化达到20%的，应及时向税务机关申报调整已确定的应纳税额或应税所得率。

【例6-6】某企业能够准确核算收入总额，但不能够准确核算成本费用，税务机关确定其为采取核定征收方式纳税，全年的收入总额100万元，核定的应税所得率为10%，税率为20%。其应纳企业所得税计算如下：

应纳税所得额=100×10%=10（万元）

应纳所得税额=10×20%=2（万元）

假如上例企业能够准确核算成本费用，但不能够准确核算收入总额，税务机关确定其为采取核定征收方式纳税，全年的成本费用支出总额90万元，核定的应税所得率为10%。其应纳企业所得税计算如下：

应纳税所得额=90÷(1-10%)×10%=10（万元）

应纳所得税额=10×20%=2（万元）

四、源泉扣缴税款的计算

（一）扣缴义务人与扣缴范围的确定

扣缴义务人，是指以所得支付人为扣缴义务人，在每次支付或者到期应支付时，从支付或者到期应支付的款项中代为扣缴税款的做法。在企业所得税中将这种做法称为“预提所得税”。

支付人，是指依照有关法律规定或者合同约定对非居民企业直接负有支付相关款项义务的单位或者个人。

支付，包括现金支付、汇拨支付、转账支付和权益兑价支付等货币支付和非货币支付。

到期应支付的款项，是指支付人按照权责发生制原则应当计入相关成本、费用的应付款项。

非居民企业在中国境内未设立机构、场所的，或者虽设立机构、场所但取得的所得与其所设机构、场所没有实际联系的，应当就其来源于中国境内的所得缴纳企业所得税。

对非居民企业在中国境内取得工程作业和劳务所得应缴纳的所得税，税务机关可以指定工程价款或者劳务费的支付人为扣缴义务人。具体包括：

1. 预计工程作业或者提供劳务期限不足一个纳税年度，且有证据表明不履行纳税义务的；

2. 没有办理税务登记或者临时税务登记，且未委托中国境内的代理人履行纳税义务的；

3. 未按照规定期限办理企业所得税纳税申报或者预缴申报的。

县级以上税务机关指定扣缴义务人时，应同时告知扣缴义务人所扣税款的计算依据、计算方法、扣缴期限和扣缴方式。

（二）源泉扣缴税款的计算方法

非居民企业在中国境内未设立机构、场所的，或者虽设立机构、场所但取得的所得与其所设机构、场所没有实际联系的，应当就其来源于中国境内的所得缴纳企业所得税，称为预提所得税，预提所得税的税率为20%，减按10%的税率征收企业所得税。非居民企业取得上述所得，按照下列方法计算其应纳税所得额：

1. 股息、红利等权益性投资收益和利息、租金、特许权使用费所得，以收入全额（指非居民企业向支付人收取的全部价款和价外费用）为应纳税所得额，不得扣除税法规定之外的税费支出；

2. 转让财产所得，以收入全额减除财产净值后的余额为应纳税所得额；

3. 其他所得，参照前两项规定的方法计算应纳税所得额。

计算公式为：

扣缴企业所得税应纳税额 = 应纳税所得额 × 实际征收率

实际征收率，是指企业所得税法及其实施条例等相关法律法规规定的税率，或者税收协定规定的更低的税率。

【例6－7】某非居民企业在中国境内未设立机构、场所，2016年将一项专利给中国一企业使用，中国企业支付专利费200万元，中国企业应源泉扣缴的税额 = 200(1 − 5%) × 10% = 19（万元），式中5%为允许扣除的税金。

（三）源泉扣缴的申报缴纳

税法规定应当扣缴的所得税，扣缴义务人未依法扣缴或者无法履行扣缴义务的，由纳税人在所得发生地缴纳。纳税人未依法缴纳的，税务机关可以从该纳税人在中国境内其他收入项目的支付人应付的款项中，追缴该纳税人的应纳税款。

扣缴义务人每次代扣的税款，应当自代扣之日起7日内缴入国库，并向所在地的税务机关报送扣缴企业所得税报告表。

第四节　企业所得税的缴纳和会计处理

一、纳税年度

纳税年度一般为公历年度，即公历 1 月 1 日至 12 月 31 日为一个纳税年度。纳税人在一个纳税年度的中间开业，或由于合并、关闭等原因，使该纳税年度的实际经营期不足 12 个月的，以其实际经营期为一个纳税年度。纳税人破产清算时，以清算期间为一个纳税年度。

拓展阅读：企业所得税助力脱贫攻坚战

二、税款的缴纳期限和缴纳办法

企业所得税按年计算，分月或分季预缴，年终汇算清缴，多退少补。

企业在纳税年度内无论盈利或者亏损，都应当依照企业所得税法规定的期限，向税务机关报送预缴企业所得税纳税申报表、年度企业所得税纳税申报表、财务会计报告和税务机关规定应当报送的其他有关资料。

企业分月或者分季预缴企业所得税时，应当按照月度或者季度的实际利润额预缴；按照月度或者季度的实际利润额预缴有困难的，可以按照上一纳税年度应纳税所得额的月度或者季度平均额预缴，或者按照经税务机关认可的其他方法预缴。预缴方法一经确定，该纳税年度内不得随意变更。

企业应当自月份或者季度终了之日起 15 日内，向税务机关报送预缴企业所得税纳税申报表，预缴税款。

企业应当自年度终了之日起 5 个月内，向税务机关报送年度企业所得税纳税申报表，并汇算清缴，结清应缴应退税款。

企业在报送企业所得税纳税申报表时，应当按照规定附送财务会计报告和其他有关资料。

企业在年度中间终止经营活动的，应当自实际经营终止之日起 60 日内，向税务机关办理当期企业所得税汇算清缴。

企业应当在办理注销登记前，就其清算所得向税务机关申报并依法缴纳企业所得税。

依法缴纳的企业所得税，以人民币计算。所得以人民币以外的货币计算的，应当折合成人民币计算，并缴纳税款。

企业所得以人民币以外的货币计算的，预缴企业所得税时，应当按照月度或者季度最后一日的人民币汇率中间价，折合成人民币计算应纳税所得额。年度终了汇算清缴时，对已经按照月度或者季度预缴税款的，不再重新折合计算，只就该纳税年度内未缴纳企业所得税的部分，按照纳税年度最后一日的人民币汇率中间价，折合成人民币计算应纳税所得额。

经税务机关检查确认，企业少计或者多计前款规定的所得的，应当按照检查确认补税或者退税时的上一个月最后一日的人民币汇率中间价，将少计或者多计的所得折合成人民币计算应纳税所得额，再计算应补缴或者应退的税款。

三、纳税地点

除税收法律、行政法规另有规定外，居民企业以企业登记注册地为纳税地点；但登记注册地在境外的，以实际管理机构所在地为纳税地点。

居民企业在中国境内设立不具有法人资格的营业机构的，应当汇总计算并缴纳企业所得税。

在中国境内设立机构、场所的非居民企业取得的所得，以机构、场所所在地为纳税地点。非居民企业在中国境内设立两个或者两个以上机构、场所的，经税务机关审核批准，可以选择由其主要机构、场所汇总缴纳企业所得税。

非居民企业在中国境内未设立机构、场所的，或者虽设立机构、场所但取得的所得与其所设机构、场所没有实际联系的，以扣缴义务人所在地为纳税地点。

四、企业所得税的会计处理

1. 企业按照税法规定计算应缴的所得税，借记“所得税费用”账户，贷记“应交税费——应交所得税”账户。

2. 实际缴纳的企业所得税，借记“应交税费——应交所得税”账户，贷记“银行存款”等账户。

3. 月末结转损益类账户时，将所得税费用转入本年利润账户，借记“本年利润”账户，贷记“所得税费用”账户。

第七章
个人所得税

个人所得税是世界各国普遍征收的一种税。

1980年9月10日，第五届全国人民代表大会第二次会议通过了《中华人民共和国个人所得税法》，并同时公布实施。1993年10月31日，第八届全国人民代表大会常务委员会第四次会议审议通过了重新修订的《中华人民共和国个人所得税法》，于1994年1月1日起施行，废除了城乡个体工商业户所得税和个人收入调节税，统一了我国境内所有自然人应税所得的征税。2018年8月31日第十三届全国人大常委会第五次会议修订并通过新修订的《个人所得税法》，自2019年1月1日起正式实施，建立了综合与分类相结合的个人所得税制。

第一节 个人所得税的含义与内容

微课：个人所得税纳税人和征税范围

课件：个人所得税纳税人和征税范围

一、个人所得税的含义与特点

个人所得税是对个人（自然人）取得的应纳税所得征收的一种税。

我国个人所得税有如下特点：

1. 采用分类与综合相结合的混合所得税制。自2019年1月1日起，我国个人所得税实行综合征收与分类征收相结合的模式，对工资薪金、劳务报酬、稿酬和特许权使用费这四项劳动性所得按照统一的超额累进税率实行综合征税，对其他所得实行分类课征。

2. 累进税率与比例税率并用。其中，对综合所得、生产经营所得采用累进税率，实行量能负担；对利息股息红利所得、财产租赁所得、财产转让所得等采用比例税率，实行等比负担。

3. 费用扣除方式多样。我国现行的个人所得税遵循费用扣除从宽、从简的原则，对于应税所得，根据情况不同，在费用扣除上分别采用定额扣除、定率扣除和计算扣除等方法。

4. 源泉扣缴和自行申报并行。我国《个人所得税法》规定，对纳税人的应纳税额分别采取由支付单位源泉扣缴和纳税人自行申报两种方法。

视频：动画讲解个人所得税基础知识

二、个人所得税税制的主要内容

（一）纳税人

个人所得税的纳税人包括中国公民、个体工商业户（包括内资的个人独资、合伙性质的企业）以及在中国境内有所得的外籍人员（包括无国籍人员）、华侨和香港、澳门、台湾同胞。

现行《个人所得税法》中的“中国境内”，不包括中国香港、澳门和台湾地区。

拓展阅读：个人所得税的起源

按照国际通行做法，纳税人按在我国境内有无住所和居住时间的长短，分为居民纳税人和非居民纳税人，分别承担不同的纳税义务。

1. 居民个人，是指在中国境内有住所或者无住所而在一个纳税年度内在中国境内居住累计满 183 天的个人。

在中国境内有住所的个人，是指因户籍、家庭、经济利益关系而在中国境内习惯性居住的个人。所谓习惯性居住，是判定纳税义务人是居民或非居民的一个法律意义上的标准，不是指实际居住或在某一个特定时期内的居住地。如因学习、工作、探亲、旅游等而在中国境外居住的，在其原因消除之后、必须回到中国境内居住的个人，则中国即为该纳税人习惯性居住地。相反，对于因学习、工作、探亲、旅游等原因在境内居住，但这些原因消除后仍然准备回境外居住的，不属于在境内习惯性居住。

税收法规：中华人民共和国个人所得税法

在中国境内居住满 183 天，是指在一个纳税年度（自公历 1 月 1 日起至 12 月 31 日止）内在中国境内居住满 183 天。

居民个人负有无限纳税义务，其所取得的应纳税所得，无论是来源于中国境内还是中国境外任何地方，都要在中国缴纳个人所得税。

自 2019 年 1 月 1 日起，无住所个人一个纳税年度在中国境内累计居住满 183 天的（不论本年度是否有一次离境超过 30 天），如果此前六年在中国境内每年累计居住天数都满 183 天而且没有任何一年单次离境超过 30 天，该纳税年度来源于中国境内、境外所得应当缴纳个人所得税；如果此前六年的任一年在中国境内累计居住天数不满 183 天或者单次离境超过 30 天，该纳税年度来源于中国境外且由境外单位或个人支付的所得，免于缴纳个人所得税。其中，此前六年，是指该纳税年度的前一年至前六年的连续六个年度，此前六年的起始年度自 2019 年（含）以后年度开始计算。

无住所个人一个纳税年度内在中国境内累计居住天数，按照个人在中国境内累计停留的天数计算。在中国境内停留的当天满 24 小时的，计入中国境内居住天数，在中国境内停留的当天不足 24 小时的，不计入中国境内居住天数。

2. **非居民个人，是指在中国境内无住所又不居住，或者无住所且一个纳税年度内在中国境内居住累计不满 183 天的个人。**现实中，习惯性居住地不在中国境内的个人，只有外籍人员、华侨或香港、澳门和台湾同胞。

非居民个人承担有限纳税义务，仅就其来源于中国境内的所得向中国缴纳个人所得税。

在中国境内无住所的个人，在一个纳税年度内在中国境内居住累计不超过 90 天的，其来源于中国境内的所得，由境外雇主支付并且不由该雇主在中国境内的机构、场所负担的部分，免予缴纳个人所得税。

视频：个税动漫短剧 "我和 A 君向前进（一）

提示：我国居民不仅包括“中国人”，也包括符合居民条件的外国人。

从中国境内取得的所得，是指来源于中国境内的所得；从中国境外取得的所得，是指来源于中国境外的所得。下列所得，不论支付地点是否在中国境内，均为来源于中国境内的所得：

（1）因任职、受雇、履约等而在中国境内提供劳务取得的所得；

（2）将财产出租给承租人在中国境内使用而取得的所得；

（3）转让中国境内的建筑物、土地使用权等财产或者在中国境内转让其他财产取得的所得；

税收法规：中华人民共和国个人所得税法实施条例

（4）许可各种特许权在中国境内使用而取得的所得；

（5）从中国境内的公司、企业以及其他经济组织或者个人取得的利息、股息、红利所得。

（二）征税项目

个人所得税的征税对象为个人取得的应税所得，《个人所得税法》列举的个人所得包括 9 项。居民个人取得下列第 1 至 4 项所得为综合所得，按纳税年度合并计算个人所得税；非居民个人取得下列第 1 至 4 项所得，按月或按次分项计算个人所得税。纳税人取得下列第 5 至 9 项所得，分别计算个人所得税。

1. 工资、薪金所得。指个人因任职或受雇而取得的工资、薪金、奖金、年终加薪、劳动分红、津贴、补贴，以及与任职、受雇有关的其他所得。

《个人所得税法》规定对于一些不属于工资、薪金性质的补贴、津贴或者不属于纳税人本人工资、薪金所得项目的收入，不予征税。这些项目包括：（1）独生子女补贴。（2）执行公务员工资制度未纳入基本工资总额的补贴、津贴差额和家属成员的副食品补贴。（3）托儿补助费。（4）差旅费津贴、误餐补助。其中，误餐补助是指按照财政部门规定，个人因公在城区、郊区工作，不能在工作单位或返回就餐，根据实际误餐顿数，按规定的标准领取的误餐费。津贴不包括单位以误餐补助名义发给职工的补助。（5）外国来华留学生领取的生活津贴费、奖学金，不属于工资、薪金范畴，不征收个人所得税。

2. 劳务报酬所得。指个人从事设计、装潢、安装、制图、化验、测试、医疗、法律、会计、咨询、讲学、翻译、审稿、书画、雕刻、影视、录音、录像、演出、表演、广告、展览、技术服务、介绍服务、经纪服务、代办服务以及其他劳务取得的所得。

是否存在雇佣与被雇佣关系是判断一种收入属于劳务报酬所得，还是属于工资、薪金所得的重要标准。劳务报酬所得是个人独立从事某种技艺或独立提供某种劳务而取得的所得；工资、薪金所得是个人从事非独立劳动而从单位领取的报酬。后者存在雇佣与被雇佣的关系，而前者不存在这种关系。

3. 稿酬所得。是指个人因其作品以图书、报刊形式出版、发表而取得的所得。将稿酬所得独立划归一个征税项目，而对不以图书、报刊形式出版、发表的翻译、审稿、书画所得归为劳务报酬所得，主要是考虑了出版、发表作品的特殊性。它是一种依靠较高智力创作的精神产品，与社会主义精神文明和物质文明密切相关且报酬相对偏低。因此，稿酬所得应当与一般劳务报酬相区别，并给予适当优惠照顾。

4. 特许权使用费所得。指个人提供专利权、商标权、著作权、非专利技术以及其他特许权的使用权取得的所得。

5. 经营所得。指：

（1）个体工商户从事生产、经营活动取得的所得，个人独资企业投资人、合伙企业的个人合伙人来源于境内注册的个人独资企业、合伙企业生产、经营的所得；

（2）个人依法从事办学、医疗、咨询以及其他有偿服务活动取得的所得；

（3）个人对企业、事业单位承包经营、承租经营以及转包、转租取得的所得；

（4）个人从事其他生产、经营活动取得的所得。

提示：个体工商户和从事生产、经营的个人，取得与生产、经营活动无关的其他各项应税所得，应分别按照其他应税项目的有关规定，计算征收个人所得税。如取得银行存款的利息所得、对外投资取得的股息所得，应按“股息、利息、红利”项目的规定单独计征个人所得税。个人独资企业、合伙企业的个人投资者以企业资金为本人、家庭成员及其相关人员支付与企业生产经营无关的消费性支出及购买汽车、住房等财产性支出，视为企业对个人投资者的利润分配，并入投资者个人的生产经营所得，依照“经营所得”项目计征个人所得税。

6. 利息、股息、红利所得。指个人拥有债权、股权而取得的利息、股息、红利所得。

除个人独资企业、合伙企业以外的其他企业的个人投资者，以企业资金为本人、家庭成员及其相关人员支付与企业生产、经营无关的消费性支出及购买汽车、住房等财产性支出，视为企业对个人投资者的红利分配，依照“利息、股息、红利所得”项目计征个人所得税。

纳税年度内个人投资者从其投资企业（个人独资企业、合伙企业除外）

借款，在该纳税年度终了后既不归还又未用于企业生产、经营的，其未归还的借款可视为企业对个人投资者的红利分配，依照“利息、股息、红利所得”项目计征个人所得税。

7. 财产租赁所得。指个人出租不动产、机器设备、车船以及其他财产取得的所得。个人取得的财产转租收入，属于本项目所得的征税范围。

8. 财产转让所得。指个人转让有价证券、股权、合伙企业中的财产份额、不动产、机器设备、车船以及其他财产取得的所得。

9. 偶然所得。指个人得奖、中奖、中彩以及其他偶然性质的所得。得奖是指参加各种有奖竞赛活动，取得名次得到的奖金；中奖、中彩是指参加各种有奖活动，如有奖销售、有奖储蓄，或者购买彩票，经过规定程序，抽中、摇中号码而取得的奖金。偶然所得应由发奖单位代扣代缴个人所得税。

（三）税率

个人所得税的税率按所得项目不同分别确定，包括超额累进税率和比例税率两种形式。

1. 综合所得适用3%—45%的七级超额累进税率，见表7－1。

表7－1　综合所得个人所得税税率表

级数	全年应纳税所得额	税率（%）	速算扣除数
1	不超过36 000元的	3	0
2	超过36 000元至144 000元的部分	10	2 520
3	超过144 000元至300 000元的部分	20	16 920
4	超过300 000元至420 000元的部分	25	31 920
5	超过420 000元至660 000元的部分	30	52 920
6	超过660 000元至960 000元的部分	35	85 920
7	超过960 000元的部分	45	181 920

注：本表所称全年应纳税所得额是指依照《个人所得税法》的规定，居民个人取得综合所得以每一纳税年度收入额减除费用6万元以及专项扣除、专项附加扣除和依法确定的其他扣除后的余额。

2. 经营所得适用5%—35%的五级超额累进税率，见表7－2。

表7－2　经营所得个人所得税税率表

级数	全年应纳税所得额	税率（%）	速算扣除数
1	不超过30 000元的	5	0
2	超过30 000元至90 000元的部分	10	1 500
3	超过90 000元至300 000元的部分	20	10 500
4	超过300 000元至500 000元的部分	30	40 500
5	超过500 000元的部分	35	65 500

注：本表所称全年应纳税所得额是指依照税法规定，以每一纳税年度的收入总额减除成本、费用以及损失后的余额。

3. 利息、股息、红利所得，财产租赁所得，财产转让所得，偶然所得，均适用20%的比例税率。

（四）减免税收优惠

1. 法定减免。下列各项个人所得，可以免征个人所得税：

（1）省级人民政府、国务院部委和中国人民解放军军以上单位，以及外国组织、国际组织颁发的科学、教育、技术、文化、卫生、体育、环境保护等方面的奖金。

（2）国债和国家发行的金融债券利息。国债利息，是指个人持有中华人民共和国财政部发行的债券取得的利息所得；国家发行的金融债券利息，是指个人持有经国务院批准发行的金融债券取得的利息所得。

（3）按照国家统一规定发给的补贴、津贴。按国务院规定标准发给的政府特殊津贴、院士津贴和按国务院统一规定标准发给的其他补贴、津贴。

（4）福利费、抚恤金、救济金。福利费，是指根据国家有关规定，从企业、事业单位、国家机关、社会团体提留的福利费或工会经费中支付给个人的生活补助费等；救济金，是指国家民政部门支付给个人的生活困难补助费。

（5）保险赔款。

（6）军人的转业费、复员费、退役金。

（7）按照国家统一规定发给干部、职工的安家费、退职费、基本养老金或者退休费、离休费、离休生活补助费。

（8）依照有关法律规定应予免税的各国驻华使馆、领事馆的外交代表、领事官员和其他人员的所得。

（9）中国政府参加的国际公约、签订的协议中规定免税的所得。

（10）国务院规定的其他免税所得。

下列情形之一的，可以减征个人所得税，具体幅度和期限，由省、自治区、直辖市人民政府规定，并报同级人大常委会备案：①残疾、孤老人员和烈属的所得；②因自然灾害遭受重大损失的；③国务院可以规定其他减税情形，报全国人大常委会备案。

2. 扣除优惠。个人将其所得通过境内的社会团体、国家机关对教育、扶贫、济困等公益慈善事业进行捐赠，捐赠额未超过纳税义务人申报的应纳税所得额的30%的部分，可以从其应纳税所得额中扣除。

提示：目前，我国共有27项个人捐赠不受30%扣除额的限制，可以全额扣除，分别是：红十字事业，农村义务教育，公益性青少年活动场所，福利性、非营利性的老年服务机构，中华健康快车基金会，孙冶方经济科学基金会，中华慈善总会，中国法律援助基金会，中华见义勇为基金会，教育事业，宋庆龄基金会，中国福利会，中国残疾人福利基金会，中国扶贫基金会，中国煤矿尘肺病治疗基金会，中华环境保护基金会，中国教育发展基金会，上海世博会，中国老龄事业发展基金会，中国华文教育基金会，中国绿色基金会，中国生物多样性保护基金会，中国光彩事业基金会，中国妇女发展基金会，中国关心下一代健康教育基金会，中国医疗卫生事业发展基金会。

第二节　个人所得税的计算

微课：居民个人综合所得预扣预缴的计算

课件：居民个人综合所得预扣预缴的计算

视频：个税动漫短剧 "我和 A 君向前进（二）

拓展阅读：一图看懂：职场新人、实习生个税预扣预缴

一、居民个人综合所得应纳税额的计算

居民个人取得的工资、薪金所得，劳务报酬所得，稿酬所得和特许权使用费所得实行按年综合计算的办法，有扣缴义务人的，由扣缴义务人按月或按次预扣预缴税款；需要办理汇算清缴的，应当在取得所得的次年 3 月 1 日至 6 月 30 日内办理汇算清缴。

（一）居民个人综合所得计税依据的确定

居民个人的综合所得，以每一纳税年度的收入额减除基本费用 60 000 元以及专项扣除、专项附加扣除和依法确定的其他扣除后的余额，为应纳税所得额。

劳务报酬所得、稿酬所得、特许权使用费所得以收入减除 20% 的费用后的余额为收入额。稿酬所得的收入额减按 70% 计算。计算公式为：

应纳税额 = 应纳税所得额 × 适用税率 − 速算扣除数

其中，

应纳税所得额 = 纳税年度的综合收入额 − 基本费用 60 000 − 专项扣除 − 专项附加扣除 − 其他扣除

纳税年度的综合收入额 = 全年工资薪金所得 + 劳务报酬所得 × 80% + 特许权使用费所得 × 80% + 稿酬所得 × 56%

公式中，乘以 80% 即扣除 20% 费用，乘以 56% 即为收入总额减按 70% 计算再扣除 20% 的费用。

专项扣除，是指居民个人按照国家规定的范围和标准缴纳的基本养老保险、基本医疗保险、**失业保险**和住房公积金。

专项附加扣除，是指个人所得税法规定的子女教育、继续教育、大病医疗、住房贷款利息、住房租金、赡养老人、婴幼儿照护 7 项专项附加扣除。个人所得税专项附加扣除在纳税人本年度综合所得应纳税所得额中扣除，本年度扣除不完的，不得结转以后年度扣除。具体扣除办法见表 7 − 3。

其他扣除包括个人缴付符合国家规定的企业年金、职业年金，个人购买符合国家规定的商业健康保险、税收递延型商业养老保险的支出，以及国务院规定的可以扣除的其他项目等。

表 7－3　专项附加扣除标准汇总表

专项附加扣除名称	扣除标准		使用范围和条件	享受扣除政策对象	纳税人留存备查资料	补充说明
	每年	每月				
1. 子女教育	12 000 元	每个子女 1 000 元	学前教育：年满 3 岁至小学入学前	每个子女，每月扣除 1 000 元，多个符合扣除条件的子女，每个子女均可享受扣除； 扣除人由父母双方选择确定，既可以由父母一方全额扣除，也可以父母分别扣除 500 元。	境内接受教育：不需要； 境外接受教育：境外学校录取通知书、留学签证等相关教育资料	入学前，是指入学前的 1 个月
			学历教育：义务教育、高中阶段教育、高等教育			含入学当月、寒暑假以及因病和非主观因素保留学籍的休学
2. 继续教育	4 800 元	400 元	学历教育	接受教育的本人； 符合条件的本科以下学历教育，可选择本人按继续教育或父母按子女教育扣除。	不需要	最长不超过 48 个月
	3 600 元		技能人员职业资格教育、专业技术人员职业资格继续教育	接受教育本人扣除	技能人员、专业技术人员职业资格证书等	取得证书月份一次性预扣 3 600 元
3. 大病医疗	80 000 元限额内据实扣除		在医保目录范围内	发生的医药费用支出可以选择由本人或配偶扣除； 未成年子女发生的医药费可以选择由父母一方扣除。	医药服务收费及医保报销票据原件或复印件，或者医疗保障部门出具的医药费用清单等	扣除医保报销后个人负担（是指医保目录范围内的自付部分）累计超过 15 000 元，且不超过 80 000 元的部分
4. 住房贷款利息	12 000 元	1 000 元	本人或配偶单独或共同使用商业银行或住房公积金个人住房贷款，为本人或配偶购买中国境内住房，而发生的首套住房贷款利息支出。	婚后购房：夫妻双方约定，可以选择由其中一方扣除； 婚前购房：婚后选择其中一套由购买方继续扣除，也可由夫妻双方对各自购买住房分别按标准的 50% 扣除； 扣除方式确定后，一个纳税年度内不能变更。	住房贷款合同、贷款还款支出凭证等	贷款利息支出是否符合首套房政策，以办理贷款的银行、住房公积金中心认定为准
						最长不得超过 240 个月

续表

专项附加扣除名称	扣除标准		使用范围和条件	享受扣除政策对象	纳税人留存备查资料	补充说明
	每年	每月				
5. 住房租金	18 000 元	1 500 元	直辖市、省会（首府）城市、计划单列市以及国务院确定的其他城市	本人及配偶在主要工作的城市没有自有住房；已经实际发生了住房租金支出； 如夫妻双方主要工作城市相同的，只能由一方扣除，且为签订租赁住房合同的承租人来扣除； 如夫妻双方主要工作城市不同，且无房的，可按规定标准分别进行扣除。	住房租赁合同或协议等	本人及配偶在同一纳税年度内，没有享受住房贷款利息专项附加扣除政策。
	13 200 元	1 100 元	除上述城市以外的市辖区户籍人口超过 100 万人的城市			
	9 600 元	800 元	除上述城市以外的，市辖区户籍人口不超过 100 万人（含）的城市			
6. 赡养老人	24 000 元	2 000 元	独生子女	独生子女本人	不需要	被赡养人年满 60 周岁（含）；被赡养人包括父母及子女均已去世的祖父母、外祖父母。
	每人最多分摊 12 000 元	具体分摊金额	非独生子女	兄弟姐妹分摊，每人分摊的额度不能超过每月 1 000 元； 具体分摊的方式：均摊、约定、指定分摊； 扣除方式确定后，一个纳税年度内不能变更。	约定或指定分摊的，需签订书面分摊协议	
7. 婴幼儿照护	12 000 元	1 000 元	3 岁以下婴幼儿子女	父母可以选择由其中一方按扣除标准的 100% 扣除，也可以选择由双方分别按扣除标准的 50% 扣除，具体扣除方式在一个纳税年度内不能变更。	不需要	

注：本表所称父母，是指生父母、继父母、养父母；子女是指婚生子女、非婚生子女、继子女、养子女。父母之外的其他担任未成年人的监护人的，比照执行。

【例7-1】王国华是广州人，为独生子女，已婚育有一子且满足子女教育专项附加扣除条件，父母健在且均已年满60岁，2021年全年税前工资收入236 000元，其中含已缴纳的社保、住房公积金36 000元，劳务报酬20 000元，稿酬10 000元，则其当年个人所得税的应纳税所得额为：

全年应纳税所得额＝236 000＋20 000×80%＋10 000×56%－60 000－36 000－1 000×12－24 000＝125 600（元）

（二）居民个人综合所得预扣预缴税款的计算

1. 工资、薪金所得预扣预缴税款的计算。

扣缴义务人向居民个人支付工资、薪金所得时，按照“**累计预扣法**”计算预扣预缴税款，并按月办理扣缴申报。累计预扣法，是指扣缴义务人在一个纳税年度内预扣预缴税款时，以纳税人在本单位截至当前月份工资、薪金所得累计收入减除累计免税收入、累计减除费用、累计专项扣除、累计专项附加扣除和累计依法确定的其他扣除后的余额为累计预扣预缴应纳税所得额，计算累计应预扣预缴税额，再减除累计减免税额和累计已预扣预缴税额，其余额为本期应预扣预缴税额。余额为负值时，暂不退税。纳税年度终了后余额仍为负值时，由纳税人通过办理综合所得年度汇算清缴，税款多退少补。具体计算公式为：

本期应预扣预缴税额＝（累计预扣预缴应纳税所得额×预扣率－速算扣除数）－累计减免税额－累计已预扣预缴税额

累计预扣预缴应纳税所得额＝累计收入－累计免税收入－累计减除费用－累计专项扣除－累计专项附加扣除－累计依法确定的其他扣除

其中，累计减除费用按照5 000元/月乘以纳税人当年截至本月在本单位的任职受雇月份计算。

自2021年1月1日起，对同时符合下列条件的居民个人，扣缴义务人在预扣预缴本年度工资、薪金所得个人所得税时，累计减除费用自1月起直接按照全年6万元计算扣除：

（1）上一完整纳税年度内每月均在同一单位任职并预扣预缴申报了工资、薪金所得个人所得税；

（2）上一完整纳税年度的累计工资、薪金收入不超过6万元（包括全年一次性奖金等各类工资薪金所得，且不扣减任何费用及免税收入）的居民个人；

（3）本纳税年度自1月起，仍在该单位任职受雇并取得工资、薪金所得。

扣缴义务人应当按规定办理全员全额扣缴申报，并在《个人所得税扣缴申报表》相应纳税人的备注栏注明“上年各月均有申报且全年收入不超过6万元”字样。

公式中的预扣率、速算扣除数根据个人所得税预扣率表一（表7－4）查找确定。

表7－4　个人所得税预扣率表一（居民个人工资、薪金所得预扣预缴适用）

级数	累计预扣预缴应纳税所得额	预扣率（%）	速算扣除数
1	不超过36 000元的	3	0
2	超过36 000元至144 000元的部分	10	2 520
3	超过144 000元至300 000元的部分	20	16 920
4	超过300 000元至420 000元的部分	25	31 920
5	超过420 000元至660 000元的部分	30	52 920
6	超过660 000元至960 000元的部分	35	85 920
7	超过960 000元的部分	45	181 920

【例7－2】 李靖在番安公司任职。2021年每月取得工资收入15 000元，每月缴纳社保费用和住房公积金2 100元，作为独生子独立赡养自己60岁以上的父母，全年均享受住房贷款利息专项附加扣除，请计算李靖的工资薪金扣缴义务人2021年1—12月预扣预缴的税款金额。

解：（1）2021年1月：

累计预扣预缴应纳税所得额＝15 000－5 000－2 100－(2 000＋1 000)＝4 900（元）

本期应预扣预缴税额＝(累计预扣预缴应纳税所得额×预扣率－速算扣除数)－累计减免税额－累计已预扣预缴税额＝(4 900×3%－0)－0－0＝147（元）

（2）2021年2月：

累计预扣预缴应纳税所得额＝15 000×2－5 000×2－2 100×2－(2 000＋1 000)×2＝9 800（元）

本期应预扣预缴税额＝(累计预扣预缴应纳税所得额×预扣率－速算扣除数)－累计减免税额－累计已预扣预缴税额＝(9 800×3%－0)－0－147＝147（元）

（3）2021年3月：

累计预扣预缴应纳税所得额＝15 000×3－5 000×3－2 100×3－(2 000＋1 000)×3＝14 700（元）

本期应预扣预缴税额＝(累计预扣预缴应纳税所得额×预扣率－速算扣除数)－累计减免税额－累计已预扣预缴税额＝(14 700×3%－0)－0－294＝147（元）

（4）2021年1—12月个人所得税计算可见下表（表7－5）：

表 7 – 5　　李靖工资预缴个人所得税计算表

月份	累计工资、薪金税前收入（元）	累计基本减除费用（元）	累计三险一金（元）	累计专项附加扣除（元）	累计预扣预缴应纳税所得额（元）	预扣率（%）	速算扣除数	累计应预扣预缴税额（元）	累计已预扣预缴税额（元）	本期应预扣预缴税额（元）
1	15 000	5 000	2 100	3 000	4 900	3	0	147	0	147
2	30 000	10 000	4 200	6 000	9 800	3	0	294	147	147
3	45 000	15 000	6 300	9 000	14 700	3	0	441	294	147
4	60 000	20 000	8 400	12 000	19 600	3	0	588	441	147
5	75 000	25 000	10 500	15 000	24 500	3	0	735	588	147
6	90 000	30 000	12 600	18 000	29 400	3	0	882	735	147
7	105 000	35 000	14 700	21 000	34 300	3	0	1 029	882	147
8	120 000	40 000	16 800	24 000	39 200	10	2 520	1 400	1 029	371
9	135 000	45 000	18 900	27 000	44 100	10	2 520	1 890	1 400	490
10	150 000	50 000	21 000	30 000	49 000	10	2 520	2 380	1 890	490
11	165 000	55 000	23 100	33 000	53 900	10	2 520	2 870	2 380	490
12	180 000	60 000	25 200	36 000	58 800	10	2 520	3 360	2 870	490

提示：自 2020 年 7 月 1 日起，对一个纳税年度内首次取得工资、薪金所得的居民个人，扣缴义务人在预扣预缴个人所得税时，可按照 5 000 元/月乘以纳税人当年截至本月月份数计算累计减除费用。首次取得工资、薪金所得的居民个人，是指自纳税年度首月起至新入职时，没有取得过工资、薪金所得或者连续性劳务报酬所得的居民个人。

2. 劳务报酬所得、稿酬所得、特许权使用费所得预扣预缴税款的计算。

扣缴义务人向居民个人支付劳务报酬所得、稿酬所得、特许权使用费所得，按次或者按月预扣预缴个人所得税。

预扣预缴税款时，劳务报酬所得、稿酬所得、特许权使用费所得以收入减除费用后的余额为收入额。其中，稿酬所得的收入额减按 70% 计算。劳务报酬所得、稿酬所得、特许权使用费所得每次收入不超过 4 000 元的，减除费用按 800 元计算；每次收入超过 4 000 元的，减除费用按 20% 计算。

劳务报酬所得适用 20%—40% 的超额累进预扣率（见表 7 – 6），稿酬所得、特许权使用费所得适用 20% 的比例预扣率。

表 7 – 6　　个人所得税预扣率表二（居民个人劳务报酬所得预扣预缴适用）

级数	预扣预缴应纳税所得额	预扣率（%）	速算扣除数
1	不超过 20 000 元的	20	0
2	超过 20 000 元至 50 000 元的部分	30	2 000
3	超过 50 000 元的部分	40	7 000

$$\text{劳务报酬所得应预扣预缴税额} = \text{预扣预缴应纳税所得额} \times \text{预扣率} - \text{速算扣除数}$$

$$\text{稿酬所得、特许权使用费所得应预扣预缴税额} = \text{预扣预缴应纳税所得额} \times 20\%$$

劳务报酬所得、稿酬所得、特许权使用费所得属于一次性收入的，以取得该项收入为一次；属于同一项目连续性收入的，以一个月内取得的收入为一次。

【例 7-3】某职业歌手与某歌舞厅签约，双休日每晚到歌舞厅演唱一场，每场酬金 800 元，本月共演出 8 场，总收入为 6 400 元。

按照税法规定，该歌手应以一个月收入为一次计算应预扣预缴个人所得税：

应预扣预缴税额 = 6 400 × (1 - 20%) × 20% = 1 024（元）

【例 7-4】某作家为居民个人，2021 年取得一次未扣除个人所得税的稿酬收入为 20 000 元，则该作家应预扣预缴的个人所得税为：

应预扣预缴税额 = 20 000 × (1 - 20%) × 70% × 20% = 2 240（元）

（三）综合所得的汇算清缴

综合所得的汇算清缴是指年度终了后，纳税人汇总工资薪金、劳务报酬、稿酬、特许权使用费四项综合所得的全年收入额，减去全年的费用和扣除，得出应纳税所得额，并按照综合所得年度税率表，计算全年应纳个人所得税，再减去年度内已经预缴的税款，向税务机关办理年度纳税申报并结清应退或应补税款的过程。简言之，就是在平时已预缴税款的基础上"查遗补漏，汇总收支，按年算账，多退少补"。

居民个人取得综合所得，由扣缴义务人预扣预缴个人所得税后，符合以下情形的，应当办理汇算清缴：

1. 已预缴税额大于年度应纳税额且申请退税的；
2. 综合所得收入全年超过 12 万元且需要补税金额超过 400 元的。

年度汇算清缴需要补税但年度综合所得收入不超过 12 万元的，或者年度汇算清缴补税金额不超过 400 元的，又或者已预缴税额与年度应纳税额一致或者不申请退税的居民个人可免于办理个人所得税综合所得汇算清缴。居民个人取得综合所得时，存在扣缴义务人未依法预扣预缴税款的情形除外。

汇算清缴的具体方法是，居民个人汇总其全年的工资薪金、劳务报酬、稿酬和特许权使用费四项所得的收入额，减除费用 6 万元以及专项扣除、专项附加扣除、依法确定的其他扣除和符合条件的公益慈善事业捐赠后，适用综合所得个人所得税税率表并减去速算扣除数（见表 7-1），计算本年度最终应纳税额，再减去本年度已预缴税额，得出本年度应退或应补税额，向税务机关申请退税或补税。具体计算公式如下：

微课：居民个人综合所得汇算清缴的计算

课件：居民个人综合所得汇算清缴的计算

视频：个税动漫短剧 "我和 A 君向前进（三）

拓展阅读：汇算清缴提升全民纳税意识

年度汇算应退或应补税额 =［（纳税年度的综合收入额 – 基本费用 60 000 – 专项扣除 – 专项附加扣除 – 其他扣除 – 捐赠）×适用税率 – 速算扣除数］– 本年度已预缴税额

【例 7 –5】 接【例 7 –2】李靖 2021 年除从番安公司取得工资、薪金所得外，还因兼职从深阳公司取得兼职劳务报酬 3 000 元，并预扣预缴个人所得税 440 元，李靖应当在次年 3 月 1 日至 6 月 30 日内办理汇算清缴。

全年综合所得的应纳税所得额 = 综合收入额 – 基本费用 60 000 – 专项扣除 – 专项附加扣除 – 其他扣除 = 15 000 × 12 + 3 000 × 80% – 60 000 – 2 100 × 12 – 3 000 × 12 = 58 800（元）

综合所得全年应纳税额 = 应纳税所得额 × 适用税率 – 速算扣除数 =（58 800 + 3000 × 80%）× 10% – 2 520 = 3 600（元）

已预扣预缴税额 = 3 360 + 440 = 3 800（元）

应补缴税额 = 3 600 – 3 800 = – 200（元）

李靖办理汇算清缴后，将获得退税 200 元。

微课：非居民个人分类所得应纳税额的计算

小知识

居民个人取得全年一次性奖金，在 2023 年 12 月 31 日前，可以不并入当年综合所得，以全年一次性奖金收入除以 12 个月得到的数额，按照月度税率表，确定适用税率和速算扣除数，单独计算纳税。计算公式：应纳税额 = 全年一次性奖金收入 × 适用税率 – 速算扣除数

课件：非居民个人分类所得应纳税额的计算

二、非居民个人取得工资、薪金所得，劳务报酬所得，稿酬所得和特许权使用费所得应纳税额的计算

非居民个人取得工资、薪金所得，劳务报酬所得，稿酬所得和特许权使用费所得，有扣缴义务人的，由扣缴义务人按月或者按次代扣代缴税款，不办理汇算清缴。

非居民个人的工资、薪金所得，以每月收入额减除费用 5 000 元后的余额为应纳税所得额；劳务报酬所得、稿酬所得、特许权使用费所得以收入减除 20% 的费用后的余额为收入额。稿酬所得的收入额减按 70% 计算。劳务报酬所得、稿酬所得、特许权使用费所得以每次收入额为应纳税所得额，适用非居民个人工资、薪金所得，劳务报酬所得，稿酬所得，特许权使用费所得适用税率表（见表 7 – 7）计算应纳税额。应纳税额计算公式如下：

应纳税额 = 应纳税所得额 × 适用税率 – 速算扣除数

视频：个税动漫短剧 "我和 A 君向前进（四）

表 7－7　　非居民个人工资、薪金所得，劳务报酬所得，稿酬所得，特许权使用费所得适用税率表

级数	应纳税所得额	税率（%）	速算扣除数
1	不超过 3 000 元的	3	0
2	超过 3 000 元至 12 000 元的部分	10	210
3	超过 12 000 元至 25 000 元的部分	20	1 410
4	超过 25 000 元至 35 000 元的部分	25	2 660
5	超过 35 000 元至 55 000 元的部分	30	4 410
6	超过 55 000 元至 80 000 元的部分	35	7 160
7	超过 80 000 元的部分	45	15 160

请思考

分析对比表 7－1《综合所得个人所得税税率表》与表 7－7《非居民个人工资、薪金所得，劳务报酬所得，稿酬所得，特许权使用费所得适用税率表》，想一想二者有什么内在联系？

【例 7－6】 美国专家雷仁德与广州某企业签约工作 2 个月，10 月取得由签约企业发放的工资收入 40 000 元，此外还受双鸭山大学邀请担任外语比赛评委取得劳务报酬 6 000 元，发表一篇文章获得稿酬 5 000 元，则各支付单位应代扣代缴的个人所得税税额为：

（1）工资、薪金所得应代扣代缴税额 =（40 000 － 5 000）× 25% － 2 660 = 6 090（元）

（2）劳务报酬所得应代扣代缴税额 = 6 000 ×（1 － 20%）× 10% － 210 = 270（元）

（3）稿酬所得应代扣代缴税额 = 5 000 ×（1 － 20%）× 70% × 3% = 84（元）

非居民个人在一个纳税年度内税款扣缴方法保持不变，达到居民个人条件时，应当告知扣缴义务人基础信息变化情况，年度终了后按照居民个人有关规定办理汇算清缴。

微课：经营所得应纳税额的计算

三、经营所得应纳税额的计算

经营所得（包括承包承租经营所得），是以每一纳税年度的收入总额，减除成本、费用以及损失后的余额，为应纳税所得额。取得经营所得的个人，没有综合所得的，计算其每一纳税年度的应纳税所得额时，应当减除费用 60 000 元、专项扣除、专项附加扣除以及依法确定的其他扣除。专项附加扣除在办理汇算清缴时减除。

课件：经营所得应纳税额的计算

从事生产、经营活动，未提供完整、准确的纳税资料，不能正确计算应纳税所得额的，由主管税务机关核定应纳税所得额或者应纳税额。

经营所得，以每一纳税年度的收入总额减除成本、费用以及损失后的余额，为应纳税所得额。经营所得应纳税额的计算公式为：

应纳税额 = 全年应纳税所得额 × 适用税率 − 速算扣除数

或：应纳税额 =（全年收入总额 − 成本、费用以及损失）× 适用税率 − 速算扣除数

公式中的税率及速算扣除数适用经营所得个人所得税税率表（见表 7 − 2）。

视频：个税动漫短剧 "我和 A 君向前进（五）

（一）个体工商户应纳税额的计算

个体工商户应纳税所得额的计算，以权责发生制为原则，确认当期的收入和费用，财政部、国家税务总局另有规定的除外。

个体工商户的生产、经营所得，以每一纳税年度的收入总额减除成本、费用、税金、损失、其他支出以及允许弥补的以前年度亏损后的余额，为应纳税所得额。

拓展阅读：个税风险提示 9 个案例

1. 收入总额。指个体工商户从事生产、经营以及与生产、经营有关的活动（以下简称生产、经营）取得的货币形式和非货币形式的各项收入。包括销售货物收入、提供劳务收入、转让财产收入、利息收入、租金收入、接受捐赠收入、其他收入。其他收入包括个体工商户资产溢余收入、逾期一年以上的未退包装物押金收入、确实无法偿付的应付款项、已作坏账损失处理后又收回的应收款项、债务重组收入、补贴收入、违约金收入、汇兑收益等。

2. 成本、费用等。成本，是指个体工商户在生产经营活动中发生的销售成本、销货成本、业务支出以及其他耗费。费用，是指个体工商户在生产经营活动中发生的销售费用、管理费用和财务费用，已经计入成本的有关费用除外。税金，是指个体工商户在生产经营活动中发生的除个人所得税和允许抵扣的增值税以外的各项税金及其附加。损失，是指个体工商户在生产经营活动中发生的固定资产和存货的盘亏、毁损、报废损失，转让财产损失，坏账损失，自然灾害等不可抗力因素造成的损失以及其他损失。个体工商户发生的损失，减除责任人赔偿和保险赔款后的余额，参照财政部、国家税务总局有关企业资产损失税前扣除的规定扣除。个体工商户已经作为损失处理的资产，在以后纳税年度又全部收回或者部分收回时，应当计入收回当期的收入。其他支出，是指除成本、费用、税金、损失外，个体工商户在生产经营活动中发生的与生产经营活动有关的、合理的支出。个体工商户发生的支出应当区分收益性支出和资本性支出。收益性支出在发生当期直接扣除；资本性支出应当分期扣除或者计入有关资产成本，不得在发生当期直接扣除。

3. 个体工商户下列支出不得扣除：个人所得税税款；税收滞纳金；罚金、罚款和被没收财物的损失；不符合扣除规定的捐赠支出；赞助支出；用于个人和家庭的支出；与取得生产经营收入无关的其他支出；国家税务总局规定不准扣除的支出。

个体工商户生产、经营活动中，应当分别核算生产、经营费用和个人、

家庭费用。对于生产、经营与个人、家庭生活混用难以分清的费用，其40%视为与生产、经营有关费用，准予扣除。

个体工商户纳税年度发生的亏损，准予向以后年度结转，用以后年度的生产、经营所得弥补，但结转年限最长不得超过5年。

4. 扣除项目及标准。

（1）个体工商户实际支付给从业人员的、合理的工资薪金支出，准予扣除。个体工商户业主的费用扣除标准，依照相关法律、法规和政策规定执行。个体工商户业主的工资薪金支出不得税前扣除。

（2）个体工商户按照国务院有关主管部门或者省级人民政府规定的范围和标准为其业主和从业人员缴纳的基本养老保险费、基本医疗保险费、失业保险费、生育保险费、工伤保险费和住房公积金，准予扣除。个体工商户为从业人员缴纳的补充养老保险费、补充医疗保险费，分别在不超过从业人员工资总额5%标准内的部分据实扣除；超过部分，不得扣除。个体工商户业主本人缴纳的补充养老保险费、补充医疗保险费，以当地（地级市）上年度社会平均工资的3倍为计算基数，分别在不超过该计算基数5%标准内的部分据实扣除；超过部分，不得扣除。

（3）除个体工商户依照国家有关规定为特殊工种从业人员支付的人身安全保险费和财政部、国家税务总局规定可以扣除的其他商业保险费外，个体工商户业主本人或者为从业人员支付的商业保险费，不得扣除。

（4）个体工商户在生产经营活动中发生的合理的、不需要资本化的借款费用，准予扣除。个体工商户为购置、建造固定资产、无形资产和经过12个月以上的建造才能达到预定可销售状态的存货发生借款的，在有关资产购置、建造期间发生的合理的借款费用，应当作为资本性支出计入有关资产的成本，并依照规定扣除。

（5）个体工商户在生产经营活动中发生的下列利息支出，准予扣除：向金融企业借款的利息支出；向非金融企业和个人借款的利息支出，不超过按照金融企业同期同类贷款利率计算的数额的部分。

（6）个体工商户在货币交易中，以及纳税年度终了时将人民币以外的货币性资产、负债按照期末即期人民币汇率中间价折算为人民币时产生的汇兑损失，除已经计入有关资产成本部分外，准予扣除。

（7）个体工商户向当地工会组织拨缴的工会经费、实际发生的职工福利费支出、职工教育经费支出分别在工资薪金总额的2%、14%、2.5%的标准内据实扣除。工资薪金总额是指允许在当期税前扣除的工资薪金支出数额。职工教育经费的实际发生数额超出规定比例当期不能扣除的数额，准予在以后纳税年度结转扣除。个体工商户业主本人向当地工会组织缴纳的工会经费、实际发生的职工福利费支出、职工教育经费支出，以当地（地级市）上年度社会平均工资的3倍为计算基数，在规定比例内据实扣除。

（8）个体工商户发生的与生产、经营活动有关的业务招待费，按照实际发生额的60%扣除，但最高不得超过当年销售（营业）收入的5‰。业主自申请营业执照之日起至开始生产经营之日止所发生的业务招待费，按照实际发生额的60%计入个体工商户的开办费。

（9）个体工商户每一纳税年度发生的与其生产经营活动直接相关的广告费和业务宣传费不超过当年销售（营业）收入15%的部分，可以据实扣除；超过部分，准予在以后纳税年度结转扣除。

（10）个体工商户代其从业人员或者他人负担的税款，不得税前扣除。

（11）个体工商户按照规定缴纳的摊位费、行政性收费、协会会费等，按实际发生数额扣除。

（12）个体工商户根据生产经营活动的需要租入固定资产支付的租赁费，按照以下方法扣除：以经营租赁方式租入固定资产发生的租赁费支出，按照租赁期限均匀扣除；以融资租赁方式租入固定资产发生的租赁费支出，按照规定构成融资租入固定资产价值的部分应当提取折旧费用，分期扣除。

（13）个体工商户参加财产保险，按照规定缴纳的保险费，准予扣除。

（14）个体工商户发生的合理的劳动保护支出，准予扣除。

（15）个体工商户自申请营业执照之日起至开始生产经营之日止所发生符合规定的费用，除为取得固定资产、无形资产的支出，以及应计入资产价值的汇兑损益、利息支出外，作为开办费，个体工商户可以选择在开始生产经营的当年一次性扣除，也可自生产经营月份起在不短于3年期限内摊销扣除，但一经选定，不得改变。开始生产经营之日为个体工商户取得第一笔销售（营业）收入的日期。

（16）个体工商户通过公益性社会团体或者县级以上人民政府及其部门，用于《中华人民共和国公益事业捐赠法》规定的公益事业的捐赠，捐赠额不超过其应纳税所得额30%的部分可以据实扣除。财政部、国家税务总局规定可以全额在税前扣除的捐赠支出项目，按有关规定执行。个体工商户直接对受益人的捐赠不得扣除。公益性社会团体的认定，按照财政部、国家税务总局、民政部有关规定执行。该赞助支出，是指个体工商户发生的与生产经营活动无关的各种非广告性质支出。

（17）个体工商户研究开发新产品、新技术、新工艺所发生的开发费用，以及研究开发新产品、新技术而购置单台价值在10万元以下的测试仪器和试验性装置的购置费准予直接扣除；单台价值在10万元以上（含10万元）的测试仪器和试验性装置，按固定资产管理，不得在当期直接扣除。

【例7－7】王强于2021年开设了淘淘便利店，登记为个体工商户。2021年取得收入总额730 051.80元，准予扣除的成本、费用及相关支出合计651 428.95元（含王强每月从便利店领取的工资6 000元）。请计算，王强2021年个人所得税应纳税所得额。

解：个体工商户业主的工资不能在计算个体工商户生产、经营所得应纳税所得额时扣除，则

$$\text{应纳税所得额} = 730\ 051.80 - 651\ 428.95 + 6\ 000 \times 12 - 60\ 000 = 90\ 622.85\ (\text{元})$$

$$\text{应纳税额} = (90\ 622.85 \times 20\% - 10\ 500) \times (1 - 50\%) = 3\ 812.29\ (\text{元})$$

提示： 根据现行政策，对个体工商户年应纳税所得额不超过 100 万元的部分，减半征收个人所得税。

（二）个人独资企业、合伙企业应纳税额的计算

对个人独资企业和合伙企业的生产经营所得，其个人所得税应纳税额的计算有以下两种方法：

1. 查账征税。实行查账征税办法的，个人独资企业和合伙企业生产经营所得的税额计算与个体工商户基本一致。对于个人独资企业和合伙企业扣除项目的特殊规定如下：

投资者及其家庭发生的生活费用不允许在税前扣除。投资者及其家庭发生的生活费用与企业经营费用混合在一起，并且难以划分的，全部视为投资者个人及其家庭发生的生活费用，不允许在税前扣除。

企业经营和投资者及其家庭生活共用的固定资产，难以划分的，由主管税务机关根据企业的经营类型、规模等具体情况，核定准予在税前扣除的折旧费用的数额或比例。

企业计提的各种准备金不得扣除。

2. 核定征收。核定征收方式，包括定额征收、核定应税所得率征收以及其他合理的征收方式。

实行核定应税所得率征收方式的，应纳税额的计算公式如下：

$$\text{应纳税额} = \text{应纳税所得额} \times \text{适用税率} - \text{速算扣除数}$$

$$\text{应纳税所得额} = \text{收入总额} \times \text{应税所得率}$$

$$\text{或} = \text{成本费用支出额} \div (1 - \text{应税所得率}) \times \text{应税所得率}$$

应税所得率应按表 7－8 规定的标准执行：

表 7－8　个人所得税核定征收应税所得率表

行业	应税所得率（%）
工业、交通运输业、商业	5—20
建筑业、房地产开发业	7—20
饮食服务业	7—25
娱乐业	20—40
其他行业	10—30

微课：其他收入应纳税额的计算

四、其他所得应纳税额的计算

（一）利息、股息、红利所得应纳税额的计算

利息、股息、红利所得适用 20% 的比例税率，应纳税额的计算公式为：

$$\text{应纳税额} = \text{应纳税所得额（每次收入额）} \times \text{适用税率}$$

课件：其他收入应纳税额的计算

视频：个税动漫短剧 "我和 A 君向前进（六）

利息、股息、红利所得以个人每次取得的收入额为应纳税所得额，不得从收入额中扣除任何费用。其中，每次收入是指支付单位或者个人在每次支付利息、股息、红利时个人所取得的收入。对于个人从股份公司获得的以股票形式发放的股息红利，以派发股息红利的股票票面金额为收入额，计算征收个人所得税。利息、股息、红利所得以支付利息、股息、红利时取得的收入为一次。

个人从公开发行和转让市场取得的上市公司股票，持股期限在 1 个月以内（含 1 个月）的，其股息、红利所得全额计入应纳税所得额；持股期限在 1 个月以上至 1 年（含 1 年）的，暂减按 50% 计入应纳税所得额；持股期限超过 1 年的，其股息、红利所得暂免收个人所得税。

【例 7-8】 王城从非上市公司分红 5 000 元、从持股超过 1 年的万科上市公司取得股息 2 000 元，则王城的上述所得应缴纳的个人所得税税额为：

王城获得的上述股息、红利所得属于两次所得，其中，持股超过 1 年的上市公司股息免征个人所得税，应纳税额 = 5 000 × 20% = 1 000（元）。

（二）财产租赁所得应纳税额的计算

财产租赁所得以 1 个月内取得的收入为一次。每次收入不超过 4 000 元的，减除费用 800 元；每次收入 4 000 元以上的，减除 20% 的费用，其余额为应纳税所得额。在确定财产租赁所得的应纳税所得额时，纳税人在出租财产过程中缴纳的税金和教育费附加，可持完税（缴款）凭证，从其财产租赁所得中扣除。此外，财产租赁所得准予扣除的项目除了规定的费用和有关税费外，还准予扣除能够提供有效、准确凭证，证明由纳税人负担的该出租财产实际开支的修缮费用。允许扣除的修缮费用以每次 800 元为限，一次扣除不完的，准予在下一次继续扣除，直到扣完为止。

个人将承租房屋转租取得的租金收入，属于个人所得税应税所得，应按“财产租赁所得”项目计算缴纳个人所得税。取得转租收入的个人向房屋出租方支付的租金，凭房屋租赁合同和合法支付凭据允许从该项转租收入中税前扣除。

财产租赁收入在计算缴纳个人所得税时，应依次扣除以下费用：（1）财产租赁过程中缴纳的税费；（2）向出租方支付的租金；（3）由纳税人负担的该出租财产实际开支的修缮费用；（4）税法规定的费用扣除标准。

应纳税所得额的计算公式为：

每次（月）收入不超过 4 000 元的：

应纳税所得额 = 每次（月）收入额 - 准予扣除项目 - 修缮费用（以 800 元为限）- 800

每次（月）收入超过 4 000 元的：

应纳税所得额 = [每次（月）收入额 - 准予扣除项目 - 修缮费用（以 800 元为限）] × (1 - 20%)

财产租赁所得适用 20% 的比例税率，但对个人出租的居民住房取得的所得，暂按 10% 的税率征税。其应纳税额的计算公式为：

应纳税额 = 应纳税所得额 × 适用税率

【例 7-9】李慧 202×年 1 月将其自有的面积为 70 平方米的房屋按市场价出租给个人用于居住，每月租金收入 2 500 元。则李慧全年的租金收入应缴纳的个人所得税（租金收入为不含增值税收入，暂不考虑其他税费）为：

每月应纳税额 = (2 500 − 800) × 10% = 170（元）

全年应纳税额 = 170 × 12 = 2 040（元）

（三）财产转让所得

财产转让所得，以转让财产的收入额减除财产原值和合理费用后的余额，为应纳税所得额。

财产转让所得中允许扣除的**财产原值**是指：（1）有价证券，为买入价以及买入时按照规定缴纳的有关费用；（2）建筑物，为建造费或者购进价格以及其他有关费用；（3）土地使用权，为取得土地使用权所支付的金额、开发土地的费用以及其他有关费用；（4）机器设备、车船，为购进价格、运输费、安装费以及其他有关费用；（5）其他财产原值，参照以上四种办法确定。

上述财产原值的确定，个人必须提供有关的合法凭证；对未能提供完整、准确的财产原值合法凭证而不能正确计算财产原值的，税务部门可根据当地实际情况核定其财产原值或实行核定征收。例如，房产转让，如果纳税人不能准确提供房产原值和有关税费凭证，无法确定房产原值时，税务机关可以综合考虑该项房产的坐落地、建造时间、当地房价等因素，按房产转让收入额的一定比例核定征收个人所得税。

合理费用，是指个人在卖出财产时按有关规定所支付的费用。

财产转让所得应纳税额的计算公式为：

应纳税额 = 应纳税所得额 × 20%

应纳税所得额 = 每次转让财产收入额 − 财产原值 − 合理费用

【例 7-10】陈青青本期购入债券 1 000 份，每份买入价为 10 元，支付购进买入债券的税费共计 150 元。本期内将买入的债券一次卖出 600 份，每份卖出价为 12 元，支付卖出债券的税费共计 110 元。则陈青青要缴纳的个人所得税为：

卖出债券应扣除的买价及费用 = (1 000 × 10 + 150) ÷ 1 000 × 600 + 110 = 6 200（元）

卖出债券应纳税额 = (600 × 12 − 6 200) × 20% = 200（元）

（四）偶然所得

偶然所得，以每次收入额为应纳税所得额，不能扣减为获得奖金而支出的费用。其应纳税额的计算公式为：

应纳税额 = 应纳税所得额 × 适用税率 = 每次收入额 × 20%

【例 7-11】李慧参加电视台举办的有奖竞猜活动中奖，获得一台价值 8 000 元的电脑，同日，购买社会福利彩票获得奖金 5 000 元。则李慧应纳的个人所得税为：

个人购买社会福利彩票、体育彩票，一次中奖收入不超过10 000元的，不用缴纳个人所得税；一次中奖收入超过10 000元的，应全额计算缴纳个人所得税。因此，李慧的偶然所得应纳税额=8 000×20%=1 600（元）。

（五）境外所得的税额计算

为避免发生国家间对同一所得的重复征税，同时维护我国的税收权益。税法规定，居民个人从中国境外取得的所得，准予其在应纳税额中抵免已在境外缴纳的个人所得税税款，但抵免额不得超过该纳税人境外所得依照本法规定计算的应纳税额。

居民个人从中国境外取得的所得，应区别不同国家或者地区和不同应税项目，依照税法规定的费用减除标准和适用税率计算应纳税额：居民个人取得境外综合所得，应合并境内境外的综合所得计算应纳税额；居民个人取得境外经营所得，境内境外综合所得应合并计算应纳税额，但如果境外亏损，不能抵减境内所得，只能以后年度用该国的境外经营所得弥补亏损；居民个人取得境外分类所得，应单独计算应纳税额。同一个国家或者地区不同应税项目的应纳税额之和，为这个国家或地区的扣除限额。居民个人在中国境外一个国家或者地区实际已经缴纳的个人所得税税额，低于依照上述规定计算出的该国家或者地区的扣除限额的，应当在中国缴纳差额部分的税款；超过该国家或者地区扣除限额的，其超过部分不得在本纳税年度的应纳税额中扣除，但是可以在以后纳税年度的该国家或者地区扣除限额的余额中补扣。补扣期限最长不得超过5年。

外国税收抵免计算步骤如下：（1）分类或分项计算应纳税额；（2）分国计算分类或分项的抵免限额；（3）分国确定抵免限额；（4）将抵免限额与在该国或地区实纳税额相比：如果实纳税额大于抵免限额，境外所得不需纳税；如果实纳税额小于抵免限额，缴纳二者的差额。

【例7-12】 中国居民纳税人万国华202×年在境内获取工资所得180 000元，6月给美国一家公司提供一项专利技术使用权，一次取得特许权使用费所得30 000元，同月从美国另一家公司取得股息所得10 000元，该两项收入在美国缴纳个人所得税5 200元；同月，在英国取得劳务报酬所得15 000元，该项所得在英国已缴纳个人所得税1 920元，假设不考虑专项扣除和专项附加扣除，则万国华在我国应当实际缴纳的税款为：

第一步，计算境外税额扣除限额。

202×年汇算清缴时，境内外综合所得合计180 000+30 000+15 000=225 000（万元），综合所得全年应纳税额=225 000×20%-16 920=28 080（元）。

美国综合所得抵免限额=28 080×30 000/225 000=3 744（元）

英国综合所得抵免限额=28 080×15 000/225 000=1 872（元）

美国股息所得抵免限额=10 000×20%=2 000（元）

第二步，计算万国华在我国应当实际缴纳的税款。

在美国已缴纳个人所得税5 200元，低于抵免限额5 744（3 744+

2 000)，5 200 元可全额从境内外应纳税额中抵免，并需在中国补缴差额部分的税款，计 544 元（5 744 − 5 200）。

在英国已缴纳个人所得税 1 920 元，高于抵免限额 1 872 元，超过的 100 元可以在以后 5 个纳税年度内的该国扣除限额的余额中补扣。

提示：这里避免国际重复征税的原理与企业所得税相同，但计算境外税款抵免限额的方法采用的是分国分项计算、分国加总的方法，不同于企业所得税的境外税款抵免限额。

视频：【手把手教你办汇算】自然人电子税务局 web 端标准申报

第三节 个人所得税的缴纳和会计处理

一、税款的缴纳

我国个人所得税采用由支付单位代扣代缴和纳税人自行申报两种缴纳方式。

视频：【手把手教你办汇算】自然人电子税务局 web 端申请退税

（一）代扣代缴税款

代扣代缴，是指按照税法规定负有扣缴义务的单位或者个人，在向个人支付应纳税所得时，应计算应纳税额，从其所得中扣除，并于次月 15 日内缴入国库，同时向税务机关报送扣缴个人所得税报告表。

目前，我国扣缴义务人必须依法履行个人所得税全员全额扣缴申报义务，即扣缴义务人均应当在代扣税款的次月 15 日内，向主管税务机关报送其支付所得的所有个人有关信息、支付所得数额、扣除事项和数额、扣缴税款的具体数额和总额以及其他相关涉税信息资料。

实行个人所得税全员全额扣缴申报的应税所得包括：工资、薪金所得；劳务报酬所得；稿酬所得；特许权使用费所得；利息、股息、红利所得；财产租赁所得；财产转让所得；偶然所得。

视频：【手把手教你办汇算】自然人电子税务局 web 端补税

居民个人取得综合所得，按年计算个人所得税；有扣缴义务人的，由扣缴义务人按月或者按次预扣预缴税款。

非居民个人取得工资、薪金所得，劳务报酬所得，稿酬所得和特许权使用费所得，有扣缴义务人的，由扣缴义务人按月或者按次代扣代缴税款，不办理汇算清缴。

扣缴义务人在进行初次扣缴申报时，应报送个人的基础信息。个人及基础信息发生变化时，扣缴义务人应在次月扣缴申报时，将变更信息报送主管税务机关。

拓展阅读：如实申报关乎个人信用

扣缴义务人应向主管税务机关报送个人的以下基础信息：姓名、身份证照类型及号码、职务、户籍所在地、有效联系电话、有效通信地址及邮政编码等。

此外，对于非雇员（不含股东、投资者），还应该报送其工作单位名称；

对于股东、投资者，还应该报送公司股本（投资）总额、个人股本（投资）额等；对于在中国境内无住所的个人（含雇员和非雇员），还应该报送外文姓名、国籍或地区、出生地（中、外文）、居留许可号码（或台胞证号码、回乡证号码）、劳动就业证号码、职业、境内职务、境外职务、入境时间、任职期限、预计在华时间、预计离境时间、境内任职单位名称及税务登记证号码、境内任职单位地址和邮政编码及联系电话、境外派遣单位名称（中、外文）、境外派遣单位地址（中、外文）、支付地（包括境内支付和境外支付）等。

储蓄机构向储户支付的储蓄存款利息所得、证券兑付机构向企业债券持有人兑付的企业债券利息所得和上市公司向股民支付的股息、红利所得，可暂报送以下信息：姓名、身份证照类型及号码、支付的利息（股息、红利）所得、扣缴税款等。

扣缴义务人在扣缴税款时，应按每个人逐栏逐项填写“个人所得税扣缴申报表”。

扣缴义务人可以直接到税务机关办理扣缴申报，也可以按照规定采取邮寄、数据电文或者其他方式办理扣缴申报。网上报送是目前最广泛的报送方式。

（二）自行申报纳税

自行申报纳税，是指在税法规定的纳税期限内，由纳税人自行向税务机关申报取得的应税所得项目和数额，如实填写个人所得税纳税申报表，并按税法规定计算应纳税额的一种纳税方法。

有下列情形之一的，纳税人应当依法办理纳税申报：（1）取得综合所得需要办理汇算清缴；（2）取得应税所得没有扣缴义务人；（3）取得应税所得，扣缴义务人未扣缴税款；（4）取得境外所得；（5）因移居境外注销中国户籍；（6）非居民个人在中国境内从两处以上取得工资、薪金所得；（7）国务院规定的其他情形。

纳税人填写“个人所得税年度自行纳税申报表”，在规定时间内送达税务机关缴纳税款。申报表的报送方式有邮寄、网上申报，或者由纳税人直接送到主管税务机关由税务机关工作人员签收。其中，网上申报是目前应用最为广泛，也是最为快捷方便的一种报送方式。

除了由本人进行纳税申报以外，还可以委托有税务代理资质的中介机构、扣缴义务人或其他个人代为办理自行申报。

（三）个人所得税的纳税期限

居民个人取得综合所得，按年计算个人所得税；有扣缴义务人的，由扣缴义务人按月或者按次预扣预缴税款；需要办理汇算清缴的，应当在取得所得的次年3月1日至6月30日内办理汇算清缴。

非居民个人取得工资、薪金所得，劳务报酬所得，稿酬所得和特许权使用费所得，有扣缴义务人的，由扣缴义务人按月或者按次代扣代缴税款，不办理汇算清缴。

纳税人取得经营所得，按年计算个人所得税，由纳税人在月度或者季度终了后15日内向税务机关报送纳税申报表，并预缴税款；在取得所得的次年3月31日前办理汇算清缴。

纳税人取得利息、股息、红利所得，财产租赁所得，财产转让所得和偶然所得，按月或者按次计算个人所得税，有扣缴义务人的，由扣缴义务人按月或者按次代扣代缴税款。

扣缴义务人每月或者每次预扣、代扣的税款，应当在次月15日内缴入国库，并向税务机关报送扣缴个人所得税申报表。

纳税人取得应税所得没有扣缴义务人的，应当在取得所得的次月15日内向税务机关报送纳税申报表，并缴纳税款。

纳税人取得应税所得，扣缴义务人未扣缴税款的，纳税人应当在取得所得的次年6月30前缴纳税款；税务机关通知限期缴纳的，纳税人应当按照期限缴纳税款。

居民个人从中国境外取得所得的，应当在取得所得的次年3月1日至6月30日内申报纳税。

非居民个人在中国境内从两处以上取得工资、薪金所得的，应当在取得所得的次月15日内申报纳税。

纳税人因移居境外注销中国户籍的，应当在注销中国户籍前办理税款清算。

纳税人办理汇算清缴退税或者扣缴义务人为纳税人办理汇算清缴退税的，税务机关审核后，按照国库管理的有关规定办理退税。

二、个人所得税的会计处理

（一）代扣代缴单位的核算

1. 支付工资、薪金所得扣缴税款。个人所得税扣缴义务人，在“应交税费”账户下设置“应交个人所得税”或者“代扣代缴个人所得税”明细账户。代扣个人所得税时，记入“应交税费——代扣代缴个人所得税”账户的贷方，缴纳个人所得税时，记入该账户的借方；纳税期满后，该账户贷方余额反映欠缴的个人所得税额。

个体工商户、个人独资企业和合伙企业，设置“应交税费——应交个人所得税”账户，核算个人所得税的计算缴纳情况。

2. 支付其他各项应税所得扣缴税款时，在支付所得的同时计算应代扣代缴的个人所得税额，借记有关对应账户，如“管理费用”“销售费用”“生产成本”等，贷记“应交税费——应交个人所得税”或“应交税费——代扣代缴个人所得税”；扣缴税款入库时，借记“应交税费——应交个人所得税”或“应交税费——代扣代缴个人所得税”，贷记“银行存款”。

（二）个体工商户建账与会计核算

凡从事生产、经营并有固定生产、经营场所的个体工商户，都应当按照法律、行政法规和《个体工商户建账管理暂行办法》的规定设置、使用和保管账簿及凭证，并根据合法、有效凭证记账核算。个体工商户的建账可分别采用以下两种方式：

1. 设置复式账。符合下列情形之一的个体工商户应设置复式账：（1）注册资金在20万元以上的。（2）销售增值税应税劳务的纳税人月销售（营业）额在4万元以上；从事货物生产的增值税纳税人月销售额在6万元以上；从事货物批发或零售的增值税纳税人月销售额在8万元以上的。（3）省级税务机关确定应设置复式账的其他情形。

按复式记账的，要通过“所得税费用”和“应交税费”等账户正确计算和核算应纳个人所得税额。计算应纳税额时，借记“所得税费用”账户，贷记“应交税费——应交个体工商户缴纳个人所得税”账户；实际缴纳入库时，借记“应交税费——应交个体工商户缴纳个人所得税”账户，贷记“银行存款”账户。

2. 设置简易账。符合下列情况之一的个体工商户应设置简易账，并积极创造条件设置复式账：（1）注册资金在10万元以上、20万元以下的；（2）销售增值税应税劳务的纳税人月销售（营业）额在1.5万元至4万元；从事货物生产的增值税纳税人月销售额在3万元至6万元；从事货物批发或零售的增值税纳税人月销售额在4万元至8万元的；（3）省级税务机关确定应建简易账的其他情形。

上述所称纳税人月销售额或月营业额，是指个体工商户上一个纳税年度月平均销售额或营业额；新办的个体工商户为业户预估的当年度经营期月平均销售额或营业额。

达不到上述建账标准的个体工商户，经县以上税务机关批准，可按照税收征管法的规定，建立收支凭证粘贴簿、进货销货登记簿或者使用税控装置。

第八章
资源税类

资源税类是指资源税、耕地占用税、城镇土地使用税和土地增值税四个税种，都是对开发或占有自然资源并取得级差收入征收的税收。所谓自然资源是指人类可以直接从自然界获得并用于生产和生活的物质与能量，主要有地面资源、地下蕴藏资源和海洋资源，如土地、阳光、空气、森林、矿藏、水源等。我国目前只对土地、矿藏等少数品种的资源开征了资源类税收，对水资源的征税尚在试点阶段。

第一节　资源税

微课：资源税

课件：资源税

一、资源税的含义与特点

资源税是以应税资源为课税对象，为了调节资源级差收入并体现国有资源有偿使用而征收的一种税。我国的资源税从 1984 年 10 月 1 日开征，1994 年对资源税进行了调整，2011 年 11 月再次对资源税进行重大调整，2016 年 7 月 1 日起全面推进资源税改革。

征收资源税有利于促进国有资源的合理开采和利用，调节因资源差异而形成的级差收入，增加国家财政收入。2019 年 8 月 26 日，全国人大常委会通过了《中华人民共和国资源税法》，该法自 2020 年 9 月 1 日起施行。

资源税与流转税、所得税相比较，具有以下特点：

1. 兼有有偿性和强制性的特征。资源税实质上是国家凭借其资源所有权和政治权力征收的一种税，它一方面体现出对国有资源的有偿开采，另一方面体现了以税收手段收取应归资源所有者的地租收益，具有受益税的特点。

2. 目前仅对特定资源征收。资源是指自然界存在的天然物质财富，包括的范围很广。但是目前作为资源税征税对象的只是部分自然资源，即只限于原油、天然气、煤炭、其他非金属原矿、黑色金属原矿、有色金属原矿和盐（包括固体盐和液体盐），对水资源的征税目前仅在河北省试点，对森林、草场、滩涂等资源征税条件尚不成熟。

视频：绿色税收促进绿色发展

3. 从价与从量相结合征收。为了达到调节资源级差收入的目的，根据开采的资源条件优劣，划分若干资源等级分档核定其适用税率，对不同的自然资源分别采取从价和从量两种征收办法。

二、资源税的主要内容

（一）征税范围

拓展阅读：汽车加的油，为保护环境买单了吗？

资源税的征税范围为应税资源，具体包括能源矿产、金属矿产、非金属矿产、水气矿产和盐五大类，在5个税目下面又设有164个子目。

1. 能源矿产，指专门开采的天然原油（人造石油除外）；天然气、页岩气、天然气水合物；煤炭（包括原煤和以未税原煤加工的洗选煤）；煤成（层）气；铀、钍；油页岩、油砂、天然沥青、石煤；地热。

2. 金属矿，包括黑色金属产品和有色金属产品的原矿或者选矿。黑色金属包括铁、锰、铬、钒和钛。有色金属包括铜、铝土矿、铅锌、镍，锡、钨、钼、金、银等有色金属矿产品原矿。

税收法规：中华人民共和国资源税法

3. 非金属矿产，包括矿物类、岩石类和宝石类矿产的原矿或者选矿。矿物类包括高岭土、石灰石、磷、石墨、天然石英砂、叶蜡石、其他粘土等。岩石类包括大理岩、花岗岩、砂石等。宝石类包括宝石、玉石、宝石级金刚石、玛瑙、黄玉和碧玺。

4. 水气矿产，包括二氧化碳气、硫化氢气、氦气、氡气和矿泉水。

5. 盐，包括钠盐、钾盐、镁盐和锂盐、天然卤水和海盐。

上述征税对象有些对原矿征税，有些对选矿征税，具体规定见表8-1。

表8-1 资源税税目税率表

序号	税目			征税对象	税率
1	能源矿产	原油		原矿	6%
2		天然气、页岩气、天然气水合物		原矿	6%
3		煤		原矿或者选矿	2%—10%
4		煤成（层）气		原矿	1%—2%
5		铀、钍		原矿	4%
6		油页岩、油砂、天然沥青、石煤		原矿或者选矿	1%—4%
7		地热		原矿	1%—20%或者每立方米1—30元
8	金属矿产	黑色金属	铁、锰、铬、钒、钛	原矿或者选矿	1%—9%
9		有色金属	铜、铅、锌、锡、镍、锑、镁、钴、铋、汞	原矿或者选矿	2%—10%
10			铝土矿	原矿或者选矿	2%—9%

续表

序号	税　　目			征税对象	税率
11	金属矿产	有色金属	钨	选矿	6.5%
12			钼	选矿	8%
13			金、银	原矿或者选矿	2%—6%
14			铂、钯、钌、锇、铱、铑	原矿或者选矿	5%—10%
15			轻稀土	选矿	7%—12%
16			中重稀土	选矿	20%
17			铍、锂、锆、锶、铷、铯、铌、钽、锗、镓、铟、铊、铪、铼、镉、硒、碲	原矿或者选矿	2%—10%
18	非金属矿产	矿物类	高岭土	原矿或者选矿	1%—6%
19			石灰岩	原矿或者选矿	1%—6%或者每吨（或者每立方米）1—10元
20			磷	原矿或者选矿	3%—8%
21			石墨	原矿或者选矿	3%—12%
22			萤石、硫铁矿、自然硫	原矿或者选矿	1%—8%
23			天然石英沙、脉石英、粉石英、水晶、工业用金刚石、冰洲石、蓝晶石、硅线石（矽线石）、长石、滑石、刚玉、菱镁矿、颜料矿物，天然碱、芒硝、钠硝石、明矾石、砷、硼、碘、溴、膨润土、硅藻土、陶瓷土、耐火粘土、铁矾土、凹凸棒石粘土、海泡石粘土、伊利石粘土、累托石粘土	原矿或者选矿	1%—12%
24			叶蜡石、硅灰石、透辉石、珍珠岩、云母、沸石、重晶石、毒重石、方解石、蛭石、透闪石、工业用电气石、白垩、石棉、蓝石棉、红柱石、石榴子石、石膏	原矿或者选矿	2%—12%
25			其他粘土（铸型用粘土、砖瓦用粘土、陶粒用粘土、水泥配料用粘土、水泥配料用红土、水泥配料用黄土、水泥配料用泥岩、保温材料用粘土）	原矿或者选矿	1%—5%或者每吨（或者每立方米）0.1—5元
26		岩石类	大理岩、花岗岩、白云岩、石英岩、砂岩、辉绿岩、安山岩、闪长岩、板岩、玄武岩、片麻岩、角闪岩、页岩、浮石、凝灰岩、黑曜岩、霞石正长岩、蛇纹岩、麦饭石、泥灰岩、含钾岩石、含钾砂页岩、天然油石、橄榄岩、松脂岩、粗面岩、辉长岩、辉石岩、正长岩、火山灰、火山渣、泥炭	原矿或者选矿	1%—10%

续表

序号	税目			征税对象	税率
27	非金属矿产	岩石类	砂石（天然砂、卵石、机制砂石）	原矿或者选矿	1%—5%或者每吨（或者每立方米）0.1—5元
28	非金属矿产	宝石类	宝石、玉石、宝石级金刚石、玛瑙、黄玉、碧玺	原矿或者选矿	4%—20%
29	水气矿产	二氧化碳气、硫化氢气、氦气、氡气		原矿	2%—5%
30	水气矿产	矿泉水		原矿	1%—20%或者每立方米1—30元
31	盐	钠盐、钾盐、镁盐、锂盐		选矿	3%—15%
32	盐	天然卤水		原矿	3%—15%或者每立方米1—10元
33	盐	海盐			2%—5%

（二）纳税人和扣缴义务人

1. 纳税人。凡在我国领域及管辖海域开采或者生产应税资源的单位和个人，为资源税的纳税人，包括符合规定的外商投资企业、外国企业及外籍人员。单位是指企业、行政单位、事业单位、军事单位、社会团体及其他单位；个人是指个体工商户及其他个人。

2. 扣缴义务人。以收购未税资源产品的单位为资源税的扣缴义务人。规定资源税的扣缴义务人，主要是适应税源小、零散、不定期开采、易漏税等税务机关认为不易控管，由扣缴义务人在收购时代扣代缴未缴纳的资源税。

（三）税率

资源税按照应税资源的不同，分别实行不同的比例税率和定额税率。

（四）减免税规定

1. 免征资源税。有下列情形之一的，免征资源税：

（1）开采原油以及油田范围内运输原油过程中用于加热的原油、天然气。

（2）煤炭开采企业因安全生产需要抽采的煤成（层）气。

2. 减征资源税。有下列情形之一的，减征资源税：

（1）从低丰度油气田开采的原油、天然气减征20%资源税。陆上低丰度油田是指每平方公里原油可采储量丰度低于25万立方米的油田；陆上低丰度气田是指每平方公里天然气可采储量丰度低于2.5亿立方米的气田。海上低丰度油田是指每平方公里原油可开采储量丰度低于60万立方米的油田；海上低丰度气田是指每平方公里天然气可开采储量丰度低于6亿立方米的气田。

（2）高含硫天然气、三次采油和从深水油气田开采的原油、天然气，减征30%资源税。高含硫天然气是指硫化氢含量在每立方米30克以上的天然气。三次采油是指二次采油后继续以聚合物驱、复合驱、泡沫驱、二氧化碳驱、气水交替驱、微生物驱等方式进行采油。深水油气田是指水深超过 300 米的油气田。

（3）稠油、高凝油减征 40% 资源税。稠油是指地层原油黏度大于或等于 50 毫帕/秒，或原油密度大于或等于 0.92 克/立方厘米的原油。高凝油是指凝固点高于 40℃ 的原油。

（4）从衰竭期矿山开采的矿产品，减征 30% 资源税。衰竭期矿山是指设计开采年限超过 15 年，且剩余可采储量下降到原设计可采储量的 20% 以下或者剩余开采年限不超过 5 年的矿山，衰竭期矿山以开采企业下属的单个矿山为单位确定。

根据国民经济和社会发展的需要，国务院对有利于促进资源节约集约利用、保护环境等情形可以规定免征或者减征资源税，报全国人大常委会备案。

小知识

水资源税改革试点

2016 年 7 月，水资源税改革试点在河北拉开帷幕；2017 年 12 月，改革试点扩围至北京、天津、河南等 9 省市。

2020 年 9 月，《中华人民共和国资源税法》正式实施。资源税法将征税范围的表述由原来的“开采矿产品和生产盐”改为“开发应税资源”，并授权国务院根据国民经济和社会发展需要，对取用地表水或者地下水的单位和个人试点征收水资源税，为水资源税改革试点提供了法律依据，预留了改革的空间。水资源税的计征办法见表 8 - 2。

表 8 - 2　　水资源税的计征办法

情形	计税依据	应纳税额计算方法
一般取用水	实际取用水量	取用水量 × 适用税额
采矿和工程建设，疏干排水	排水量	实际取用水量 × 适用税额
水力发电和火力发电贯流式（不含循环式）冷却取用水	实际发电量	实际发电量 × 适用税额

2020 年，北京、河北等 10 个试点省市取用地下水水量占总水量的比例为 33.5%，比改革前 2016 年的 41.5% 下降 8 个百分点；试点省市 2020 年超采区地下水计税取水量较 2016 年下降 19.3%。

改革以来，试点省市超过 8 000 户纳税人不再抽采地下水，转用地表水或自来水，关停自备井超过 1.4 万余眼。

环境保护税、资源税、扩大水资源税改革试点……一系列绿色税制共同筑起了保护水资源的“长城”。

三、资源税的计算

资源税的应纳税额，按照从价定率或者从量定额的办法，分别以应税资源的销售额乘以纳税人具体适用的比例税率，或者以应税资源的销售数量乘以纳税人具体适用的定额税率计算。

（一）实行从价定率办法计税

资源税实行从价定率办法计税的，其计算公式为：

应纳税额 = 销售额 × 比例税率

1. 销售额的确定。销售额为纳税人销售应税资源产品向购买方收取的全部价款和价外费用，但不包括增值税销项税额和运杂费用。

2. 计入销售额中的相关运杂费用，凡取得增值税发票或者其他合法有效凭据的，准予从销售额中扣除。所谓运杂费用是指应税资源产品从坑口或洗选（加工）地到车站、码头或购买方指定地点的运输费用、建设基金以及随运销产生的装卸、仓储、港杂费用。运杂费用应与销售额分别核算，凡未取得相应凭据或不能与销售额分别核算的，应当一并计征资源税。

【例 8－1】 某油田在某年度销售原油 20 000 吨，开具增值税专用发票取得销售额 10 000 万元，增值税额 1 300 万元；销售天然气 50 000 余立方米，开具增值税专用发票取得销售额 85 000 万元，增值税额 11 050 万元。原油和天然气的资源税税率均为 6%。计算该油田应纳的资源税。

解： 应纳税额 = 10 000 × 6% + 85 000 × 6% = 5 700（万元）

3. 关于原矿销售额与精矿销售额的换算或折算。为公平原矿与精矿之间的税负，对同一种应税资源产品，征税对象为精矿的，纳税人销售原矿时，应将原矿销售额换算为精矿销售额缴纳资源税；征税对象为原矿的，纳税人销售自采原矿加工的精矿，应将精矿销售额折算为原矿销售额缴纳资源税。换算比或折算率原则上应通过原矿售价、精矿售价和选矿比计算，也可通过原矿销售额、加工环节平均成本和利润计算。

换算比或折算率应按简便可行、公平合理的原则，由省级财税部门确定，并报财政部、国家税务总局备案。

金矿以标准金锭为征税对象，纳税人销售金原矿、金精矿的，应比照上述规定将其销售额换算为金锭销售额缴纳资源税。

4. 关于精矿销售额的确定。精矿销售额的计算公式为：

精矿销售额 = 精矿销售量 × 单位价格

精矿销售额不包括从洗选厂到车站、码头或用户指定运达地点的运输费用。

5. 纳税人申报的精矿销售价格明显偏低且无正当理由的、有视同销售精矿行为而无销售额的，按下列顺序确定销售额：

（1）按纳税人最近时期同类资源产品的平均销售价格确定；

（2）按其他纳税人最近时期同类资源产品的平均销售价格确定；

(3) 按后续加工非应税产品销售价格，减去后续加工环节的成本利润后确定。

(4) 按组成计税价格确定。组成计税价格为：

组成计税价格 = 成本 ×(1 + 成本利润率) ÷(1 − 资源税税率)

公式中的“成本”是指应税资源产品的实际生产成本。公式中的“成本利润率”由省、自治区、直辖市税务机关确定。

(5) 按其他合理方法确定。

6. 纳税人销售（或者视同销售）其自采原矿的，可采用成本法或市场法将原矿销售额换算为精矿销售额计算缴纳资源税。

成本法公式为：

精矿销售额 = 原矿销售额 + 原矿加工为精矿的成本 ×(1 + 成本利润率)

市场法公式为：

精矿销售额 = 原矿销售额 × 换算比

换算比 = 同类精矿单位价格 ÷(原矿单位价格 × 选矿比)

选矿比 = 加工精矿耗用的原矿数量 ÷ 精矿数量

原矿销售额不包括从矿区到车站、码头或用户指定运达地点的运输费用。

（二）实行从量定额办法计税

资源税实行从量定额办法计税的，以应税产品的销售数量为计税依据。应税产品的销售数量，包括纳税人开采或者生产应税产品的实际销售数量和自用于应当缴纳资源税情形的应税产品数量。其计算公式为：

应纳税额 = 课税数量 × 单位税额

【例 8－2】 某企业在某纳税期销售铸型用粘土 500 万吨，该企业所在地省人民政府规定的单位税额为 3 元/吨。则该企业应纳资源税为：

应纳税额 = 5 000 000 × 3 = 15 000 000 = 1 500（万元）

请思考

增值税与资源税计税销售额是否存在差异？差异是什么？

四、资源税的缴纳和会计处理

（一）纳税义务发生时间

1. 采取分期收款结算方式的纳税义务发生时间，为销售合同规定的收款日期的当天。

2. 采取预收货款结算方式的纳税义务发生时间，为发出应税产品的当天。

3. 采取其他结算方式的，为收讫销售款或取得索取销售款凭据的当天。

4. 纳税人自产自用应税资源产品的纳税义务发生时间，为移送使用应税产品的当天。

5. 扣缴义务人代扣代缴税款的纳税义务发生时间，为支付首笔货款或首次开具支付货款凭据的当天。

（二）纳税期限

资源税按月或者按季申报缴纳；不能按固定期限计算缴纳的，可以按次申报缴纳。纳税人按月或者按季申报缴纳的，应当自月度或者季度终了之日起 15 日内，向税务机关办理纳税申报并缴纳税款。

扣缴义务人缴纳税款的期限，比照上述规定执行。

（三）纳税环节和纳税地点

纳税人应当在矿产品的开采地或者海盐的生产地缴纳资源税。

资源税由税务机关按照《资源税法》和《税收征收管理法》的规定征收管理。海上开采的原油和天然气资源税由海洋石油税务管理机构征收管理。税务机关与自然资源等相关部门应当建立工作配合机制，加强资源税征收管理。

（四）会计核算

企业缴纳资源税，通过“应交税费——应交资源税”账户核算。

1. 企业销售应税产品缴纳资源税的核算与销售其他货物的核算相同。即：借记“税金及附加”账户，贷记“应交税费——应交资源税”账户。

2. 企业自产自用应税产品的应缴资源税，借记“生产成本”“制造费用”等账户，贷记“应交税费——应交资源税”账户。

3. 企业收购未税矿产品，按实际支付的收购款，借记“材料采购”等账户，贷记“银行存款”等账户；同时，按代扣代缴的资源税，借记“材料采购”等账户，贷记“应交税费——应交资源税”账户。

4. 企业外购已税液体盐加工成固体盐的，在购入时按所允许抵扣的资源税，借记“应交税费——应交资源税”账户；按外购价款扣除允许抵扣资源税后的数额，借记“材料采购”等账户；按应支付的全部价款，贷记“银行存款”“应付账款”等账户。企业加工成固体盐后，在销售时按固体盐的应交资源税，借记“税金及附加”，贷记“应交税费——应交资源税”账户。

5. 企业缴纳资源税时，借记“应交税费——应交资源税”账户，贷记“银行存款”账户。

微课：耕地占用税

第二节 耕地占用税

课件：耕地占用税

一、耕地占用税的含义

耕地占用税是对占用耕地建房或者从事非农业建设的单位和个人，按其实际占用的耕地面积征收的一种税。

为了合理利用土地资源，加强土地管理，保护耕地，2018 年 12 月 29 日全国人大常委会通过《中华人民共和国耕地占用税法》，自 2019 年 9 月 1 日起施行。为贯彻落实该法，财政部、税务总局、自然资源部、农业农村部、生态环境部制定了《中华人民共和国耕地占用税法实施办法》，自 2019 年 9 月 1 日起施行。

视频：财产和行为税合并申报政策要点

通过开征耕地占用税，使那些占用耕地建房及从事其他非农业建设的单位和个人承担必要的经济责任，有利于政府运用税收经济杠杆调节他们的经济利益，引导他们节约、合理地使用耕地资源。这对于保护国土资源，促进农业可持续发展，以及强化耕地管理，保护农民的切身利益等，都具有十分重要的意义。

税收法规：中华人民共和国耕地占用税法

二、耕地占用税的主要内容

（一）征税范围

耕地占用税的征税范围包括纳税人为建房或者从事非农业建设而占用的国家所有和集体所有的耕地。

耕地，是指用于种植农作物的土地，包括菜地、园地。其中，园地包括花圃、苗圃、茶园、果园、桑园和其他种植经济林木的土地。

占用鱼塘及其他农用土地建房或从事其他非农业建设视同占用耕地。

占用已开发从事种植、养殖的滩涂、草场、水面和林地等从事非农业建设被视同占用耕地。由省、自治区、直辖市，本着有利于保护土地资源和生态平衡的原则，结合具体情况确定是否征收耕地占用税。

（二）纳税人

耕地占用税的纳税人是指在中华人民共和国境内占用耕地建设建筑物、构筑物或者从事非农业建设的单位和个人。单位具体包括国有企业、集体企业、私营企业、股份制企业、外商投资企业、外国企业以及其他企业和事业单位、社会团体、国家机关、部队以及其他单位；个人是指个体工商户以及其他个人。

经申请批准占用耕地的，纳税人为农用地转用审批文件中标明的建设用地人；农用地转用审批文件中未标明建设用地人的，纳税人为用地申请人。未经批准占用耕地的，纳税人为实际用地人。

（三）税率

耕地占用税实行地区差别幅度定额税率，即根据人均耕地面积多少划分四类地区，分别按占用耕地的平方米规定有幅度的税额。人均耕地面积越少，单位税额越高。具体规定为：

1. 人均耕地不超过 1 亩的地区（以县级行政区域为单位，下同），每平方米为 10—50 元；
2. 人均耕地超过 1 亩但不超过 2 亩的地区，每平方米为 8—40 元；
3. 人均耕地超过 2 亩但不超过 3 亩的地区，每平方米为 6—30 元；
4. 人均耕地超过 3 亩的地区，每平方米为 5—25 元。

国务院财政、税务主管部门根据人均耕地面积和经济发展情况确定各省、自治区、直辖市的平均税额。具体规定如表 8－3 所示。

表 8－3 各省、自治区、直辖市耕地占用税平均税额表

地 区	每平方米平均税额（元）
上海	45
北京	40
天津	35
江苏、浙江、福建、广东	30
辽宁、湖北、湖南	25
河北、安徽、江西、山东、河南、重庆、四川	22.5
广西、海南、贵州、云南、陕西	20
山西、吉林、黑龙江	17.5
内蒙古、西藏、甘肃、青海、宁夏、新疆	12.5

各地区耕地占用税的适用税额，由省、自治区、直辖市人民政府根据人均耕地面积和经济发展等情况，在前款规定的税额幅度内提出，报同级人民代表大会常务委员会决定，并报全国人大常委会和国务院备案。各省、自治区、直辖市耕地占用税适用税额的平均水平，不得低于本法所附《各省、自治区、直辖市耕地占用税平均税额表》规定的平均税额。

在人均耕地低于 0.5 亩的地区，省、自治区、直辖市可以根据当地经济发展情况，适当提高耕地占用税的适用税额，但提高的部分不得超过确定的适用税额的 50%。具体适用税额按照规定程序确定。

占用基本农田的，应当按照当地适用税额加征 150%。

基本农田，是指依据《基本农田保护条例》划定的基本农田保护区范围的耕地。

（四）税收优惠

1. 免税规定。

（1）军事设施占用耕地。军事设施是指地上、地下的军事指挥、作战工程；军用机场、港口、码头；营区、训练场、试验场；军用洞库、仓库；军用通信、侦察、导航、观测台站和测量、导航、助航标志；军用公路、铁路专用线，军用通信、输电线路，军用输油、输水管道；边防、海防管控设施；国务院和中央军事委员会规定的其他军事设施。

（2）学校、幼儿园、养老院、医院占用耕地。学校是指县级以上人民政府教育行政部门批准成立的大学、中学、小学、学历性职业教育学校以及特殊教育学校，但学校内经营性场所和教职工住房占用耕地的，应按照当地适用税额缴纳耕地占用税。幼儿园，是指县级人民政府教育行政部门登记注册或者备案的幼儿园内专门用于幼儿保育、教育的场所。养老院，是指经批准设立的养老机构内专门为老年人提供生活照顾的场所。医院是

指县级以上人民政府卫生行政部门批准设立的医院内专门用于提供医护服务的场所及其配套设施，但医院内职工住房占用耕地的，按照当地适用税额缴纳耕地占用税。

2. 减税规定。

（1）铁路线路、公路线路、飞机场跑道、停机坪、港口、航道、水利工程占用耕地，减按每平方米 2 元的税额征收。根据国民经济和社会发展的需要，国务院可以规定免征或者减征耕地占用税的其他情形，报全国人大常委会备案。

（2）农村居民占用耕地新建住宅，按照当地适用税额减半征收。

（3）农村烈士遗属、因公牺牲军人遗属、残疾军人以及符合农村最低生活保障条件的农村居民，在规定用地标准以内新建自用住宅，免征耕地占用税。

依照上述规定免征或者减征耕地占用税后，纳税人改变原占地用途，不再属于免征或者减征耕地占用税情形的，应当按照当地适用税额补缴耕地占用税。

三、应纳税额的计算

（一）计税依据

耕地占用税以纳税人实际占用的耕地面积（平方米）为计税依据，按应税土地当地适用税额计税，实行一次性征收。

（二）应纳税额的计算

计算公式为：

应纳税额 = 实际占用的耕地面积（平方米）× 适用税额

【例 8-3】 某企业占用耕地 8 000 平方米建设厂房，当地政府规定的耕地占用税适用税额标准为每平方米 40 元。该企业应纳耕地占用税税额的计算方法为：

应纳税额 = 8 000 × 40 = 320 000（元）

四、税款的缴纳和会计处理

（一）纳税期限

耕地占用税的纳税义务发生时间为纳税人收到自然资源主管部门办理占用耕地手续的书面通知的当日。获准占用耕地的单位或者个人应当在收到土地管理部门的通知之日起 30 日内缴纳耕地占用税。未经批准占用耕地的，耕地占用税纳税义务发生时间为自然资源主管部门认定的纳税人实际占用耕地的当日。自然资源主管部门凭耕地占用税完税凭证或者免税凭证和其他有关文件发放建设用地批准书。

（二）纳税地点

耕地占用税的纳税地点为纳税人占用耕地或者其他农用地的所在地。

（三）会计核算

企业缴纳的耕地占用税不需要通过“应交税费”账户核算。缴纳税款时，借记“在建工程”账户，贷记“银行存款”账户。待工程完工后，再借记“固定资产”账户，贷记“在建工程”账户。

第三节 城镇土地使用税

微课：城镇土地使用税

一、城镇土地使用税的含义与特点

城镇土地使用税是以国有土地为征税对象，以实际占用的土地面积为计税标准，按规定税额向使用土地的单位和个人征收的一种税。

课件：城镇土地使用税

我国现行城镇土地使用税法的基本规范，是1988年9月27日国务院颁布的《中华人民共和国城镇土地使用税暂行条例》，该条例历经四次修订，最新版本为2019年3月2日修订。

城镇土地使用税与其他税种相比，具有以下特点：以城镇土地为征收对象；以实际占用的土地面积为计税依据；实行差别幅度定额税率；按年计算，分期缴纳；只在特定的区域（包括城市、县城、建制镇、工矿区范围内）开征。

拓展阅读：组合式税费支持政策见成效 稳增长稳市场主体保就业

二、城镇土地使用税的主要内容

（一）征税范围

城镇土地使用税的征税范围，包括在城市、县城、建制镇和工矿区内的国家所有和集体所有的土地。

城市、县城、建制镇和工矿区的确认标准为：城市是指国务院批准设立的市，其征税范围包括市区和郊区；县城是指县人民政府所在地，其征税范围为县人民政府所在地的城镇；建制镇是指经省级人民政府批准的建制镇，其征税范围为镇人民政府所在地的地区，但不包括镇政府所在地所辖行政村；工矿区是指商业比较发达、人口比较集中、符合国务院规定的建制镇标准，但尚未设立建制镇的大中型工矿企业所在地。工矿区须经省、自治区、直辖市人民政府批准。

税收法规：中华人民共和国城镇土地使用税暂行条例

（二）纳税人

城镇土地使用税的纳税人，是指在上述征税范围内使用土地的单位和个人。纳税单位，是指国有企业、集体企业、私营企业、股份制企业、外商投资企业、外国企业以及其他企业和事业单位、社会团体、国家机关、军队以及其他单位；而纳税个人，则是指个体工商户以及其他个人。

在现实经济生活中，使用土地的情况复杂多样，为确保将城镇土地使用税及时足额地征收入库，将纳税人确定为以下几类：

1. 拥有土地使用权的单位和个人；

2. 拥有土地使用权的单位和个人不在土地所在地的，其土地的实际使用人和代管人为纳税人；

3. 土地使用权未确定或权属纠纷未解决的，以实际使用人为纳税人；

4. 土地使用权共有的，共有各方都是纳税人，由共有各方分别纳税。

（三）税率

城镇土地使用税采用分类分级的幅度定额税率，按大、中、小城市和县城、建制镇、工矿区分别规定每平方米土地使用税的年税额。土地使用税每平方米年税额为：（1）大城市 1.5 元至 30 元；（2）中等城市 1.2 元至 24 元；（3）小城市 0.9 元至 18 元；（4）县城、建制镇、工矿区 0.6 元至 12 元。

具体标准为：大、中、小城市以公安部门登记在册的非农业户口人数为依据，按照国务院颁布的《城市规划条例》中规定的标准划分。人口在 50 万以上者为大城市；人口在 20 万至 50 万之间者为中等城市；人口在 20 万以下者为小城市。城镇土地使用税税率如表 8－4 所示。

表 8－4　城镇土地使用税税率表

级别	人口（人）	每平方米年税额（元）
大城市	50 万以上	1.5—30
中等城市	20 万—50 万	1.2—24
小城市	20 万以下	0.9—18
县城、建制镇、工矿区		0.6—12

各省、自治区、直辖市人民政府可根据市政建设情况和经济繁荣程度在规定税额幅度内，确定所辖地区的适用税额幅度，制定实施办法。经济落后地区，城镇土地使用税的适用税额标准可适当降低，但降低额不得超过上述规定最低税额的 30%。经济发达地区的适用税额标准可以适当提高，但须报财政部批准。

提示：城镇土地使用税每年都要征收，不同于耕地占用税只在占用环节征收一次。

（四）税收优惠

1. 下列土地免缴城镇土地使用税：

（1）国家机关、人民团体、军队自用的土地，是指这些单位本身的办公用地和公务用地，如国家机关、人民团体的办公楼用地，军队的训练场用地等。

（2）由国家财政部门拨付事业经费的单位自用的土地，是指这些单位本身的业务用地，如学校的教学楼、操场、食堂等占用的土地。

（3）宗教寺庙、公园、名胜古迹自用的土地。宗教寺庙自用的土地，是指举行宗教仪式等的用地和寺庙内的宗教人员生活用地。公园、名胜古迹自用的土地，是指供公共参观游览的用地及其管理单位的办公用地。

以上单位的生产、经营用地和其他用地，不属于免税范围，应按规定缴纳土地使用税，如公园、名胜古迹中附设的营业单位——影剧院、饮食部、茶社、照相馆等使用的土地。

（4）市政街道、广场、绿化地带等公共用地。

（5）直接用于农、林、牧、渔业的生产用地，是指直接从事于种植养殖、饲养的专业用地，不包括农副产品加工场地和生活办公用地。

（6）经批准开山填海整治的土地和改造的废弃土地，从使用的月份起免缴土地使用税 5 年至 10 年。具体免税期限由各省、自治区、直辖市税务局在《城镇土地使用税暂行条例》规定的期限内自行确定。

（7）对非营利性医疗机构、疾病控制机构和妇幼保健机构等卫生机构自用的土地，免征城镇土地使用税。

（8）企业办的学校、医院、托儿所、幼儿园，其用地能与企业其他用地明确区分的，免征城镇土地使用税。

（9）免税单位无偿使用纳税单位的土地（如公安、海关等单位使用铁路、民航等单位的土地），免征城镇土地使用税。纳税单位无偿使用免税单位的土地，纳税单位应照章缴纳城镇土地使用税。纳税单位与免税单位共同使用共有使用权土地上的多层建筑，对纳税单位可按其占用的建筑面积占建筑总面积的比例计征城镇土地使用税。

（10）对改造安置住房建设用地免征城镇土地使用税。在商品住房等开发项目中配套建造安置住房的，依据政府部门出具的相关材料、房屋征收（拆迁）补偿协议或棚户区改造合同（协议），按改造安置住房建筑面积占总建筑面积的比例免征城镇土地使用税。

（11）为了体现国家的产业政策，支持重点产业的发展，对石油、电力、煤炭等能源用地，民用港口、铁路等交通用地和水利设施用地，盐业、采石场、邮电等一些特殊用地划分了征免税界限和给予政策性减免税照顾。

2. 下列土地由省、自治区、直辖市税务局确定减免土地使用税：

（1）个人所有的居住房屋及院落用地。

（2）房产管理部门在房租调整改革前经租的居民住房用地。

（3）免税单位职工家属的宿舍用地。

（4）集体和个人办的各类学校、医院、托儿所、幼儿园用地。

（5）其他由省、自治区、直辖市税务局确定减免城镇土地使用税的土地。

3. 对地下建筑用地暂按应征税款的 50% 征收城镇土地使用税。

三、应纳税额的计算

（一）计税依据

城镇土地使用税以纳税人实际占用的土地面积为计税依据，土地面积计量标准为每平方米，即税务机关根据纳税人实际占用的土地面积，按照规定的税额计算应纳税额，向纳税人征收城镇土地使用税。

纳税人实际占用的土地面积按下列办法确定：

1. 凡由省、自治区、直辖市人民政府确定的单位组织测定土地面积的，以测定的面积为准。

2. 尚未组织测量，但纳税人持有政府部门核发的土地使用证书的，以证书确认的土地面积为准。

3. 尚未核发土地使用证书的，应由纳税人据实申报土地面积据以纳税，待核发土地使用证以后再作调整。

4. 对在城镇土地使用税征税范围内单独建造的地下建筑用地，按规定征收城镇土地使用税。其中，已取得地下土地使用权证的，按土地使用权证确认的土地面积计算应征税款；未取得地下土地使用权证或地下土地使用权证上未标明土地面积的，按地下建筑垂直投影面积计算应征税款。

（二）应纳税额的计算

城镇土地使用税依据纳税人实际占用的土地面积和规定的单位税额计算，其计算公式为：

全年应纳税额 = 实际占用应税土地面积(平方米) × 适用税额

【例 8－4】 某市食品厂坐落在该市繁华地段，企业土地使用证书记载占用土地的面积为 3 600 平方米，经确定属一等地段；该厂另设两个统一核算的分厂均坐落在市区三等地段，共占地 7 800 平方米；一座仓库位于市郊，属五等地段，占地面积为 1 100 平方米；另外，该企业自办幼儿园占地面积为 2 600 平方米，属三等地段。计算该厂全年应纳城镇土地使用税额（一等地段年税额 4 元/平方米，三等地段年税额 1 元/平方米，五等地段年税额为 0.6 元/平方米）。

解： 食品厂占地应纳税额 = 3 600 × 4 = 14 400（元）

分厂占地应纳税额 = 7 800 × 1 = 7 800（元）

仓库占地应纳税额 = 1 100 × 0.6 = 660（元）

食品厂自办幼儿园按税法规定免税。

全年应纳城镇土地使用税 = 14 400 + 7 800 + 660 = 22 860（元）

【例 8－5】 某市甲、乙两公司共同拥有一块土地使用权，这块土地面积为 6 000 平方米，甲公司实际使用 2/5，乙公司实际使用 3/5。甲、乙两公司位于大城市，当地政府核定单位土地税额为 10 元/平方米。计算甲、乙两公司全年应纳的城镇土地使用税。

解： 甲公司应纳税额 = 6 000 × 2/5 × 10 = 24 000（元）

乙公司应纳税额 = 6 000 × 3/5 × 10 = 36 000（元）

四、税款的缴纳和会计处理

（一）纳税期限

城镇土地使用税实行按年计算、分期缴纳的征收方法，具体纳税期限由省、自治区、直辖市人民政府确定。一般分别确定按月、季或半年等不同的期限缴纳。

（二）纳税义务发生时间

1. 纳税人购置新建商品房，自房屋交付使用之次月起，缴纳城镇土地使用税。

2. 纳税人购置存量房，自办理房屋权属转移、变更登记手续，房地产权属登记机关签发房屋权属证书之次月起，缴纳城镇土地使用税。

3. 纳税人出租、出借房产，自交付出租、出借房产之次月起，缴纳城镇土地使用税。

4. 房地产开发企业自用、出租、出借本企业建造的商品房，自房屋使用或交付之次月起，缴纳城镇土地使用税。

5. 纳税人新征用的耕地，自批准征用之日起满 1 年时开始缴纳土地使用税。

6. 纳税人新征用的非耕地，自批准征用次月起缴纳土地使用税。

7. 自 2009 年 1 月 1 日起，纳税人因土地的权利发生变化而依法终止城镇土地使用税纳税义务的，其应纳税款的计算应截止到土地权利发生变化的当月末。

（三）纳税地点

城镇土地使用税在土地所在地缴纳。纳税人使用的土地不属于同一省、自治区、直辖市管辖的，由纳税人分别向土地所在地的税务机关缴纳土地使用税；在同一省、自治区、直辖市管辖范围内，纳税人跨地区使用的土地，其纳税地点由各省、自治区、直辖市税务局确定。

（四）会计核算

城镇土地使用税通过“税金及附加”和“应交税费——应交城镇土地使用税”账户核算。

微课：土地增值税

第四节　土地增值税

课件：土地增值税

一、土地增值税的含义

土地增值税是对转让国有土地使用权及地上建筑物和其他附着物（简称房地产）产权的单位和个人，就其转让房地产所取得的增值额征收的一种税。我国于 1994 年 1 月起开征此税。

土地增值税以转让房地产的增值额为计税依据，对房地产市场具有重要的调控作用；土地增值税按照超率累进税率进行分级课税，税率与房地产的增值率直接相关，因而，征收土地增值税有利于房地产市场的稳定健康发展。

二、土地增值税的主要内容

（一）征税范围

1. 转让国有土地使用权；

2. 转让地上建筑物及其附着物。

税收法规：中华人民共和国土地增值税暂行条例

这里所说的“国有土地”，是指按国家法律规定属于国家所有的土地。“地上建筑物及其附着物”，是指建于土地上的一切建筑物、构筑物，地上、地下的各种附属设施以及附着于土地上的不能移动、一旦移动就会损坏的种植物、养殖物及其他物品，如房屋、仓库、锅炉房、水塔、排污、排洪、排水、供电、供气设施及花草、树木等。

小知识

土地增值税只对有偿转让的房地产征税，对以继承、赠与等方式无偿转让的房地产，不予征税。

房地产的继承是指房产的原产权所有人、依照法律规定取得土地使用权的土地使用人死亡以后，由其继承人依法承受死者房产产权和土地使用权的民事法律行为。房地产的继承虽然发生了房地产的权属变更，但作为房产产权、土地使用权的原所有人（即被继承人）并没有因为权属变更而取得任何收入。因此，这种房地产的继承不属于土地增值税的征税范围。

房地产的赠与是指房产所有人、土地使用者所有人将自己所拥有的房地产无偿地交给其他单位与个人的行为。房地产的赠与虽然发生了房地产的权属变更，但作为房产所有人、土地使用权的所有人并没有因为权属的转让而取得任何收入。因此，房地产的赠与不属于土地增值税的征税范围。但是，不征收土地增值税的房地产赠与行为只包括两种情况：一是受赠方为直系亲属或承担直接赡养义务人；二是通过中国境内非营利的社会团体、国家机关将房屋产权、土地使用权赠与教育、民政和其他社会福利、公益事业。

（二）纳税人

土地增值税的纳税人，是指在我国境内转让国有土地使用权、地上建筑物及其附着物并取得收入的单位和个人。具体包括：机关、团体、部队、企业、事业单位、个体工商户和国内其他单位和个人，以及外商投资企业、外国企业、外国驻华机构、华侨、台湾、香港、澳门同胞和外籍人员等。

（三）税率

土地增值税采用四级超率累进税率。对土地增值额未超过扣除项目金额50%的部分，税率为30%；增值额超过扣除项目金额50%、未超过100%的部分，税率为40%；增值额超过扣除项目金额100%、未超过200%的部分，税率为50%；增值额超过扣除项目金额200%以上的部分，税率为60%。具体适用税率如表8－5所示。

表8－5　土地增值税税率表

级数	增值额占扣除项目金额的比例	税率（%）	速算扣除系数（%）
1	50%以下（含50%）	30	0
2	50%—100%（含100%）	40	5
3	100%—200%（含200%）	50	15
4	200%以上	60	35

请思考

超率累进税率与超额累进税率有哪些异同？

（四）税收优惠

1. 纳税人建造普通标准住宅出售，增值额未超过扣除项目金额20%的免税。普通标准住宅，是指按所在地一般民用住宅标准建造的居住用住宅，不包括高级别墅、高级公寓、小洋楼、度假村及超面积、超标准豪华装修的住宅。纳税人建造标准住宅出售，增值额超过扣除项目金额20%的，应就其全部增值额按规定计税。

2. 企事业单位、社会团体以及其他组织转让旧房作为改造安置住房房源或公共租赁住房房源，且增值额未超过扣除项目金额20%的，免征土地增值税。

3. 因国家建设的需要依法征用、收回的房地产免税。因城市规划、国家建设的需要而搬迁，纳税人自行转让原房地产的，免征土地增值税。

4. 自2008年11月1日起，对个人销售住房暂免征收土地增值税。

三、土地增值税的计算

（一）计税依据

土地增值税是以纳税人转让房地产所取得的增值额为计税依据，增值额是指纳税人转让房地产的收入减除税法规定的扣除项目金额后的余额。用公式表示为：

增值额＝转让房地产取得的收入总额－扣除项目金额

因此，要确定土地增值税的计税依据，关键在于正确确定转让房地产取得的收入额和扣除项目金额。

1. 转让房地产收入的确定。纳税人转让房地产的收入，是指纳税人转让房地产的全部价款及有关的经济利益，包括货币收入、实物收入和其他收入。转让房地产收入如为外国货币的，以取得收入当天或当月 1 日国家公布的外汇牌价折合成人民币计税（后者适用于经常发生房地产转让的纳税人，如房地产开发公司）。

2. 扣除项目金额的确定。允许扣除的具体项目包括以下六项：

（1）取得土地使用权所支付的金额。它是指纳税人为取得土地使用权所支付的地价款（以协议、招标、拍卖等出让方式取得土地使用权的，地价款为纳税人所支付的土地出让金；以行政划拨方式取得土地使用权的，地价款为按照国家有关规定补交的土地出让金；以转让方式取得土地使用权的，地价款为向原土地使用权人实际支付的地价），以及按国家统一规定交纳的有关费用（纳税人在取得土地使用权过程中为办理有关手续，按国家统一规定交纳的有关登记、过户手续费）。

（2）开发土地和新建房及配套设施（以下简称“房地产开发”）的成本。它是指纳税人房地产开发项目实际发生的成本，包括土地征用及拆迁补偿费、前期工程费、建筑安装工程费、基础设施费、公共配套设施费、开发间接费用。

（3）房地产开发费用。它是指与房地产开发项目有关的销售费用、管理费用和财务费用。这三项费用作为期间费用，直接计入当期损益，不按成本核算对象进行分摊，故不能按纳税人实际发生的开发费用扣除，而应区分以下两种情况分别计算扣除：

①财务费用中的利息支出，凡能够按转让房地产项目计算分摊并提供金融机构证明的，允许据实扣除，但最高不得超过按商业银行同类同期贷款利率计算的金额；其他房地产开发费用，按取得土地使用权所支付的金额和房地产开发成本的金额之和的 5% 以内计算扣除，即：

$$\text{允许扣除的房地产开发费用} = \text{利息} + \left(\text{取得土地使用权所支付的金额} + \text{房地产开发成本}\right) \times 5\% \text{以内}$$

②凡不能按转让房地产项目计算分摊利息支出或不能提供金融机构证明的，房地产开发费用按取得土地使用权所支付的金额和房地产开发成本的金额之和的 10% 以内计算扣除，即：

$$\text{允许扣除的房地产开发费用} = \left(\text{取得土地使用权所支付的金额} + \text{房地产开发成本}\right) \times 10\% \text{以内}$$

上述计算扣除的具体比例，由各省、自治区、直辖市人民政府规定。

（4）旧房及建筑物的评估价格。它是指转让已使用房屋及建筑物时，由政府批准设立的房地产评估机构评定的重置成本价乘以成新度折扣率后的价格。评估价格需经当地税务机关确认。

上述重置成本价，是指对旧房及建筑物，按转让时的价格和人工费用计算，建造同样面积、同样层次、同样结构、同样建设标准的新房及建筑物所需花费的成本费用。成新度折扣率，是指按旧房的新旧程度作一定比例的折扣。例如，一幢楼房已使用5年，建造时造价为500万元，该房现有八成新，如按转让时的重置成本需要1 000万元，则该房的评估价格为1 000×80% = 800（万元）。

（5）与转让房地产有关的税金。它是指转让房地产时缴纳的增值税、城市维护建设税、印花税（房地产开发企业的印花税列入管理费用中，不予单独计算扣除）。而转让房地产缴纳的教育费附加，也可视同税金予以扣除。

（6）对从事房地产开发的纳税人可按取得土地使用权所支付金额和房地产开发成本的金额之和，加计20%扣除，以保护正当开发投资者的积极性。但对于取得土地使用权或房屋产权后未进行开发即转让的，不允许加计20%扣除。

这里还需注意两点：

第一，并不是任何纳税人、转让房地产的任何情况，都可以扣除上述六项。相反，要注意区分不同纳税人（专营或兼营房地产开发的房地产开发公司，或其他纳税人），以及转让的是新建房还是旧房，是单独转让土地使用权还是连同地上建筑物一同转让，是房地产的转手买卖还是经投资开发后转让，财务费用中的利息支出是否能按项目分摊并有金融机构证明等不同情况，分别确定扣除项目并正确计算其金额。试比较以下两例：

【例8－6】某市房地产开发公司（增值税小规模纳税人）转让一幢楼房，取得收入1 800万元，依法缴纳了增值税、城市维护建设税、教育费附加和印花税（产权转移书据，规定按所载金额的0.5‰缴纳印花税）。该公司建造这幢楼房为取得土地使用权而支付的地价款和有关费用150万元；投入的房地产开发成本300万元；发生的开发费用50万元，其中利息支出27万元，能按转让房地产项目计算分摊，并有金融机构证明，房产所在省规定房地产开发费用的扣除比例为4%，则其扣除项目的金额为：

（1）取得土地使用权所支付的金额150万元；

（2）房地产开发成本300万元；

（3）房地产开发费用 = 27 + (150 + 300) ×4% = 45（万元）

（4）转让房地产缴纳的增值税、城市维护建设税、教育费附加 = 1 800 ÷ (1 + 3%) ×3% ×(1 + 7% + 3%) = 57.67（万元）

（5）加计20%的扣除额 = (150 + 300) ×20% = 90（万元）

扣除项目金额合计 = 150 + 300 + 45 + 57.67 + 90 = 642.67（万元）

【例8－7】某单位转让市区一幢20世纪80年代末建造的房屋，取得收入1 400万元，依法缴纳了有关税金，其中缴纳的增值税为180万元。据资料记载，这幢房屋当时的造价为400万元，经有关房地产评估机构评定，其重置成本价格为1 600万元，房屋现有六成新；据有关规定，转让原以行政划拨方式取得的土地使用权需补交出让金60万元。则其扣除项目的金额为：

（1）补交土地出让金60万元；

（2）房屋的评估价格 = 1 600 ×60% = 960（万元）

（3）缴纳的增值税、城市维护建设税、教育费附加 = 180 ×(1 + 7% +

3%）=198（万元）

（4）缴纳的印花税 =1 400 ×0.50 =0.7（万元）

扣除项目金额合计 =60 +960 +198 +0.7 =1 218.7（万元）

第二，在实际经济生活中，很多房地产开发项目的规模较大，往往有成片受让土地使用权后，分期、分批开发、转让房地产的情况。这样，在计算土地增值税时就需要对扣除项目金额按一定的标准进行计算或分摊。分摊的方法：一是按转让土地使用权面积占总面积的比例计算分摊；二是按照转让的建筑面积占总建筑面积的比例计算分摊；三是按照税务机关确定的其他方法计算分摊。

【例 8 –8】某房地产开发公司取得一块 10 000 平方米土地的使用权，为此支付的出让金为 1 000 万元。该公司在这块土地上建造两幢楼房：一幢为写字楼，占地面积（包括周围的道路及绿地等，下同）4 000 平方米，建筑面积 15 000 平方米；另一幢为公寓，占地面积 6 000 平方米，建筑面积 10 000 平方米。公寓已全部出售，写字楼尚未转让。则公寓应分摊的土地出让金为：

（1）按转让土地使用权面积分摊：

应分摊的土地出让金 =1 000 ×（6 000 ÷10 000）=600（万元）

（2）按照转让建筑面积分摊：

应分摊的土地出让金 =1 000 ×[10 000 ÷（15 000 +10 000）] =400（万元）

由此可见，按不同的分摊办法，其计算结果不同。对建造的商品房，如层次、建筑面积大体相同，则按土地面积分摊较为简单，否则，按建筑面积分摊较为合理。

3. 由税务机关核定转让收入和扣除项目金额的规定。为了准确计算转让房地产的取得收入总额和扣除项目金额，税法规定，纳税人有下列情况之一的，按照房地产评估价格计算征税：（1）隐瞒、虚报房地产成交价格的；（2）提供扣除项目金额不实的；（3）转让房地产成交价格低于房地产评估价格，又无正当理由的。

具体的方法是：对隐瞒、虚报房地产成交价格的，由评估机构参照同类房地产成交的市场交易价格进行评估，税务机关根据评估价格确定转让收入。

提供扣除项目金额不实的，由评估机构按照房屋重置成本乘以成新度折扣率计算的房屋成本和取得土地使用权时的基准地价进行评估，税务机关据此确定扣除项目金额。

转让房地产成交价格低于房地产评估价格，又无正当理由的，由税务机关参照评估价格确定转让收入。

（二）应纳税额的计算

1. 计算公式。土地增值税按纳税人转让房地产取得的增值额（即计税依据）和相应的税率计算应纳税额，在房地产的转让环节纳税。用公式表示为：

应纳税额 = 转让房地产的增值额 × 适用税率

由于土地增值税的税率是按照转让房地产的增值额占扣除项目金额的比

例分档设计的，因此，在计算应纳税额时，先要计算出其增值额和增值比例（增值率），以确定适用哪一档或哪几档税率。增值率的计算公式为：

转让房地产的增值率 =（转让房地产的增值额 ÷ 扣除项目金额）×100%

2. 计算方法。土地增值税有以下两种方法计算其应纳税额：

（1）分步计算法。即分步计算出每一级的增值额及其应纳税额，然后相加得出纳税人转让该项房地产的应纳税额，用公式表示为：

应纳税额 = ∑（各级距的增值额 × 相应的税率）

在具体计算时，分两个步骤进行：

第一步，计算出各级距的增值额，依次为：

第一级增值额 = 扣除项目金额 ×50%

第二级增值额 = 扣除项目金额 ×（100% －50%）

第三级增值额 = 扣除项目金额 ×（200% －100%）

第四级增值额 = 全部应税增值额 － 以上各级增值额之和

上述各级距的增值额计算方法也可以用公式概括为：

前几级各级增值额 = 扣除项目金额 ×（该级增值率上限 － 该级增值率下限）

最后一级的增值额 = 全部应税增值额 － 扣除项目金额 × 本级增值率下限

或 = 全部应税增值额 － 前几级增值额之和

第二步，以每一级的增值额乘以该级的税率，得出该级的税额，然后相加即为纳税人的应纳税额。计算公式为：

应纳税额 = ∑（各级距的增值额 × 相应的税率）

（2）速算法。即事先计算出各级的速算扣除系数，然后按下列公式计算出应纳税额：

应纳税额 = 土地增值额 × 适用税率 － 扣除项目金额 × 速算扣除系数

式中，各级速算扣除系数依次为：0、5%、15%、35%（见表 8－5“土地增值税税率表”）。

【例 8－9】 承例 8－6 的资料，分别用分步法和速算法计算其应纳税额为：

（1）转让楼房取得的增值额 =1 800 －642. 67 =1 157. 33（万元）

（2）增值率 =（1 157. 33 ÷642. 67）×100% =180%

（3）用分步法计算出每一级的增值额和税额并相加：

第一级税额 =642. 67 ×50% ×30% =321. 335 ×30% =96. 400（万元）

第二级税额 =642. 67 ×（100% －50%）×40% =321. 335 ×40%
=128. 534（万元）

第三级税额 =[1 157. 33 －（321. 335 +321. 335）] ×50% =514. 66 ×50%
=257. 33（万元）

或 $=(1\ 157.33-642.67\times100\%)\times50\%=257.33$（万元）

各级的税额相加得出应纳税额 $=96.400+128.534+257.33$

$=482.264$（万元）

（4）用速算法计算应纳税额：

应纳税额 $=1\ 157.33\times50\%-642.67\times15\%=578.665-96.400$

$=482.264$（万元）

可见，两种方法计算出的结果完全相同。实际操作时，采用速算法计算更为简便。

四、土地增值税的缴纳和会计处理

（一）纳税期限和纳税地点

1. 纳税期限。纳税人应在转让房地产合同签订之日起 7 日内向所在地税务机关办理纳税申报，并在税务机关核定的期限内缴纳土地增值税。纳税人因经常发生房地产转让而难以在每次转让后申报的，经税务机关同意，可以定期纳税，具体期限由税务机关分两种情况确定：

（1）对于转让房地产是一次性交割、付清价款的，在办理纳税申报后，并在办理过户、登记手续前，一次性缴纳全部土地增值税。

（2）对于以分期收款方式转让房地产的，可根据合同规定的收款日期确定纳税期限。根据房地产经营的特点，还规定可以预征，即纳税人在项目全部竣工结算前，转让房地产取得的收入，由于涉及成本确定或其他原因而无法计算土地增值税的，可采用先预缴，待该项目全部竣工、办理结算后再进行清算，多退少补。具体办法由各省、自治区、直辖市税务局根据当地情况制定。一般也有两种情况：

①对先转让房地产项目，后又进行小区配套设施的，可以按转让项目实际发生的成本确定扣除项目金额，再加上配套设施预计成本核定该项目应分摊的扣除项目金额，据以计算预缴土地增值税。

②对预售房地产的，可按交易双方签订预售合同中确定的转让收入作为计税收入，按房地产开发项目的预算成本核定一个扣除项目金额，并以核定的扣除项目金额和转让收入为基数，计算出预征率，在每次预收款时，按此预征率计算预缴土地增值税。

2. 纳税地点。土地增值税由房地产所在地的主管税务机关负责征收。房地产所在地指房地产坐落地。纳税人转让的房地产坐落在两个或两个以上地区的，按房地产所在地分别申报纳税。

（二）会计核算

企业缴纳的土地增值税应通过“应交税费——应交土地增值税”账户核算，反映税款的计提与解缴。

按规定计算出应缴纳的土地增值税时，分如下情况进行处理：

1. 主营房地产的企业，计算出当期应纳的土地增值税时，借记“税金及附加”账户，贷记“应交税费——应交土地增值税”账户。

2. 兼营房地产业务的企业，当期应纳的土地增值税，借记“税金及附加”账户，贷记“应交税费——应交土地增值税”账户。

3. 企业转让的国有土地使用权连同地上建筑物及其附着物一并在“固定资产”或“在建工程”等账户核算的，转让时应缴纳的土地增值税，借记“固定资产清理”“在建工程”等账户，贷记“应交税费——应交土地增值税”账户。

4. 企业缴纳增值税时，借记“应交税费——应交土地增值税”账户，贷记“银行存款”账户。

第九章
财产税类

财产税是一种古老的税收，我国契税早在东晋时期就出现了。在唐德宗时期又开征了以房屋为征税对象的“间架税”。财产税因其具有独特的财政收入功能和调节财富分配的作用，一直在各国税制体系中占有一席之地。现代财产税一般分为不动产税、财产转移税和财产净值税。征税范围涉及土地、房屋、企业设备、机动车船、宝石、证券等方面。

在我国现行税制中，具有财产税性质的税种主要包括：对财产拥有征收的房产税和车船税，以及对财产转移征收的契税和车辆购置税。

第一节　房产税

微课：房产税

一、房产税的含义

房产税是以城市、县城、建制镇和工矿区的房产为征税对象，按房产的计税余值或租金收入，向房屋产权所有人或经营人征收的一种税。

课件：房产税

二、房产税的主要内容

（一）征税对象和征税范围

房产税的征税对象是房产。所谓“**房产**”，是以房屋形态表现的财产。房屋，是指有屋面和围护结构（有墙或两边有柱），能够遮风避雨，可供人们在其中生产、工作、学习、娱乐、居住或储藏物资的场所。包括附属设备，但不包括独立于房屋之外的建筑物，如围墙、水塔等。

房产税的征税范围是位于城市、县城、建制镇和工矿区的房屋。对坐落在上述地区之外的房屋不征收房产税。其中，**城市**是指经国务院批准设立的市，包括市区、郊区和市辖县城；政府批准设立的建制镇，征税范围为镇人民政府所在地，不包括农村；工矿区是指工商业比较发达，人口比较集中，符合国务院规定的建制镇标准，但尚未设立建制镇的大中型工矿企业所在地。具体征税范围，由各省、自治区、直辖市人民政府确定。

（二）纳税人

房产税由产权所有人缴纳，即由在我国境内拥有房屋产权的单位和个人缴纳。产权属于国家所有的，由经营管理单位缴纳；产权出典的，由承典人缴纳；产权所有人、承典人不在房产所在地的，或者产权未确定及租典纠纷未解决的，由房产代管人或使用人缴纳。

视频：究竟什么样的房子才能免房产税呢？

（三）计税依据

房产税的计税依据为房产的计税价值或房屋的租金收入，通常简称从价计征和从租计征。

从价计征的以房产余值为计税依据。房产余值是指房产原值一次扣除10%—30%后的余额，具体减除幅度由省、自治区、直辖市人民政府确定。

房产原值，是指纳税人按照会计制度的规定，在“固定资产”账户中记载的房屋原价。房产原值还包括与房屋不可分割的各种附属设备或一般不单独计算价值的配套设施，主要有暖气、卫生、通风、照明、煤气等设备，给水排水等管道，电力、电讯导线、电梯、晒台、过道等。纳税人没有记载房屋原价或原价记载不实的，由房产所在地税务机关参照同类房产确定原值。

拓展阅读：注意避开4个房产税误区！这将影响你我生活……

提示：房产余值不同于会计核算的固定资产原值、净值等概念。

从租计征房产税的，以出租房产的租金收入作为房产税的计税依据。租金包括货币收入和实物收入。对以劳务或其他形式为报酬抵付房租的，则根据当地房地产的租金水平，确定一个标准租金额计征。

无租使用其他单位房产的应税单位和个人，依照房产余值代缴纳房产税。

产权出典的房产，由承典人依照房产余值缴纳房产税。

税收法规：中华人民共和国房产税暂行条例

融资租赁的房产，由承租人自融资租赁合同约定开始日的次月起依照房产余值缴纳房产税。合同未约定开始日的，由承租人自合同签订的次月起依照房产余值缴纳房产税。

（四）税率

房产税采用比例税率，分别按从价计征和从租计征设置了两种税率。

1. 从价计征的税率为1.2%；
2. 从租计征的税率为12%。

对个人出租住房和企事业单位、社会团体以及其他组织按市场价格向个人出租用于居住的住房，减按4%的税率征收。

（五）税收优惠

下列房产免税：

1. 国家机关、人民团体、军队自用的房产。但这些单位的出租房产以及非本身业务使用的生产、营业用房，应按规定征税。
2. 由国家财政部门拨付事业经费的单位自用的房产。

3. 宗教寺庙、公园、名胜古迹自用的房产。但于寺庙、公园、名胜古迹中附设的营业单位，如茶社、饮食部、照相馆、影剧院等所使用的房产及出租的房产，不属免税范围。

4. 个人所有非营业用的房产。

5. 经财政部批准免税的其他房产，主要有：

（1）经有关部门鉴定，损坏不堪居住的房屋和危险房屋。

（2）企业停产、撤销后，闲置不用的房产，经省级税务局批准，可暂不征收房产税。但这些房产转给其他单位使用或企业恢复生产时，应照章纳税。

（3）经税务机关审核，房屋大修停用半年以上的，大修期间可免税。

（4）在基建工地为基建工地服务的各种工棚、材料棚、休息棚和办公室、食堂、茶炉房、汽车房等临时房屋，在施工期间一律免税。但工程结束后，施工企业将这些临时性房屋交还或估价转让给基建单位的，从基建单位接收的次月起，照章纳税。

（5）企业办的各类学校、医院、托儿所、幼儿园自用的房产。

（6）中、小学校及高等学校用于教学及科研等本身业务的房产免税。但校办工厂、校办企业、商店、招待所等应按规定征税。

对上述规定同时明确：

（1）纳税单位与免税单位共有的房产，原则上以产权所有划分，即凡产权属纳税单位所有的，照章纳税；产权属免税单位所有的，原则上免税。

（2）免税单位出借房产给免税单位的，免税；给纳税单位的，照章纳税。

（3）纳税单位出借的房产，以及免税单位出租或作营业性用的房产，均征税。

视频：样板房是否需要缴纳房产税？

拓展阅读：刘涛夫妇合伙开客栈啦！如何交房产税？房产税不会算，分分钟要缴“冤枉税”！

三、房产税应纳税额的计算

从价计征的房产税的计算公式为：

应纳税额 = 房产原值 ×（1 − 扣除比例）× 1.2%

从租计征的房产税的计算公式为：

应纳税额 = 房产租金收入 × 12%

【例 9－1】 某工厂按会计制度核算的房产原值总计为 1 000 万元，其中生产用厂房的原值为 660 万元（假定该地区规定房产余值按房产原值一次扣除 30% 计算）。由于房产税的计税依据不考虑生产用房或非生产用房，因此：

该厂应纳税额 = 10 000 000 ×（1 − 30%）× 1.2% = 84 000（元）

【例 9－2】 某城镇居民自有房屋 20 间，其中 5 间自住，10 间出租给集体商店，每月租金 1.5 万元。其余 5 间作自办饭店使用，房屋价值每间 5 万元。该地区规定，房产余值按房产原值一次扣除 30% 计算。该居民每年应纳的房产税为：

出租房屋年应纳税额 =（15 000 × 12）× 12% = 21 600（元）

营业房屋年应纳税额 =（50 000 × 5）×（1 − 30%）× 1.2% = 2 100（元）

该居民房屋每年应纳税额 = 21 600 + 2 100 = 23 700（元）

四、房产税的缴纳和会计处理

房产税按年征收、分期缴纳，具体纳税期限由省、自治区、直辖市人民政府确定。可分季缴纳，也可分上下半年两次缴纳。应税自建房屋于建成次月起纳税；委托施工企业建房，从办理验收手续次月起纳税；纳税人在办理验收手续前已使用或出租、出借的新建房屋则应照章纳税。

房产税在房产所在地缴纳。房产不在同一地区的纳税人，按房产的坐落地分别缴纳。

企业计算出应缴纳的房产税时，借记“税金及附加”账户，贷记“应交税费——应交房产税”账户；上缴税金时，借记“应交税费——应交房产税”账户，贷记“银行存款”账户。

第二节　契税

微课：契税

一、契税的含义

课件：契税

契税是对在我国境内转移的土地、房屋权属，由承受单位或个人缴纳的一种税。

契税是一个古老税种。在新中国成立之初，1950 年 4 月政务院颁布了《契税暂行条例》。2020 年 8 月 11 日，全国人大通过了《中华人民共和国契税法》（以下简称《契税法》），自 2021 年 9 月 1 日起施行。

二、契税的主要内容

（一）征税对象和征税范围

契税的征税对象为发生土地使用权和房屋所有权权属转移的土地和房屋，其征收范围包括单位和个人所有在我国境内的转移土地、房屋权属的行为。具体指下列行为：

1. 国有土地使用权出让，是指土地使用者向国家交付土地使用权出让费，国家将国有土地使用权在一定年限内让予土地使用者的行为。

2. 土地使用权转让，包括土地使用权出售、赠与和交换，但不包括农村集体土地承包经营权的转移。

土地使用权转让，是指土地使用者以出售、赠与、交换或者其他方式将土地使用权转移给其他单位和个人的行为。

土地使用权出售，是指土地使用者以土地使用权作为交换条件，取得货币、实物或者其他经济利益的行为。

土地使用权赠与，是指土地使用者将土地使用权无偿转让给受赠者的行为。

土地使用权交换，是指土地使用者之间相互交换土地使用权的行为。

3. 房屋买卖，是指房屋所有者将其房屋出售，由承受者交付货币、实物或者其他经济利益的行为。

4. 房屋赠与，是指房屋所有者将其房屋无偿转让给受赠者的行为。

5. 房屋交换，是指房屋所有者之间相互交换房屋所有权的行为。

视频：买房那些事之契税篇

6. 土地、房屋权属以下列方式转移的，视同土地使用权转让、房屋买卖或房屋赠与：

（1）以土地、房屋权属作价投资入股；

（2）以土地房屋权属抵债；

（3）以获奖方式承受土地、房屋权属；

（4）以预购方式或者预付集资建房款方式承受土地房屋权属。

税收法规：中华人民共和国契税法

（二）纳税人

契税的纳税人是指在我国境内转移土地、房屋权属过程中承受土地、房屋权属的所有单位和个人。承受，是指以受让、购买、受赠、交换等方式取得土地、房屋权属的行为。

单位，是指企业单位、事业单位、国家机关、军事单位和社会团体以及其他组织；个人，是指个体经营者及其他个人，包括中国公民和外籍人员。

提示：契税的纳税人不是卖方，而是买方。

（三）计税依据

契税的计税依据为不动产的价格。由于土地、房屋权属转移方式不同，定价方法不同，具体计税依据视不同情况而定。

1. 对国有土地使用权出让、土地使用权出售、房屋买卖的，以成交价格为计税依据。成交价格，是指土地、房屋权属转移合同确定的价格，包括承受者应交付的货币、实物、无形资产或者其他经济利益。

2. 对土地使用权赠与、房屋赠与的，参照土地使用权出售、房屋买卖的市场价格核定其计税依据。

3. 对土地使用权交换、房屋交换的以交换的土地使用权价格的差额为计税依据。即双方价格不相等的，由多支付货币、实物、无形资产或者其他经济利益的一方按价格的差额计算纳税；交换价格相等的，免征契税。土地使用权与房屋所有权之间相互交换，也照此办理。

4. 以划拨方式取得土地使用权的，经批准转让房地产时，由房地产转让者补缴契税。其计税依据为补缴的土地使用权出让费用或者土地收益。

此外，对成交价格明显低于市场价格而无正当理由的，或者交换土地使用权、房屋的价格差额明显不合理且无正当理由的，由征收机关参照市场价格核定。

（四）税率

契税的税率，为3%—5%幅度的比例税率。具体执行税率，由省、自治区、直辖市人民政府在前款规定的税率幅度内提出，报同级人民代表大会常务委员会决定，并报全国人民代表大会常务委员会和国务院备案。

自2010年10月1日起，对个人购买90平方米及以下且属家庭唯一住房的普通住房，减按1%的税率征收契税。

（五）免税

1. 国家机关、事业单位、社会团体、军事单位承受土地、房屋用于办公、教学、医疗、科研和军事设施的，免税。

2. 非营利性的学校、医疗机构、社会福利机构承受土地、房屋权属用于办公、教学、医疗、科研、养老、救助。

3. 纳税人承受荒山、荒地、荒滩土地使用权，用于农、林、牧、油生产的，免税。

4. 婚姻关系存续期间夫妻之间变更土地、房屋权属，免税。

5. 法定继承人通过继承承受土地、房屋权属，免税。

6. 依照法律规定应当予以免税的外国驻华使馆、领事馆和国际组织驻华代表机构承受土地、房屋权属，免税。

根据国民经济和社会发展的需要，国务院对居民住房需求保障、企业改制重组、灾后重建等情形可以规定免征或者减征契税，报全国人民代表大会常务委员会备案。

提示：省、自治区、直辖市可以决定对下列情形免征或者减征契税：

1. 因土地、房屋被县级以上人民政府征收、征用，重新承受土地、房屋权属。

2. 因不可抗力灭失住房，重新承受住房权属。

前款规定的免征或者减征契税的具体办法，由省、自治区、直辖市人民政府提出，报同级人民代表大会常务委员会决定，并报全国人民代表大会常务委员会和国务院备案。

三、契税应纳税额的计算

契税应纳税额的计算公式为：

应纳税额 = 计税依据 × 税率

应纳税额以人民币计算，转移土地、房屋权属以外汇结算的，按照纳税义务发生之日中国人民银行公布的人民币市场汇率中间价折合成人民币计算。

【例9-3】居民甲将一栋私有房屋出售给居民乙，房屋成交价格为6万元。甲另将一处两室住房与居民丙交换成两处一室住房，并支付换房差价款1.1万元。计算甲、乙、丙相关行为应缴纳的契税（假定税率为3%）。

解：乙应纳税额 = 60 000 × 3% = 1 800（元）

甲应纳税额 = 11 000 × 3% = 330（元）

四、契税税款的缴纳和会计处理

契税的纳税义务发生时间，为纳税人签订土地、房屋权属转移合同的当天，或者纳税人取得其他具有土地、房屋权属转移合同性质凭证的当天。纳税人因改变土地、房屋用途应补缴已减免契税的，以改变土地、房屋用途的当天为纳税义务的发生时间。

纳税人应当在依法办理土地、房屋权属登记手续前申报缴纳契税。纳税人缴纳税款后，持契税完税凭证和其他规定的文件材料，向土地管理部门、房产管理部门办理有关土地、房屋的权属变更、登记手续；如未出具契税完税凭证，则不予办理。

纳税人在申请办理家庭唯一普通住房契税优惠时，无须提供原民政部门开具的（无）婚姻登记记录证明。税务机关在受理纳税人家庭唯一普通住房契税优惠申请时，应当做好纳税人家庭成员状况认定工作。如果纳税人为成年人，可以结合户口簿、结婚（离婚）证等信息判断其婚姻状况。无法做出判断的，可以要求其提供承诺书，就其申报的婚姻状况的真实性做出承诺。如果纳税人为未成年人，可结合户口簿等材料认定家庭成员状况。

企业计算出应缴纳的契税时，借记“固定资产”“无形资产”等账户。企业取得土地使用权、房屋按规定缴纳的契税，由于是一次性按实际取得的不动产的价格计税，不存在与税务机关结算或清算的问题，所以不需要通过“应交税费”科目核算。

第三节　车辆购置税

微课：车辆购置税

一、车辆购置税的含义

车辆购置税是对在我国境内购置应税车辆的单位和个人，就其购置的应税车辆在购置环节一次性征收的一种税。

我国现行的车辆购置税法的基本规范是2018年12月29日全国人大常委会通过的《中华人民共和国车辆购置税法》，该法自2019年7月1日起施行。

课件：车辆购置税

二、车辆购置税的主要内容

（一）征税范围

车辆购置税的征税范围是：汽车、排气量超过150毫升的摩托车、有轨电车、挂车。车辆购置税实行一次征收制度。购置已征车辆购置税的车辆，不再征收车辆购置税。

提示：一次性征收的税种还有耕地占用税。

（二）纳税人

在我国境内购买、进口、自产、受赠、获奖或者以其他方式取得并使用应税车辆的单位和个人，为车辆购置税的纳税人。其中，单位包括国有企业、集体企业、私营企业、股份制企业、外商投资企业、外国企业以及其他企业和事业单位、社会团体、国家机关、部队及其他单位；个人，包括个体工商户以及其他个人。

（三）计税依据

车辆购置税的计税价格根据不同情况，按照下列规定确定：

视频：新车购税法知多少

1. 纳税人购买自用的应税车辆的计税价格，为纳税人购买应税车辆而支付给销售者的全部价款和价外费用，不包括增值税税款。

价外费用，是指销售方价外向购买方收取的基金、集资费、违约金（延期付款利息）和手续费、包装费、储存费、优质费、运输装卸费、保管费以及其他各种性质的价外收费，但不包括销售方代办保险等而向购买方收取的保险费，以及向购买方收取的代购买方交纳的车辆购置税、车辆牌照费。

拓展阅读：中国法院2021年度案例——车辆全损时“车辆购置税”损失属于车辆重置费用

2. 纳税人进口自用的应税车辆的计税价格，为关税完税价格加上关税和消费税的合计数。计算公式为：

计税价格 = 关税完税价格 + 关税 + 消费税

3. 纳税人自产自用应税车辆的计税价格，按照纳税人生产的同类应税车辆的销售价格确定，不包括增值税税款；没有同类应税车辆销售价格的，按照组成计税价格确定。组成计税价格计算公式为：

组成计税价格 = 成本 ×（1 + 成本利润率）

4. 纳税人受赠、获奖或者以其他方式取得并自用的应税车辆的计税价格，按照购置应税车辆时相关凭证载明的价格确定，不包括增值税税款。

这里所称的购置应税车辆时的相关凭证，是指原车辆所有人购置或以其他方式取得应税车辆时载明价格的凭证。无法提供相关凭证的，参照同类应税车辆市场平均交易价格确定其计税价格。原车辆所有人为车辆生产或销售企业。未开具机动车销售统一发票的，按照销售同类应税车辆的销售价格确定应税车辆的计税价格。无同类应税车辆销售价格的，按照组成计税价格确定应税车辆的计税价格。

税收法规：中华人民共和国车辆购置税法

（四）税率

车辆购置税的税率为10%。

（五）减免税

1. 外国驻华使馆、领事馆和国际组织驻华机构及其有关人员自用的车辆，免税；

2. 中国人民解放军和中国人民武装警察部队列入军队武器装备订货计划的车辆，免税；

3. 设有固定装置的非运输专用作业车辆（不含自卸式垃圾车），免税；

4. 城市公交企业购置的公共汽电车辆，免税；

5. 悬挂应急救援专用号牌的国家综合性消防救援车辆，免税；

6. 回国服务的在外留学人员购买的自用国产小汽车，提供海关核发的“中华人民共和国海关回国人员购买国产汽车准购单”，免税；

7. 长期来华定居专家进口自用小汽车，提供国家外国专家局或者其授权单位核发的专家证或者 A 类和 B 类“外国人工作许可证”，免税。

对于已缴纳车辆购置税的车辆，发生下列情形之一的，准予纳税人申请退税：

1. 车辆退回生产企业或者经销商的；

2. 符合免税条件的设有固定装置的非运输车辆但已征税的；

3. 其他依据法律法规规定应予退税的情形。

车辆退回生产企业或者经销商的，纳税人申请退税时，主管税务机关自纳税人办理纳税申报之日起，按已缴纳税款每满 1 年扣减 10% 计算退税额；未满 1 年的，按已缴纳税款全额退税。

三、车辆购置税应纳税额的计算

车辆购置税实行从价定率的办法计算应纳税额。应纳税额的计算公式为：

应纳税额 = 计税价格 × 税率

【例 9－4】某纳税人购买一辆国产车，含增值税的价格为 11.3 万元，计算其应纳税额。

解： 应纳税额 = 113 000 ÷（1 + 13%）× 10% = 10 000（元）

提示：车辆购置税的计税价格是不含增值税的价格。

四、车辆购置税税款的缴纳和会计处理

需要办理车辆登记注册手续的纳税人，向车辆登记注册地的主管税务机关办理纳税申报；不需要办理车辆登记注册手续的纳税人，向纳税人所在地的主管税务机关办理纳税申报。纳税人办理纳税申报时应如实填写“车辆购置税纳税申报表”。

车辆购置税实行一车一申报制度。纳税人购买、进口、自产、受赠、获奖或者以其他方式取得并自用应税车辆的，应当自购买、进口、自产、受赠、获奖或者以其他方式取得之日起 60 日内申报纳税。

企业缴纳的车辆购置税，借记“固定资产”账户，贷记“银行存款”账户。由于是一次支付，不存在与税务机关结算或清算的问题，所以不需要通过“应交税费”科目核算。

第四节 车船税

微课：车船税

课件：车船税

一、车船税的含义

车船税是依照法律规定，对在我国境内的车辆、船舶，按照规定的税目、计税单位和年税额标准计算征收的一种税。

我国于1951年9月开征车船使用牌照税。1973年简化税制时，把对企业征收的部分并入工商税。1984年恢复征收，并改为“车船使用税”。1986年颁布《车船使用税暂行条例》，于同年10月起在内资企业和个人中施行。对涉外企业和外籍人员仍施行车船使用牌照税。2006年12月29日，国务院发布《车船税暂行条例》，将车船使用税和车船使用牌照税合并为车船税，自2007年1月1日起施行。2011年2月25日，第十一届全国人大常委会第十九次会议通过《车船税法》，同年12月5日国务院颁布《车船税法实施条例》，自2012年1月1日起施行。

二、车船税的主要内容

（一）征税对象和征税范围

1. 征税对象。在中华人民共和国境内依法应当在车船登记管理部门登记的机动车辆和船舶（以下简称“车船”），以及依法不需要在车船登记管理部门登记的在单位内部场所行驶或者作业的机动车辆和船舶。

所谓“车船管理部门”，是指公安、交通、农业、渔业、军事等依法具有车船管理职能的部门。所谓“依法不需要在车船登记管理部门登记的在单位内部场所行驶或者作业的机动车辆和船舶”，主要是指在机场、港口以及其他企业内部场所行驶或者作业，且依法不需在车船登记管理部门登记的车船。

2. 征税范围。机动车辆包括乘用车、商用车（包括客车、货车）、挂车、专用作业车、轮式专用机械车、摩托车。拖拉机不需要缴纳车船税。

船舶，是指各类机动、非机动船舶以及其他水上移动装置，但是船舶上装备的救生艇筏和长度小于5米的艇筏除外。

（二）纳税人和扣缴义务人

1. 纳税人。车船税的纳税人是在我国境内车船的所有人或者管理人。其中，所有人是指在我国境内拥有车船的单位和个人；管理人是指对车船具有管理权或者使用权，不具有所有权的单位。

单位，包括在中国境内成立的行政机关、企业、事业单位、社会团体以及其他组织；个人，包括个体工商户以及其他个人。

2. 扣缴义务人。从事机动车交通事故责任强制保险（以下简称“交强险”）业务的保险机构为机动车车船税的扣缴义务人，应当在收取保险费时按照规定的税目税额代收车船税，并在机动车交强险的保险单以及保费发票上注明已收税款的信息，作为代收税款凭证。

由保险机构在办理机动车交强险业务时代收代缴机动车的车船税，可以方便纳税人缴纳车船税，节约征纳双方的成本，实现车辆车船税的源泉控管。

视频：三分钟了解车船税是什么

3. 船舶车船税委托代征，是指税务机关根据有利于税收管理和方便纳税的原则，委托交通运输部门海事管理机构代为征收船舶车船税税款。海事管理机构受税务机关委托，在办理船舶登记手续或受理年度船舶登记信息报告时代征船舶车船税。海事管理机构在代征税款时，应向纳税人开具税务机关提供的完税凭证，并应将代征的车船税单独核算、管理。

（三）计税依据

车船税根据车船的种类，分别按排气量、辆、整备质量、净吨位、艇身长度从量定额计征。具体为：

拓展阅读：买二手车，之前欠的车船税谁来缴

1. 乘用车，以“排气量”为计税依据；

2. 商用车中的客车、摩托车，以“辆”为计税依据；

3. 商用车中的货车、挂车、其他车辆（包括专用作业车和轮式专用机械车），以“整备质量”为计税依据；

4. 船舶中的机动船舶，以“净吨位”为计税依据；船舶中的游艇，以“艇身长度”为计税依据。

车船税中所涉及的排气量、整备质量、核定载客人数、净吨位、千瓦、艇身长度，以车船登记管理部门核发的车船登记证书或者行驶证所载数据为准。

税收法规：中华人民共和国车船税法

依法不需要办理登记的车船和依法应当登记而未办理登记或者不能提供车船登记证书、行驶证的车船，以车船出厂合格证明或者进口凭证标注的技术参数、数据为准；不能提供车船出厂合格证明或者进口凭证的，由主管税务机关参照国家相关标准核定，没有国家相关标准的参照同类车船核定。

（四）税率

车船税采用幅度定额税率，分为乘用车、商用车、挂车、其他车辆、摩托车和船舶六大类。具体适用税额如表9－1所示。

表9－1 车船税税目税额表

<table>
<tr><th colspan="2">税目</th><th>计税单位</th><th>年基准税额</th><th>备注</th></tr>
<tr><td rowspan="7">乘用车〔按发动机汽缸容量（排气量）分档〕</td><td>1.0升（含）以下的</td><td rowspan="7">每辆</td><td>60—360元</td><td rowspan="7">核定载客人数9人（含）以下</td></tr>
<tr><td>1.0升以上至1.6升（含）的</td><td>300—540元</td></tr>
<tr><td>1.6升以上至2.0升（含）的</td><td>360—660元</td></tr>
<tr><td>2.0升以上至2.5升（含）的</td><td>660—1 200元</td></tr>
<tr><td>2.5升以上至3.0升（含）的</td><td>1 200—2 400元</td></tr>
<tr><td>3.0升以上至4.0升（含）的</td><td>2 400—3 600元</td></tr>
<tr><td>4.0升以上的</td><td>3 600—5 400元</td></tr>
</table>

续表

税目		计税单位	年基准税额	备注
商用车	客车	每辆	480—1 440 元	核定载客人数 9 人以上，包括电车
	货车	整备质量每吨	16—120 元	包括半挂牵引车、三轮汽车和低速载货汽车等
挂车		整备质量每吨	按照货车税额的 50% 计算	
其他车辆	专用作业车	整备质量每吨	16—120 元	不包括拖拉机
	轮式专用机械车		16—120 元	
摩托车		每辆	36—180 元	
船舶	机动船舶	净吨位每吨	3—6 元	拖船、非机动驳船分别按照机动船舶税额的 50% 计算
	游艇	艇身长度每米	600—2 000 元	

车辆的具体适用税额由省、自治区、直辖市人民政府按上表中规定的税额幅度和国务院的规定确定。船舶的具体适用税额由国务院在上表中规定的税额幅度内确定。

1. 省、自治区、直辖市人民政府确定车辆具体适用税额，应当遵循以下原则：

（1）乘用车依排气量从小到大递增税额；

（2）客车按照核定载客人数 20 人以下和 20 人（含）以上两档划分，递增税额。省、自治区、直辖市人民政府确定的车辆具体适用税额，应当报国务院备案。

2. 机动船舶具体适用税额为：

（1）净吨位不超过 200 吨的，每吨 3 元；

（2）净吨位超过 200 吨但不超过 2 000 吨的，每吨 4 元；

（3）净吨位超过 2 000 吨但不超过 10 000 吨的，每吨 5 元；

（4）净吨位超过 10 000 吨的，每吨 6 元。

拖船按照发动机功率每 1 千瓦折合净吨位 0.67 吨计算征收车船税。

3. 游艇具体适用税额为：

（1）艇身长度不超过 10 米的，每米 600 元；

（2）艇身长度超过 10 米但不超过 18 米的，每米 900 元；

（3）艇身长度超过 18 米但不超过 30 米的，每米 1 300 元；

（4）艇身长度超过 30 米的，每米 2 000 元；

（5）辅助动力帆艇，每米 600 元。

游艇艇身长度是指游艇的总长。

（五）减免税

下列车船免征车船税：

1. 捕捞、养殖渔船，是指在渔业船舶登记管理部门登记为捕捞船或者养殖船的船舶。

2. 军队、武装警察部队专用的车船，是指按照规定在军队、武装警察部队车船登记管理部门登记，并领取军队、武警牌照的车船。

3. 警用车船，是指公安机关、国家安全机关、监狱、劳动教养管理机关和人民法院、人民检察院领取警用牌照的车辆和执行警务的专用船舶。

4. 依照法律规定应当予以免税的外国驻华使领馆、国际组织驻华代表机构及其有关人员的车船。

对节约能源、使用新能源的车辆，可以免征或者减半征收车船税。

对受严重自然灾害（地震、洪涝等）影响纳税困难以及有其他特殊原因确需减税、免税的，可以减征或者免征车船税。具体办法由国务院规定，并报全国人大常委会备案。

省、自治区、直辖市人民政府根据当地实际情况，可以对公共交通车船，农村居民拥有并主要在农村地区使用的摩托车、三轮汽车和低速载货汽车定期减征或者免征车船税。

另外，对纯电动乘用车、燃料电池乘用车、非机动车船（不包括非机动驳船）、临时入境的外国车船和香港特别行政区、澳门特别行政区、台湾地区的车船，不征收车船税。

三、车船税应纳税额的计算

车船税应纳税额的计算公式为：

应纳税额 = 计税依据数量 × 单位税额

【例 9 – 5】某运输公司在某年度有载客人数 30 人的商用客车 15 辆（当地规定：商用客车每辆每年税额为 1 280 元），10 吨的商用货车 25 辆（当地规定：商用货车按整备质量每吨每年税额为 100 元）；有乘用车 20 辆，其中排气量为 3.5 升的 13 辆（当地规定：每年每辆年税额为 3 000 元），排气量为 4.5 升的 7 辆（当地规定：每年每辆年税额为 4 000 元）。计算该公司在某年度应纳的车船税。

解： 商用客车应纳税额 = 15 × 1 280 = 19 200（元）

商用货车应纳税额 = 10 × 25 × 100 = 25 000（元）

乘用车应纳税额 = 13 × 3 000 + 7 × 4 000 = 67 000（元）

某年度应纳车船税额合计 = 19 200 + 25 000 + 67 000 = 111 200（元）

四、车船税税款的缴纳和会计处理

车船税纳税地点为车船的登记地或者车船税扣缴义务人所在地。依法不需要办理登记的车船，车船税的纳税地点为车船的所有人或者管理人所在地。

车船税的纳税义务发生时间，为取得车船所有权或者管理权的当月（以购买车船的发票或者其他证明文件所载日期的当月为准）。车船税按年申报，分月计算，一次性缴纳。具体申报纳税期限由省、自治区、直辖市人民政府规定。购置的新车船，购置当年的应纳税额自取得车船所有权或管理权的当月起按月计算，应纳税额为年应纳税额除以12再乘以应纳税月份数。

在一个纳税年度内，已完税的车船被盗抢、报废、灭失的，纳税人可以凭有关管理机关出具的证明和完税证明，向纳税所在地的主管税务机关申请退还自被盗抢、报废、灭失月份起至该纳税年度终了期间的税款。已办理退税的被盗抢车船失而复得的，纳税人应当从公安机关出具相关证明的当月起计算缴纳车船税。

在同一纳税年度内，已缴纳车船税的车船办理转让过户的，不另纳税，也不退税。

企业缴纳的车船税，通过“税金及附加”和“应交税费——应交车船税”账户核算。

第十章

行为和目的税类

行为和目的税是以纳税人的某些特定行为或为了特定的目的开征的税收。行为和目的税的课征既可能是为了以特定的方式取得财政收入，也可能只是为了体现国家的特定意图限制某种行为，实行“寓禁于征”。

在我国现行税制中，具有行为或目的税性质的税种主要有印花税、环境保护税、烟叶税、城市维护建设税和具有税收性质的教育费附加。

第一节　印花税

微课：印花税

一、印花税的含义及特点

印花税是对从事商事活动、产权转移等行为书立和使用应税凭证、进行证券交易所征收的一种税。由于它是以在应税凭证上粘贴印花税票作为完税的标志，故称印花税。

课件：印花税

印花税不论在性质上，还是在征税方面，都具有不同于其他税种的特点。主要表现在三个方面：

一是征收面广，税源广泛。随着社会经济的发展，人们的经济交往日益频繁，书立和使用各种凭证的现象越来越普遍，因而以凭证为计税依据的印花税税源会更加广泛。

视频：印花税的由来

二是税负很轻，容易为纳税人所接受。与其他税种相比较，印花税的税率要低得多，因而其税负很轻，这样既有利于减少偷逃税行为，又具有广泛积聚财政资金的作用。

三是征收方法简便。印花税纳税人可以选择采用自行计算、自行购花和自行贴花的纳税办法，易于征收管理，便于纳税人自行操作，还可以增强纳税人自觉依法纳税的观念。

提示：其他税种基本上都是按照各自的征税对象命名，只有印花税是按照征收方法命名。

视频：股票印花税

二、印花税税制的主要内容

（一）征税范围

印花税的征税范围为税法所列举的应税凭证，包括在我国境内书立和在我国境外书立，但在我国境内具有法律效力、受中国法律保护的凭证。税法没有列举的凭证不征税。具体征税范围包括以下四类：

1. 各类经济技术合同或具有合同性质的凭证，包括借款合同、融资租赁合同、买卖合同、承揽合同、建设工程合同、运输合同、技术合同、租赁合同、保管合同、仓储合同、财产保险合同等以及具有合同性质的凭证。以上所说的合同，是根据《中华人民共和国民法典》和其他有关合同法规订立的各种合同；具有合同性质的凭证，是指具有合同效力的协议、契约、合约、单据、确认书及其他各种名称的凭证。

拓展阅读：中国历史上的“印花税票”（一）

上述征税的各类经济合同及具有合同性质的凭证，是指具有独立民事主体资格的当事人之间所书立的凭证。企业法人的内部合同对外不承担民事责任，一般不作为应税凭证；但对于分别具有法人资格的母子公司之间、总公司与分公司之间经济往来所签订的合同，以及具有合同性质的凭证，则应按规定缴纳印花税。对合同、凭证的双方，如一方具有独立民事主体资格，另一方不具有独立民事主体资格的，也认定为应税凭证。

拓展阅读：中国历史上的“印花税票”（二）

2. 产权转移书据，是指单位和个人产权的买卖、继承、赠与、交换、分割等所立的书据，包括：土地使用权出让书据；土地使用权、房屋等建筑物和构筑物所有权转让书据；股权转让书据；商标专用权、著作权、专利权、专有技术使用权转让书据。但不包括土地承包经营权和土地经营权的转移。

3. 营业账簿，是指记载资金的账簿，目前是指记载“实收资本”和“资本公积”的账簿。

4. 证券交易，是指转让在依法设立的证券交易所、国务院批准的其他全国性证券交易场所交易的股票和以股票为基础的存托凭证。

拓展阅读：中国历史上的“印花税票”（三）

（二）纳税人

在我国境内书立应税凭证，进行证券交易的单位和个人，为印花税的纳税人，应当依照本法规定缴纳印花税。主要包括：

1. 立合同人，是指对合同直接负有权利义务关系的当事人。当事人的代理人有代理纳税的义务。

2. 立账簿人，是指开立并使用营业账簿的单位和个人。

3. 立据人，是指书立产权转移书据的单位和个人。

4. 出让方，是指证券交易的出让方。

税收法规：中华人民共和国印花税法

在国外书立、在国内使用的应税凭证，以使用人为纳税人。

对于两方或两方以上当事人共同书立的合同、书据等应税凭证，当事人各方均为纳税义务人。所谓“当事人”，是指对凭证负有直接权利义务的单位和个人，不包括担保人、证人、鉴定人。

（三）税率

作为征收印花税的各类经济凭证，种类繁多，形式多样，性质不尽相同。根据不同凭证的性质和特点，按照合理负担、便于征纳的原则，分别采取不同的税率。

现行印花税基本采用比例税率的形式。适用的比例税率，共分为五个档次，即 0.05‰、0.25‰、0.3‰、0.5‰、1‰。

印花税具体税目税率如表 10－1 所示。

表 10－1　　印花税税目税率表

税目		税率	备注
合同（指书面合同）	借款合同	借款金额的万分之零点五	指银行业金融机构、经国务院银行业监督管理机构批准设立的其他金融机构与借款人（不包括同业拆借）的借款合同
	融资租赁合同	租金的万分之零点五	
	买卖合同	价款的万分之三	指动产买卖合同（不包括个人书立的动产买卖合同）
	承揽合同	报酬的万分之三	
	建设工程合同	价款的万分之三	
	运输合同	运输费用的万分之三	指货运合同和多式联运合同（不包括管道运输合同）
	技术合同	价款、报酬或者使用费的万分之三	
	租赁合同	租金的千分之一	
	保管合同	保管费的千分之一	
	仓储合同	仓储费的千分之一	
	财产保险合同	保险费的千分之一	不包括再保险合同
产权转移书据	土地使用权出让书据	价款的万分之五	转让包括买卖（出售）、继承、赠与、互换、分割
	土地使用权、房屋等建筑物和构筑物所有权转让书据（不包括土地承包经营权和土地经营权转移）	价款的万分之五	
	股权转让书据（不包括应缴纳证券交易印花税的）	价款的万分之五	转让包括买卖（出售）、继承、赠与、互换、分割
	商标专用权、著作权、专利权、专有技术使用权转让书据	价款的万分之三	

续表

税目	税率	备注
营业账簿	实收资本（股本）、资本公积合计金额的万分之二点五	
证券交易	成交金额的千分之一	

（四）减免税

下列凭证可以免征印花税：

1. 应税凭证的副本或者抄本；

2. 依照法律规定应当予以免税的外国驻华使馆、领事馆和国际组织驻华代表机构为获得馆舍书立的应税凭证；

3. 中国人民解放军、中国人民武装警察部队书立的应税凭证；

4. 农民、家庭农场、农民专业合作社、农村集体经济组织、村民委员会购买农业生产资料或者销售农产品书立的买卖合同和农业保险合同；

5. 无息或者贴息借款合同、国际金融组织向中国提供优惠贷款书立的借款合同；

6. 财产所有权人将财产赠与政府、学校、社会福利机构、慈善组织书立的产权转移书据；

7. 非营利性医疗卫生机构采购药品或者卫生材料书立的买卖合同；

8. 个人与电子商务经营者订立的电子订单。

根据国民经济和社会发展的需要，国务院对居民住房需求保障、企业改制重组、破产、支持小型微型企业发展等情形可以规定减征或者免征印花税，报全国人大常委会备案。

三、印花税的计算

（一）计税依据的确定

印花税的计税依据是应税凭证所记载的金额。根据应税凭证种类，对计税依据分别规定如下：

1. 应税合同的计税依据，为合同所列的金额，不包括列明的增值税税款；

2. 应税产权转移书据的计税依据，为产权转移书据所列的金额，不包括列明的增值税税款；

3. 应税营业账簿的计税依据，为账簿记载的实收资本（股本）、资本公积合计金额；

4. 证券交易的计税依据，为成交金额。证券交易无转让价格的，按照办理过户登记手续时，该证券前一个交易日收盘价计算确定计税依据；无收盘价的，按照证券面值计算确定计税依据。

应税合同、产权转移书据未列明金额的，印花税的计税依据按照实际结算的金额确定。

计税依据按照前款规定仍不能确定的，按照书立合同、产权转移书据时的市场价格确定；依法应当执行政府定价或者政府指导价的，按照国家有关规定确定。

（二）应纳税额的计算

1. 印花税应纳税额的计算公式为：

应纳税额 = 凭证所载金额 × 适用税率

2. 印花税计算时应注意的问题。

（1）买卖合同。买卖合同的计税金额为购销金额。买卖合同中的易货合同，可视为同时发生购买和销售双重经济行为的合同，因此，易货双方均应按照易货总额计算纳税。

【例 10－1】 甲、乙两企业签订一项易货合同，甲企业向乙企业提供价值 30 万元（不含增值税，下同）的材料，乙企业向甲企业提供价值 35 万元的材料，差额由甲企业付款补足。则甲、乙两企业分别应缴纳的印花税额为：

应纳印花税额 =（300 000 + 350 000）× 0.3‰ = 195（元）

（2）承揽合同。承揽合同的计税金额为加工或承揽的收入金额。在承揽合同中，凡分别记载加工费金额和受托方提供的原材料金额的，应分别按承揽合同、买卖合同计税，两项税额相加后贴花；合同中未划分加工费金额与原材料金额的，应就全部金额，依照承揽合同计税贴花。由受托方提供的辅助材料，则无论是否单独记载，均应与加工费一起按承揽合同计税。

【例 10－2】 某商店委托某服装厂加工一批服装，并按有关规定签订了合同。现分别假定有以下三种情况：

①合同中已明确由委托方提供价值 8 万元的布料，由受托方提供 2 000 元的辅助材料，并列明加工费为 3 万元。

②合同中明确 8 万元布料和 2 000 元辅助材料全部由受托方提供，并注明加工费为 3 万元。

③合同中明确布料和辅助材料全部由受托方提供，但未分别列明布料、辅助材料和加工费金额，只列明委托方应支付材料价款和加工费金额共 112 000 元。

则上述三种情况分别计税如下：

①双方应就辅助材料和加工费金额之和，按承揽合同计税贴花。

应纳税额 =（2 000 + 30 000）× 0.3‰ = 9.6（元）

②双方应就布料价款部分按买卖合同计税，辅助材料和加工费部分按承揽合同计税，然后合并贴花。

应纳税额 = 80 000 × 0.3‰ +（2 000 + 30 000）× 0.3‰ = 33.6（元）

③双方应就全部金额之和，按承揽合同计税贴花。

应纳税额 = 112 000 × 0.3‰ = 33.6（元）

（3）建设工程合同。计税金额为合同所载的价款总额。其中，建设工程勘察设计合同，计税金额为勘察、设计收取的费用；建筑安装工程承包合同，计税金额为建筑、安装工程的承包金额，不剔除任何费用。如施工单位将自己承包的建设项目再分包或转包给其他施工单位的，所签订的分包或转包合同，仍需按所载金额另行计税。

（4）租赁合同。计税金额为合同所载的租金总额。

（5）运输合同。计税金额为运输费用金额，不包括装卸费等。

（6）仓储合同。计税金额为合同所载的仓储费总额。

（7）借款合同。计税金额为借款合同所载借款金额。

（8）保管合同。计税金额为合同所载的保管费总额。

（9）财产保险合同。计税金额为保险费金额，不包括所保财产的金额。

（10）技术合同。计税金额为合同所载的价款、报酬或使用费。对技术开发合同，合同中所注明的研究开发经费可以从计税金额中扣除。

【例 10－3】 某研究所与某公司签订一项技术开发合同，公司提供经费 100 万元，其中的 80 万元作为开发成本，20 万元作为给研究所的报酬。则该合同双方应纳印花税为：

应纳税额 = 200 000 × 0.3‰ = 60（元）

（11）记载资金的账簿。记载资金的账簿以"实收资本"与"资本公积"两项合计金额为计税金额。

（12）若干特殊凭证的计税。

①同一凭证，载有两个或两个以上的经济事项，并适用不同税率的，应分别记载不同项目的金额，并分别按适用税率计算应纳税额，然后按合计税额计税贴花；如未分别记载金额的，按适用的最高税率计税。

【例 10－4】 某厂与某运输单位签订一项运输合同，合同载明运输费用为 2 万元，仓储保管费用为 0.3 万元。则双方应纳税额分别为：

应纳税额 = 20 000 × 0.3‰ + 3 000 × 1‰ = 9（元）

上述合同未分别列明两项费用的金额，只载明运费和保管费共 2.3 万元。则双方应纳税额分别为：

应纳税额 = 23 000 × 1‰ = 23（元）

②有些合同在签订时无法确定计税金额，如只规定了月（天）租金，未明确租赁期限的财产租赁合同；确定了每天（月）收费标准，却没有存储期限的仓储合同等。对这类合同，可以在签订时先按 5 元定额贴花，待以后结算时，再按实际金额计税并按差额补贴印花。

③纳税凭证所载金额为外国货币的，应按凭证书立当日国家公布的外汇市场价（中间价）折合成人民币，计算应纳税额。

④由于种种原因，如有一部分已税合同不能兑现或不能完全兑现，或由

于价格变化，兑现金额与合同所载金额有一定差距的，此时不论合同是否兑现或是否按期兑现，已贴印花不能揭下重用，已缴纳的印花税款不予退还；实际结算金额大于合同所载金额的，不再补税。

四、印花税的缴纳和会计处理

（一）纳税期限

印花税的纳税义务发生时间为纳税人书立应税凭证或者完成证券交易的当日。证券交易印花税扣缴义务发生时间为证券交易完成的当日。

印花税按季、按年或者按次计征。实行按季、按年计征的，纳税人应当自季度、年度终了之日起 15 日内申报缴纳税款；实行按次计征的，纳税人应当自纳税义务发生之日起 15 日内申报缴纳税款。

证券交易印花税按周解缴。证券交易印花税扣缴义务人应当自每周终了之日起 5 日内申报解缴税款以及银行结算的利息。

（二）税款的缴纳方式

印花税按照应纳税额大小、纳税次数多少及税源控管的需要，分别采用自行贴花、汇贴或汇缴的纳税方法。

1. 自行贴花。在书立应税凭证，发生纳税义务时，由纳税人按照凭证的性质、计税依据和适用税率自行计算出应纳税额，向税务机关购买印花税票，并将印花税票粘贴在应税凭证上，在每枚税票的骑缝处盖戳注销或者画销，即采用自行计算、自行购花、自行贴花、自行注销的“四自”纳税方法。这种方法适用于应税凭证较少或同一凭证缴纳次数较少的纳税人。

印花税票面值以整数分九档设置，最小面值为 1 角，应税金额不足 1 角的，在币值的分位上“四舍五入”。已经贴花的凭证，凡修改后所载金额有增加的，应补贴足印花税票。纳税人对已贴花的凭证，应按规定期限保管。

2. 汇贴或汇缴。对一份凭证应纳税数额较大（税额超过 500 元）时，纳税人可向税务机关申请，用填开完税凭证或缴款书的办法纳税，不再贴花。采用这种方法的纳税人，应将其中一联缴款书或完税证粘贴在凭证上，或者由税务机关在凭证上加注完税标记代替贴花。

同一类凭证需频繁贴花的，纳税人可以向税务机关提出申请，采取按期汇总纳税的办法。税务机关对核准汇总缴纳印花税的单位，发给汇总许可证，确定汇总期限。期限最长不得超过 1 个月。

（三）印花税的会计处理

按现行会计制度规定，企业缴纳的印花税不通过“应交税费”账户核算。印花税数额较小时，税款可直接作为税金处理，借记“税金及附加”账户，贷记“库存现金”或“银行存款”账户。

第二节 环境保护税

微课：环境保护税和烟叶税

一、环境保护税的含义

环境保护税是为了保护和改善环境，减少污染物排放，推进生态文明建设，对在中华人民共和国领域和中华人民共和国管辖的其他海域，直接向环境排放应税污染物的企业事业单位和其他生产经营者就应税污染物征收的一种税。

我国现行的环境保护税是2016年12月25日第十二届全国人大常委会第二十五次会议通过的《中华人民共和国环境保护税法》，该法自2018年1月1日起施行。

课件：环境保护税和烟叶税

二、环境保护税税制的主要内容

（一）征税对象和征税范围

环境保护税的征税对象为应税污染物，征税范围包括税法所规定的大气污染物、水污染物、固体废物和噪声。

（二）纳税人

视频：五分钟全面了解环境保护税

环境保护税的纳税人为在中华人民共和国领域和中华人民共和国管辖的其他海域，直接向环境排放应税污染物的企业事业单位和其他生产经营者。

（三）计税依据

应税污染物的计税依据，按照下列方法确定：

1. 应税大气污染物按照污染物排放量折合的污染当量数确定；
2. 应税水污染物按照污染物排放量折合的污染当量数确定；
3. 应税固体废物按照固体废物的排放量确定；
4. 应税噪声按照超过国家规定标准的分贝数确定。

拓展阅读：突发环境事件中环境保护税的征缴

污染当量，是指根据污染物或者污染排放活动对环境的有害程度以及处理的技术经济性，衡量不同污染物对环境污染的综合性指标或者计量单位。同一介质相同污染当量的不同污染物，其污染程度基本相当。

应税大气污染物、水污染物的污染当量数，以该污染物的排放量除以该污染物的污染当量值计算。每种应税大气污染物、水污染物的具体污染当量值，依照《应税污染物和当量值表》执行。《应税污染物和当量值表（节选）》如表10－2所示。

表 10－2　　应税污染物和当量值表（节选）

<table>
<tr><td colspan="3">一、第一类水污染物污染当量值</td></tr>
<tr><td>污染物</td><td colspan="2">污染当量值（千克）</td></tr>
<tr><td>1. 总汞</td><td colspan="2">0.0005</td></tr>
<tr><td>2. 总镉</td><td colspan="2">0.005</td></tr>
<tr><td>3. 总铬</td><td colspan="2">0.04</td></tr>
<tr><td>4. 六价铬</td><td colspan="2">0.02</td></tr>
<tr><td>5. 总砷</td><td colspan="2">0.02</td></tr>
<tr><td>6. 总铅</td><td colspan="2">0.025</td></tr>
<tr><td>7. 总镍</td><td colspan="2">0.025</td></tr>
<tr><td>8. 苯并（a）芘</td><td colspan="2">0.0000003</td></tr>
<tr><td>9. 总铍</td><td colspan="2">0.01</td></tr>
<tr><td>10. 总银</td><td colspan="2">0.02</td></tr>
<tr><td colspan="3">二、第二类水污染物污染当量值</td></tr>
<tr><td>污染物</td><td>污染当量值（千克）</td><td>备　　注</td></tr>
<tr><td>11. 悬浮物（SS）</td><td>4</td><td></td></tr>
<tr><td>12. 生化需氧量（BOD_5）</td><td>0.5</td><td rowspan="3">同一排放口中的化学需氧量、生化需氧量和总有机碳，只征收一项。</td></tr>
<tr><td>13. 化学需氧量（COD_{cr}）</td><td>1</td></tr>
<tr><td>14. 总有机碳（TOC）</td><td>0.49</td></tr>
<tr><td>15. 石油类</td><td>0.1</td><td></td></tr>
</table>

（四）税率

环境保护税的税率如表 10－3 所示。

表 10－3　　环境保护税税目税额表

<table>
<tr><td colspan="2">税　　目</td><td>计税单位</td><td>税额</td><td>备　　注</td></tr>
<tr><td colspan="2">大气污染物</td><td>每污染当量</td><td>1.2—12 元</td><td></td></tr>
<tr><td colspan="2">水污染物</td><td>每污染当量</td><td>1.4—14 元</td><td></td></tr>
<tr><td rowspan="4">固体废物</td><td>煤矸石</td><td>每吨</td><td>5 元</td><td rowspan="4"></td></tr>
<tr><td>尾矿</td><td>每吨</td><td>15 元</td></tr>
<tr><td>危险废物</td><td>每吨</td><td>1 000 元</td></tr>
<tr><td>冶炼渣、粉煤灰、炉渣、其他固体废物（含半固态、液态废物）</td><td>每吨</td><td>25 元</td></tr>
<tr><td rowspan="6">噪声</td><td rowspan="6">工业噪声</td><td>超标 1—3 分贝</td><td>每月 350 元</td><td rowspan="6">1. 一个单位边界上有多处噪声超标，根据最高一处超标声级计算应纳税额；当沿边界长度超过 100 米有两处以上噪声超标，按照两个单位计算应纳税额。
2. 一个单位有不同地点作业场所的，应当分别计算应纳税额，合并计征。
3. 昼、夜均超标的环境噪声，昼、夜分别计算应纳税额，累计计征。
4. 声源 1 个月内超标不足 15 天的，减半计算应纳税额。
5. 夜间频繁突发和夜间偶然突发厂界超标噪声，按等效声级和峰值噪声两种指标中超标分贝值高的一项计算应纳税额。</td></tr>
<tr><td>超标 4—6 分贝</td><td>每月 700 元</td></tr>
<tr><td>超标 7—9 分贝</td><td>每月 1 400 元</td></tr>
<tr><td>超标 10—12 分贝</td><td>每月 2 800 元</td></tr>
<tr><td>超标 13—15 分贝</td><td>每月 5 600 元</td></tr>
<tr><td>超标 16 分贝以上</td><td>每月 11 200 元</td></tr>
</table>

（五）减免税

下列情形，暂予免征环境保护税：

1. 农业生产（不包括规模化养殖）排放应税污染物的；

2. 机动车、铁路机车、非道路移动机械、船舶和航空器等流动污染源排放应税污染物的；

3. 依法设立的城乡污水集中处理、生活垃圾集中处理场所排放相应应税污染物，不超过国家和地方规定的排放标准的；

4. 纳税人综合利用的固体废物，符合国家和地方环境保护标准的；

5. 国务院批准免税的其他情形。此项免税规定，由国务院报全国人大常委会备案。

税收法规：中华人民共和国环境保护税法

税收法规：中户人民共和国环境保护税实施条例

三、环境保护税应纳税额的计算

1. 应税大气污染物、水污染物、固体废物的排放量和噪声的分贝数，按照下列方法和顺序计算：

（1）纳税人安装使用符合国家规定和监测规范的污染物自动监测设备的，按照污染物自动监测数据计算；

（2）纳税人未安装使用污染物自动监测设备的，按照监测机构出具的符合国家有关规定和监测规范的监测数据计算；

（3）因排放污染物种类多等原因不具备监测条件的，按照国务院环境保护主管部门规定的排污系数、物料衡算方法计算；

（4）不能按照上述方法计算的，按照省、自治区、直辖市人民政府环境保护主管部门规定的抽样测算的方法核定计算。

2. 环境保护税应纳税额按照下列方法计算：

（1）应税大气污染物的应纳税额为污染当量数乘以具体适用税额；

（2）应税水污染物的应纳税额为污染当量数乘以具体适用税额；

（3）应税固体废物的应纳税额为固体废物排放量乘以具体适用税额；

（4）应税噪声的应纳税额为超过国家规定标准的分贝数对应的具体适用税额。

四、环境保护税税款的缴纳和会计处理

1. 纳税义务发生时间为纳税人排放应税污染物的当日。

2. 纳税人应当向应税污染物排放地的税务机关申报缴纳环境保护税。

3. 环境保护税按月计算，按季申报缴纳。不能按固定期限计算缴纳的，可以按次申报缴纳。纳税人申报缴纳时，应当向税务机关报送所排放应税污染物的种类、数量，大气污染物、水污染物的浓度值，以及税务机关根据实际需要要求纳税人报送的其他纳税资料。

4. 纳税人按季申报缴纳的，应当自季度终了之日起 15 日内，向税务机关办理纳税申报并缴纳税款。纳税人按次申报缴纳的，应当自纳税义务发生之

日起 15 日内，向税务机关办理纳税申报并缴纳税款。

5. 企业缴纳的环境保护税，通过“税金及附加”和“应交税费——应交环境保护税”账户核算。

第三节　烟叶税

拓展阅读：整肃烟税告示碑

一、烟叶税的含义

烟叶税是指对在我国境内收购烟叶的单位就其收购金额和规定的税率计算征收的一种税。

税收法规：中华人民共和国烟叶税法

二、烟叶税税制的主要内容

1. 纳税人。烟叶税的纳税人为在我国境内从事烟叶收购的单位，具体包括依照《中华人民共和国烟草专卖法》的规定有权收购烟叶的烟草公司或者受其委托收购烟叶的单位。

2. 征税对象。烟叶税的征税对象为烟叶，包括晾晒烟叶、烤烟叶。其中，晾晒烟叶包括列入各晾晒烟名录的晾晒烟叶和未列入各晾晒烟名录的其他晾晒烟叶。

3. 计税依据。烟叶税的计税依据为纳税人收购烟叶的收购金额，收购金额包括纳税人支付给烟叶销售者的烟叶收购价款和价外补贴。按照简化手续、方便征收的原则，对价外补贴统一暂按烟叶收购价款的 10% 计入收购金额征税。收购金额计算公式为：

$$收购金额 = 收购价款 \times (1 + 10\%)$$

4. 税率。烟叶税实行比例税率，税率为 20%，烟叶税的税率调整由国务院决定。

5. 应纳税额的计算。烟叶税的应纳税额按照纳税人收购烟叶的收购金额和规定的税率计算。应纳税额的计算公式为：

$$应纳税额 = 烟叶收购金额 \times 税率$$

三、烟叶税的申报缴纳

1. 纳税义务发生时间。烟叶税的纳税义务发生时间为纳税人收购烟叶的当天，具体是指纳税人向烟叶销售者付讫收购烟叶款项或者开具收购烟叶凭据的当天。

2. 纳税期限。纳税人应当自纳税义务发生之日起 30 日内申报纳税。具体纳税期限由主管税务机关核定。

3. 纳税地点。纳税人收购烟叶，应当向烟叶收购地的主管税务机关申报纳税。

4. 征收机关。烟叶税由烟叶收购地的主管税务机关征收，具体是指烟叶收购地的县级税务局或其所指定的税务分局、所。

第四节　城市维护建设税和教育费附加

微课：城市维护税和教育费附加

一、城市维护建设税

（一）城市维护建设税的含义

城市维护建设税（简称“城建税”）是对缴纳增值税、消费税两种商品劳务税的单位和个人，以实缴的税额为依据征收的专门用于城市维护建设的一种税收，具有附加税的性质。开征城市维护建设税的主要是为城市的维护和建设筹集财政资金。

课件：城市维护税和教育费附加

（二）城市维护建设税税制的主要内容

1. 凡缴纳增值税、消费税两种商品劳务税的单位和个人都是城市维护建设税的纳税人，但海关对进口货物代征的增值税、消费税不征收城市维护建设税。

2. 城市维护建设税的税率按纳税人所在地分别规定：纳税人所在地在市区的，税率为7%；纳税人所在地在县城或镇的，税率为5%；纳税人所在地不在市区、县城或镇的，税率为1%。

税收法规：中华人民共和国城市维护建设税法

3. 城市维护建设税以纳税人实缴的增值税、消费税两税税额为计税依据。“两税”查补税额也应计入城市维护建设税计税依据，但加收的滞纳金、罚款则不计入。

【例10－5】某企业经当地税务稽查分局检查发现，欠缴增值税3万元，偷逃消费税2万元。随即做出如下处理：追缴增值税3万元，补缴消费税2万元，并处以滞纳金500元、罚款1万元。该企业位于市区，适用城市维护建设税税率为7%。则：

该企业还须补缴城市维护建设税＝(30 000＋20 000)×7%＝3 500（元）

对增值税、消费税实行先征后返、先征后退、即征即退办法的，除另有规定外，对随“两税”附征的城市维护建设税和教育费附加，一律不予退（返）还。

4. 城市维护建设税与增值税、消费税两税同时同地缴纳。其中：

（1）委托加工产品、委托代销商品及企业收购工业、手工业品，以受托方或收购企业为代扣代缴增值税、消费税两税的单位和个人，同时按当地适用税率代扣代缴城市维护建设税。

（2）对流动经营等无固定纳税地点的单位和个人，随同增值税、消费税两税在经营地按适用税率计征城市维护建设税。

5. 城市维护建设税由地方人民政府使用，用于城市、县城的公用事业和公共设施的维护和建设。

6. 城市维护建设税的核算：企业按规定计算当期应纳城市维护建设税税额时，借记“税金及附加”账户，贷记“应交税费——应交城市维护建设税”账户。

二、教育费附加

（一）教育费附加的含义

教育费附加是随增值税、消费税两税征收的另一种专门用于教育事业的地方附加费。征收教育费附加是为了加快发展地方教育事业，扩大地方教育经费的资金来源。

（二）教育费附加的主要内容

凡缴纳增值税、消费税两税的单位和个人，以其实际缴纳的两税税额为计税依据征收教育费附加。缴纳增值税、消费税的单位和个人即为教育费附加的纳税人。但海关对进口货物代征的增值税、消费税不附征教育费附加。教育费附加的纳税人、计税依据、缴纳期限、缴纳方式与方法均与城市维护建设税相同。

自2010年12月1日起，内外资企业和个人，统一按增值税、消费税实际缴纳税额的3%征收教育费附加；统一按增值税、消费税实际缴纳税额的2%征收地方教育费附加。

教育费附加的会计处理与城市维护建设税相同。

第十一章

税务管理

广义的税务管理，是指国家及其征税机关依据客观经济规律和税收分配活动的特点，对税收分配全过程进行决策、计划、组织、协调和监督，以保证税收职能得以实现的一种管理活动。狭义的税务管理就是日常征收管理，是指国家征税机关为保证税收收入的及时、足额入库，对具体的征纳过程实施的经常性管理行为，这也是税务机关直接保证税收收入实现的基本环节。

从纳税人的角度来看，纳税人从设立到消亡必须依次经过开业登记、认定、账簿凭证管理、纳税申报、税款缴纳、接受检查、注销登记这一连续的管理过程。这一过程构成了纳税人依法接受税务管理的主要内容。在这一过程中，如有违反税务管理规定的行为，还需经过依法承担法律责任的环节。

微课：纳税基础管理

第一节　纳税登记

课件：纳税基础管理

纳税登记又称“税务登记”，是《中华人民共和国税收征收管理法》规定纳税人必须履行的法定义务，是税务机关根据纳税人的申报，对纳税人的开业、变动、歇业以及生产经营范围变化实行法定登记，并审核发给税务登记证的一项管理制度。办理纳税登记是税收法律关系成立的依据和证明，是纳税人取得合法地位的标志。因办理税务登记的目的不同，税务登记可分为开业税务登记、变更税务登记、歇业停业税务登记和注销税务登记等。由于商事登记制度改革，在实际工作中税务登记手续与工商登记已经合并，纳税人不需单独办理税务登记，只需做必要的信息采集和少量的登记手续。

一、开业税务登记

按税法规定，企业以及企业在外地设立的分支机构和从事生产、经营的场所，个体工商户和从事生产、经营的事业单位自领取营业执照之日起30日内，持有关证件，向税务机关申报办理税务登记。税务机关应当于收到申报的当日办理登记并发给税务登记证件。为简化纳税人的商事登记手续，自2017年10月1日起在全国全面实施“多证合一”的商事登记模式，即将企业设立时由工商行政管理机关、质量技术监督部门、税务机关、社会保险经办机构和统计机构五个部门分别核发不同证照的登记模式，改为由工商行政管理部门核发加载法人和其他组织统一社会信用代码的营业执照。纳税人在领取营业执照以后，已经无须再办理其他登记，不再需要领取税务登记证。但是，在企业办理纳税事项时，还应当填写“纳税人首次办税补充信息表”进行必要纳税信息的补充采集，在完成补充信息采集后，凭加载统一代码的营业执照可代替税务登记证使用。

拓展阅读：科技办税让我光速来到你身边

税收法规：中华人民共和国税收征收管理法

税收法规：中华人民共和国税收征收管理法实施细则

1. 办理纳税信息补充采集的时间。企业在领取加载了统一社会信用代码的营业执照以后，在首次办理纳税事项时，如增值税一般纳税人资格登记、发票领用、纳税申报等，应当填写“纳税人首次办税补充信息表”进行必要纳税信息的补充采集。

2. 办理纳税信息补充采集的程序。

（1）纳税人提出纳税信息补充采集申请。纳税人在首次申请办理纳税事宜时，应当如实填写“纳税人首次办税补充信息表”。

（2）纳税人提交有关证件、资料。纳税人办理纳税信息补充采集时，应当按照主管税务机关的要求提供有关证件、资料，包括加载统一社会信用代码的营业执照和经办人身份证明。

（3）税务机关受理补充采集申请并审核。税务机关根据纳税人提供的资料和信息，在系统中录入补充信息。

二、变更税务登记

当纳税人信息采集表中的生产经营地、财务负责人、核算方式发生变更时，应当及时向税务机关提出变更信息申请，税务机关对其有关信息予以变更。办理变更税务信息的程序为：

1. 纳税人提出变更税务信息申请，填写“纳税人首次办税补充信息表”中涉及的变更项目，按照主管税务机关的要求提供变更信息的有关资料或证明材料及其复印件。

2. 税务机关应当对纳税人提交的各项资料进行审核，资料审核无误的，由税务机关在系统中录入有关变更信息并打印，交纳税人签章确认。

三、停业、复业登记

纳税人在需要停业和复业时，应当办理停业、复业登记。在办理停业登记时，税务机关应当责成申请停业的纳税人结清税款，并收回发票领购簿和发票，办理停业登记。当纳税人需要复业时，经税务机关确认，可以办理复业登记，领回或启用发票领购簿及发票，纳入正常管理。

四、注销税务登记

已领取加载统一社会信用代码的营业执照的企业，如果需要办理注销登记，应当先向税务主管机关申报清税，由主管税务机关出具统一的清税证明，方可向工商行政管理部门申请办理注销登记。

纳税人应当在办理注销工商登记前，依法向主管税务机关提出清税申请，填写“清税申报表”，并根据主管税务机关的要求提交下列有关证件、资料：①工商营业执照被吊销的应提交工商行政管理机关发出的吊销决定；②单位纳税人应当提供上级主管部门批复文件或董事会决议及其他有关证明文件；③除加载统一社会信用代码的营业执照以外的其他税务证件；④企业所得税纳税人提供“中华人民共和国企业清算所得税申报表”及附表；⑤已发放过发票领用簿的纳税人还应提供“发票领用簿”等。

主管税务机关受理清税申请后，应及时办理清税手续并向纳税人出具“清税证明”。

五、外出经营报验登记

从事生产、经营的纳税人跨省税务机关管辖区域（以下简称“跨省”）临时从事生产、经营活动的，应当向主管税务机关申请开具“外出经营活动税收管理证明”（以下简称“外管证”）向营业地税务机关报验登记，接受税务管理。在经营活动结束后，向外出经营地税务机关申报核销。

需要跨省临时从事生产、经营活动的纳税人，应当在外出生产经营以前，向主管税务机关提出申请，如实填写“外出经营活动税收管理证明申请表”。

“外管证”的有效期限一般为30日，最长不得超过180天，但建筑安装行业纳税人项目合同期限超过180天的，按照合同期限确定有效期限。纳税人应当自“外管证”签发之日起30日内，持“外管证”向经营地税务机关报验登记，并接受经营地税务机关的管理。纳税人以“外管证”上注明的纳税人识别号，在经营地税务机关办理税务事项。

纳税人外出经营活动结束，应当向经营地税务机关填报“外出经营活动情况申报表”，并结清税款。经营地税务机关核对资料，发现纳税人存在欠缴税款、多缴（包括预缴、应退未退）税款等未办结事项的，及时制发“税务事项通知书”，通知纳税人办理。纳税人不存在未办结事项的，经营地税务机关核销报验登记，在“外管证”上签署意见。

第二节 账簿、凭证和发票管理

视频：小白兔的权利

一、账簿、凭证管理

账簿、凭证是纳税人进行生产经营管理和核算财务收支必不可少的工具，也是税务机关对纳税人依法征税、管理、检查的重要依据。

（一）设置账簿、凭证的要求

拓展阅读：发票成长记

1. 从事生产、经营的纳税人应当自领取营业执照或者发生纳税义务之日起 15 日内，按照国家有关规定设置账簿。账簿，是指总账、明细账、日记账以及其他辅助性账簿。总账、日记账应当采用订本式。生产、经营规模小又确无建账能力的纳税人，可以聘请经批准从事会计代理记账业务的专业机构或者经税务机关认可的财会人员代为建账和办理账务；聘请上述机构或者人员有实际困难的，经县以上税务机关批准，可以按照税务机关的规定，建立收支凭证粘贴簿、进货销货登记簿或者使用税控装置。扣缴义务人应当自税收法律、行政法规规定的扣缴义务发生之日起 10 日内，按照所代扣、代收的税种，分别设置代扣代缴、代收代缴税款账簿。

税收法规：中华人民共和国发票管理办法

2. 从事生产、经营的纳税人应当自领取税务登记证件之日起 15 日内，将其财务、会计制度或者财务、会计处理办法报送主管税务机关备案。纳税人使用计算机记账的，应当在使用前将会计电算化系统的会计核算软件、使用说明书及有关资料报送主管税务机关备案。纳税人建立的会计电算化系统应当符合国家有关规定，并能正确、完整核算其收入或者所得。

税收法规：中华人民共和国发票管理办法实施细则

3. 纳税人、扣缴义务人会计制度健全，能够通过计算机正确、完整计算其收入和所得或者代扣代缴、代收代缴税款情况的，其计算机输出的完整的书面会计记录可视同会计账簿。纳税人、扣缴义务人会计制度不健全，不能通过计算机正确、完整计算其收入和所得或者代扣代缴、代收代缴税款情况的，应当建立总账及与纳税或者代扣代缴、代收代缴税款有关的其他账簿。

4. 账簿、会计凭证和报表应当使用中文。民族自治地方可以同时使用当地通用的一种民族文字。外商投资企业和外国企业可以同时使用一种外国文字。

5. 纳税人应当按照税务机关的要求安装、使用税控装置，并按照税务机关的规定报送有关数据和资料。

（二）会计档案的保管

账簿、记账凭证、报表、完税凭证、发票、出口凭证以及其他有关纳税资料应当合法、真实、完整。账簿、记账凭证、报表、完税凭证、发票、出口凭证以及其他有关纳税资料应当保存 10 年，但是，法律、行政法规另有规定的除外。

二、发票的管理

发票是在购销商品、提供或接受劳务以及从事其他经营活动中，开具、收取的付款凭证。它既是会计核算的原始凭据，也是正确计算应纳税额和进行税务稽查的重要依据。税务机关是发票的主管机关，负责发票印制、领购、开具、取得、保管、缴销的管理和监督，发票的管理办法由国务院规定。

（一）发票的领购和保管

1. 发票领购的对象和手续。

（1）需要领购发票的单位和个人，应当持税务登记证件、经办人身份证明、按照国务院税务主管部门规定式样制作的发票专用章的印模，向主管税务机关办理发票领购手续。主管税务机关根据领购单位和个人的经营范围和规模，确认领购发票的种类、数量以及领购方式，在 5 个工作日内发给发票领购簿。然后纳税人凭发票领购簿核准的种类、数量以及购票方式向主管税务机关领购发票。购票方式通常包括限量供应（一般以一个季度的用量为限）、交旧购新或验旧购新等。单位和个人领购发票时，应当按照税务机关的规定报告发票使用情况，税务机关应当按照规定进行查验。

（2）需要临时使用发票的单位和个人，可以凭购销商品、提供或者接受服务以及从事其他经营活动的书面证明、经办人身份证明，直接向经营地税务机关申请代开发票。依照税收法律、行政法规规定应当缴纳税款的，税务机关应当先征收税款，再开具发票。税务机关根据发票管理的需要，可以按照国务院税务主管部门的规定委托其他单位代开发票。禁止非法代开发票。

（3）临时到本省、自治区、直辖市行政区域以外从事经营活动的单位或者个人，应当凭所在地税务机关的证明，向经营地税务机关申请领购经营地的发票。临时到本省、自治区、直辖市以内跨县市从事经营活动领购发票的办法，由省、自治区、直辖市税务机关规定。

税务机关对外省、自治区、直辖市来本辖区从事临时经营活动的单位和个人领购发票的，可以要求其提供保证人或者根据所领购发票的票面限额及数量交纳不超过 1 万元的保证金，并限期缴销发票。按期缴销发票的，解除保证人的担保义务或者退还保证金；未按期缴销发票的，由保证人或者以保证金承担法律责任。税务机关收取保证金应当开具资金往来结算票据。

2. 发票的保管。

（1）纳税人领购的空白发票，应设置专柜由专人负责保管，确保发票的安全，做到能防盗、防失、防潮。

（2）开错的作废发票，必须将全部联次粘贴在原发票存根上套写“作废”字样或“误填作废”字样，一起妥善保管，以备查核。

（3）已开具的发票存根联和发票登记簿，应当保存 5 年。在保管期内，不得私自销毁；保存期满，报经税务机关查验后，由主管税务机关予以销毁。

（4）使用发票的单位和个人应当妥善保管发票，不得丢失。发票如有丢失，应于丢失当日书面报告主管税务机关，并在报刊和电视等传播媒介上公告声明作废。

（二）发票的开具

1. 销售商品、提供服务以及从事其他经营活动的单位和个人，对外发生经营业务收取款项，收款方应当向付款方开具发票；特殊情况下，由付款方向收款方开具发票。所有单位和从事生产、经营活动的个人在购买商品、接受服务以及从事其他经营活动所支付的款项，应当向收款方取得发票。取得发票时，不得要求变更品名和金额。不符合规定的发票，不得作为财务报销凭证，任何单位和个人有权拒收。

由付款方向收款方开具发票，是指下列情况：（1）收购单位和扣缴义务人支付个人款项时；（2）国家税务总局认为其他需要由付款方向收款方开具发票的。

2. 填开发票的单位和个人必须在发生经营业务确认营业收入时开具发票。未发生经营业务一律不准开具发票。开具发票后，如发生销货退回需开红字发票的，必须收回原发票并注明“作废”字样或取得对方有效证明。开具发票后，如发生销售折让的，必须在收回原发票并注明“作废”字样后重新开具销售发票或取得对方有效证明后开具红字发票。任何单位和个人不得有下列虚开发票行为：（1）为他人、为自己开具与实际经营业务情况不符的发票；（2）让他人为自己开具与实际经营业务情况不符的发票；（3）介绍他人开具与实际经营业务情况不符的发票。

3. 单位和个人在开具发票时，必须做到按照号码顺序填开，填写项目齐全，内容真实，字迹清楚，全部联次一次打印，内容完全一致，并在发票联和抵扣联加盖发票专用章。开具发票应当使用中文。民族自治地方可以同时使用当地通用的一种民族文字。向消费者个人零售小额商品或者提供零星服务的，是否可免予逐笔开具发票，由省税务机关确定。

4. 安装税控装置的单位和个人，应当按照规定使用税控装置开具发票，并按期向主管税务机关报送开具发票的数据。使用非税控电子器具开具发票的，应当将非税控电子器具使用的软件程序说明资料报主管税务机关备案，并按照规定保存、报送开具发票的数据。国家推广使用网络发票管理系统开具发票，具体管理办法由国务院税务主管部门制定。

5. 任何单位和个人应当按照发票管理规定使用发票，不得有下列行为：（1）转借、转让、介绍他人转让发票、发票监制章和发票防伪专用品；（2）知道或者应当知道是私自印制、伪造、变造、非法取得或者废止的发票而受让、开具、存放、携带、邮寄、运输；（3）拆本使用发票；（4）扩大发票使用范围；（5）以其他凭证代替发票使用。

（三）发票的缴销

发票缴销，是指用票单位和个人按照规定向税务机关上缴已使用或未使用的发票。一般包括下列几种情况：

1. 用票单位和个人已使用的发票保管期满后，应向主管税务机关缴销。

2. 用票单位和个人发生合并、联营、分设、迁移、停业、歇业等事项时，应在申报办理变更税务登记、注销税务登记的同时，将原来印制、购买的发票向税务机关申请缴销。

3. 税务机关在实行发票换版、更换发票监制章时，原来的发票使用期满后，用票单位和个人应将其登记造册，集中向税务机关缴销。

4. 用票单位和个人有严重违反税务管理或发票管理制度行为的，由税务机关将其发票予以缴销。

在办理发票缴销手续时，由用票单位和个人根据发票管理规定，编制发票缴销清册，说明发票种类、号码及使用情况，说明缴销的依据和理由，经负责人签字，加盖单位公章后，连同发票一并报送税务机关。

请思考

2003 年 9 月 30 日，吉林省长春市中级人民法院对一起虚开巨额增值税专用发票一案做出一审判决，涉案的 10 名被告中，林某等 4 人被判处死刑。这件事情对你有什么警示作用？

微课：税款缴纳管理

第三节　税款申报缴纳和纳税信用管理

一、纳税申报

纳税申报是纳税人为正确履行纳税义务，就计算缴纳税款等有关纳税事项向税务机关提出书面申报的一个重要法定程序。

课件：税款缴纳管理

（一）申报对象

纳税人、扣缴义务人在纳税期限内或扣缴税款期内，无论有无应税收入、所得以及其他应税项目，或有无代扣、代收税款，都应按规定的申报期限，向主管税务机关报送纳税申报表、财务会计报表或报送代扣代缴、代收代缴税款报告表，以及税务机关要求纳税人、扣缴义务人报送的其他纳税资料。临时取得应税收入或发生应税行为的纳税人，在发生纳税义务之后，应当立即向经营地税务机关办理纳税申报和缴纳税款。纳税人享受减税、免税待遇的，在减、免税期间也要按规定办理纳税申报。

视频：三分钟带你了解纳税信用

（二）申报的内容

纳税人办理纳税申报时，应当如实填写纳税申报表。纳税申报表是纳税人根据税收法律、行政法规的规定，计算应纳税额、缴纳税款的重要凭证，也是税务机关填开完税凭证、征收税款的重要依据。申报是否及时、真实，直接影响税款征收的及时和准确。纳税申报或者代扣代缴、代收代缴税款报告表的主要内容包括：税种，税目，应纳税项目或者应代扣代缴、代收代缴税款项目，计税依据，扣除项目及标准，适用税率或者单位税额，应退税项目及税额，应减免税项目及税额，应纳税额或者应代扣代缴、代收代缴税额，税款所属期限，延期缴纳税款，欠税，滞纳金等。

拓展阅读：税收小故事之纳税信用等级修复

一般来说，针对不同的税种，主管税务机关都规定有适应其不同特点的纳税申报表，全国统一的“消费税及附加税费申报表”见表 11－1。

表 11－1　　消费税及附加税费申报表

税款所属期：自　　年　月　日至　　年　月　日

纳税人识别号（统一社会信用代码）：□□□□□□□□□□□□□□□□□□□□□□□□□

纳税人名称：　　　　金额单位：人民币元（列至角分）

项目 应税消费品名称	适用税率		计量单位	本期销售数量	本期销售额	本期应纳税额
	定额税率	比例税率				
	1	2	3	4	5	6 = 1 × 4 + 2 × 5
合计	—	—	—	—	—	

	栏次	本期税费额
本期减（免）税额	7	
期初留抵税额	8	
本期准予扣除税额	9	
本期应扣除税额	10 = 8 + 9	
本期实际扣除税额	11［10 < (6 − 7)，则为10，否则为 6 − 7］	
期末留抵税额	12 = 10 − 11	
本期预缴税额	13	
本期应补（退）税额	14 = 6 − 7 − 11 − 13	
城市维护建设税本期应补（退）税额	15	
教育费附加本期应补（退）费额	16	
地方教育附加本期应补（退）费额	17	

声明：此表是根据国家税收法律法规及相关规定填写的，本人（单位）对填报内容（及附带资料）的真实性、可靠性、完整性负责。

纳税人（签章）：　　　　年　月　日

经办人： 经办人身份证号： 代理机构签章： 代理机构统一社会信用代码：	受理人： 受理税务机关（章）： 受理日期：　年　月　日

（三）纳税申报的方式

1. 直接申报。即纳税人、扣缴义务人直接到税务机关呈报纳税申报表或者报送代扣代缴、代收代缴税款报告表，办理纳税申报手续。

2. 邮寄申报。即将纳税申报表或者代扣代缴、代收代缴税款报告表等纳税资料通过邮局寄送主管税务机关，纳税人实际申报日期以寄出地的邮戳日期为准。纳税人采取邮寄方式办理纳税申报的，应当使用统一的纳税申报专用信封，并以邮政部门收据作为申报凭据。

3. 数据电文申报。指通过税务机关确定的电话语音、电子数据交换和网络传输等电子手段办理纳税申报的方式。纳税人采取电子方式办理纳税申报的，应当按照税务机关规定的期限和要求保存有关资料，并定期书面报送主管税务机关。由于互联网的普遍应用，网上申报已经成为最重要的申报方式。

4. 实行定期定额缴纳税款的纳税人，可以实行简易申报、简并征期等申报纳税方式。

（四）纳税申报期限

纳税人、扣缴义务人必须按照规定的期限办理纳税申报或者报送代扣代缴、代收代缴税款报告表，确有困难需要延期的，应当在规定的期限内向税务机关提出书面延期申请，经税务机关核准，在核准的期限内办理。

纳税人、扣缴义务人因不可抗力，不能按期办理纳税申报或者报送代扣代缴、代收代缴税款报告表的，可以延期办理；但是，应当在不可抗力情形消除后立即向税务机关报告。税务机关应当查明事实，予以核准。

二、税款缴纳

（一）税款缴纳的方式和程序

1. 自核自缴。生产经营规模较大，财务制度健全，会计核算准确，一贯依法纳税的企业，经主管国家税务机关批准，企业依照税法规定，自行计算应纳税款，自行填写、审核纳税申报表，自行填写税收缴款书，到开户银行解缴应纳税款，并按规定向主管税务机关办理纳税申报，并报送纳税资料和财务会计报表。

小知识

根据《国家税务总局关于开展2020年“便民办税春风行动”意见》（税总发〔2020〕11号）文件要求，为不断提升服务水平，电子税务局已上线微信、支付宝、云闪付等第三方支付方式，纳税人可通过电子税务局使用第三方支付便捷缴税（费）。

2. 申报核实缴纳。生产经营正常，财务制度基本健全，账册、凭证完整，会计核算较准确的企业依照税法规定计算应纳税款，自行填写纳税申报表，按照规定向主管税务机关办理纳税申报，并报送纳税资料和财务会计报表。经主管税务机关审核并填开税收缴款书，纳税人按规定期限到开户银行缴纳税款。

3. 申报查定缴纳。即财务制度不够健全、账簿凭证不完备的固定业户，应当如实向主管国家税务机关办理纳税申报，并提供其生产能力、原材料、能源消耗情况及生产经营情况等，经主管国家税务机关审查测定或实地查验后，填开税收缴款书或者完税凭证，纳税人按规定期限到开户银行或者税务机关缴纳税款。

4. 定额申报缴纳。生产经营规模较小、确无建账能力或者账证不健全、不能提供准确纳税资料的固定业户，按照税务机关核定的营业（销售）额和征收率，按规定期限向主管税务机关申报缴纳税款。

纳税人实际营业（销售）额与核定额相比，上下幅度在20%以内的，仍按核定营业（销售）额计算申报缴纳税款；对当期实际营业（销售）额上升幅度超过20%的，按当期实际营业（销售）额计算申报缴纳税款；当期实际营业（销售）额下降幅度超过20%的，当期仍按核定营业（销售）额计算申报缴纳税款。需要调整定额的，向主管税务机关申请调升或调降定额。

【例11-1】位于市区的某个体干洗店，经核定月销售额220 000元，定期1年，核定所得税附征率为1.45%，其每月应纳税额为：

增值税 = 220 000 × 3% = 6 600（元）

城建税和教育费附加 = 6 600 × (7% + 3%) = 660（元）

所得税额 = 220 000 × 1.45% = 3 190（元）

月应纳税额合计 = 6 600 + 660 + 3 190 = 10 450（元）

假定该个体户某月销售额为280 000元，上升超过20%，应该按照280 000元计算纳税。假定某月销售额为160 000元，下降超过20%，当月依然按照核定销售额220 000元计算纳税。

（二）保证税款及时、足额征收的措施

1. 加收滞纳金。**滞纳金是对纳税人超过规定的纳税期限欠缴的税款依法加征一定比例的具有惩罚性的资金。**

纳税人、扣缴义务人未按照规定期限缴纳税款或解缴税款的，税务机关除责令限期缴纳外，从滞纳税款之日起，按日加收滞纳税款0.5‰的滞纳金。滞纳金的计算从税务机关规定缴纳税款的期限届满次日起，到税款缴纳入库当天止。其计算公式为：

应纳滞纳金 = 滞纳税款 × 滞纳天数 × 0.5‰

【例11-2】某增值税纳税人按月纳税，20××年10月应纳增值税为1万元，11月5日办理了纳税申报手续，并填发税收缴款书，但直到11月22日（11月15日、16日分别为星期六和星期日）才到开户银行办理缴款手续。其应纳滞纳金为：

应纳滞纳金 = 10 000 × (22 - 15 - 2) × 0.5‰ = 25（元）

纳税期限的最后一日，如果遇到国家规定的法定节假日，纳税期限向后顺延一天，本例中15日、16日分别为星期六和星期日，故顺延到17日。

2. 税收保全措施。**税收保全是税务机关为保证税款及时足额入库，依照法定的程序，对有逃避纳税义务行为的纳税人事先采取限制其处理或转移商品、货物和其他财产的措施。**

采取税收保全措施有两个基本前提：一是有根据认为纳税人有逃避纳税义务的行为，有根据不同于有证据，只要掌握了一定的线索，如群众举报、调查发现等即可视为有根据，有逃避纳税义务的行为是指有转移、隐匿其应纳税的商品、货物及其他财产或应纳税收入的迹象；二是纳税人有逃避纳税义务的行为是在规定的纳税期之前发生的。

采取税收保全措施的基本程序是：

（1）税务机关有根据认为从事生产、经营的纳税人有逃避纳税义务行为的，可以在规定的纳税期之前，责令限期缴纳应纳税款。

（2）在限期内发现纳税人有明显转移、隐匿其应纳税的商品、货物以及其他财产或者应纳税的收入的迹象的，税务机关可以责成纳税人提供纳税担保。

（3）如果纳税人不能提供纳税担保，经县以上税务局（分局）局长批准，税务机关可以采取税收保全措施。需要注意的是，个人及其所抚养家属维持生活必需的住房和用品不在税收保全措施的范围之内。

对未按照规定办理税务登记的从事生产、经营的纳税人以及临时从事经营的纳税人，由税务机关核定其应纳税额，责令缴纳；不缴纳的，税务机关可以扣押其价值相当于应纳税款的商品、货物。

税收保全措施有两种：一种是书面通知纳税人开户银行或者其他金融机构冻结纳税人的金额相当于应纳税款的存款；另一种是扣押、查封纳税人的价值相当于应纳税款的商品、货物或者其他财产。

采取税收保全措施后，纳税人在规定的限期内缴纳税款的，税务机关必须立即解除税收保全措施；限期期满仍未缴纳税款的，经县以上税务局（分局）局长批准，可采取强制措施。

纳税人在限期内已缴纳税款，税务机关未立即解除税收保全措施，使纳税人的合法利益遭受损失的，税务机关应当承担赔偿责任。

3. 纳税担保。**纳税担保是纳税人向税务机关提供一定的财产作为抵押或由第二人作为纳税保证人，以担保其依法及时、足额缴纳应纳税款的制度。**

纳税担保的方式有两种：一种是税务机关认可的纳税担保人，即我国境内具有纳税担保能力的公民、法人或其他经济组织，但国家机关不得作为纳税担保人；另一种是纳税人所拥有的未设置抵押权的财产。

要求纳税人提供纳税担保有两种情况：一是税务机关有根据认为有逃避纳税义务行为的纳税人在规定的纳税期限内被发现有明显转移隐匿其应纳税的商品、货物及其财产或应纳税收入迹象的；二是纳税人员需要出境，而又未能结清税款的。

4. 税收强制执行措施。**税收强制执行措施是指纳税人在税务机关责令限期内缴纳税款，逾期仍不缴纳税款的，税务机关可通知银行或其他金融机构扣缴当事人的存款，或扣押、查封、拍卖部分财产以抵缴税款的一项措施。**

采取税收强制执行措施有两个基本前提条件：一是纳税人、扣缴义务人未按照规定的期限缴纳或者解缴税款，纳税担保人未按照规定的期限缴纳所担保的税款；二是在上一前提条件发生后，在税务机关责令的限期内仍未缴纳税款。这两个条件发生后，且须经县以上税务局（分局）局长批准，才可以采取税收强制执行措施。同样需要注意的是：个人及其所抚养家属维持生活必需的住房和用品不在强制执行措施的范围之内。

强制措施的内容：一是书面通知其开户银行或者其他金融机构从其存款中扣缴税款；二是扣押、查封、依法拍卖或者变卖其价值相当于应纳税款的商品、货物或者其他财产，以拍卖或者变卖所得抵缴税款。

税务机关采取强制执行措施时，对纳税人、扣缴义务人、纳税担保人未缴纳的滞纳金同时强制执行，但不包括罚款。

提示：税务机关采取强制执行措施时，对纳税人、扣缴义务人、纳税担保人未缴纳的滞纳金同时强制执行。但个人及其所扶养家属维持生活必需的住房和用品，不在税收保全措施的范围之内。

5. 阻止出境。**指当欠缴税款的纳税人需要出境而未结清税款，又不能提供纳税担保的，税务机关可以通知出境管理机构阻止其出境。**

阻止出境的对象：

（1）欠税为个人的，阻止出境的对象为当事人本人；

（2）欠税为法人的，对象为其法定代表人；法定代表人不在我国境内的，以其在华的主要负责人为对象；

（3）欠税人为其他经济组织的，对象为其负责人。

欠税人满足以下条件之一的，税务机关须按规定函请公安机关予以撤控放行：

（1）已结清阻止出境时欠缴的全部税款（包括滞纳金和罚款，下同）；

（2）已向税务机关提供相当于全部欠缴税款的担保；

（3）欠税企业已依法宣告破产，并依《破产法》程序清偿终结的。

6. 未缴或少缴税款的追征。**纳税人、扣缴义务人因计算错误等失误，未缴或者少缴税款的，税务机关在 3 年内可以追征税款、滞纳金；有特殊情况的，追征期可以延长到 5 年。**对偷税、抗税、骗税的，税务机关追征其未缴或者少缴的税款、滞纳金或者所骗取的税款，不受规定期限的限制，可无限期追征。因税务机关的责任，致使纳税人、扣缴义务人未缴或者少缴税款的，税务机关在 3 年内可以要求纳税人、扣缴义务人补缴税款，但是不得加收滞纳金。

7. 核定应纳税额。纳税人有下列情形之一的，税务机关有权核定其应纳税额：

（1）依照法律、行政法规的规定可以不设置账簿的；

（2）依照法律、行政法规的规定应当设置账簿但未设置的；

（3）擅自销毁账簿或者拒不提供纳税资料的；

（4）虽设置账簿，但账目混乱或者成本资料、收入凭证、费用凭证残缺不全，难以查账的；

（5）发生纳税义务，未按照规定的期限办理纳税申报，经税务机关责令限期申报，逾期仍不申报的；

（6）纳税人申报的计税依据明显偏低，又无正当理由的。

8. 其他措施。

（1）税务机关征收税款，税收优先于无担保债权，法律另有规定的除外；纳税人欠缴的税款发生在纳税人以其财产设定抵押、质押或者纳税人的财产被留置之前的，税收应当先于抵押权、质权、留置权执行。纳税人欠缴税款，同时又被行政机关决定处以罚款、没收违法所得的，税收优先于罚款、没收违法所得。

（2）纳税人有合并、分立情形的，应当向税务机关报告，并依法缴清税款。纳税人合并时未缴清税款的，应当由合并后的纳税人继续履行未履行的纳税义务；纳税人分立时未缴清税款的，分立后的纳税人对未履行的纳税义务应当承担连带责任。

（3）欠缴税款数额较大的纳税人在处分其不动产或者大额资产之前，应当向税务机关报告。

（4）欠缴税款的纳税人因怠于行使到期债权，或者放弃到期债权，或者无偿转让财产，或者以明显不合理的低价转让财产而受让人知道该情形，对国家税收造成损害的，税务机关可以依照合同法的规定行使代位权、撤销权。税务机关按规定行使代位权、撤销权的，不免除欠缴税款的纳税人尚未履行的纳税义务和应承担的法律责任。

三、纳税检查

纳税检查又称税务检查，是税务机关以国家税收法律、行政法规为依据，对纳税人、扣缴义务人履行纳税义务的情况进行审查监督活动的总称，是税收征管工作的重要环节。

纳税检查的内容主要包括两方面：一方面是检查纳税人遵守财务、会计制度，履行纳税义务的情况，这是主要方面；另一方面是检查税务人员执行税收法律、法规和征管制度的情况。

税务检查权是法律赋予税务机关的一项重要执法权，具体包括查账权、场地检查权、询问权、责成提供资料权、在交通要道查证权、银行存款核查权六项权力，即有权进行下列税务检查：

1. 检查纳税人的账簿、记账凭证、报表和有关资料，检查扣缴义务人代扣代缴、代收代缴税款账簿、记账凭证和有关资料。

2. 到纳税人的生产、经营场所和货物存放地检查纳税人应纳税的商品、货物或者其他财产，检查扣缴义务人与代扣代缴、代收代缴税款有关的经营情况。

3. 责成纳税人、扣缴义务人提供与纳税或者代扣代缴、代收代缴税款有关的文件、证明材料和有关资料。

4. 询问纳税人、扣缴义务人与纳税或者代扣代缴、代收代缴税款有关的问题和情况。

5. 到车站、码头、机场、邮政企业及其分支机构检查纳税人托运、邮寄应纳税商品、货物或者其他财产的有关单据、凭证和有关资料。

6. 经县以上税务局（分局）局长批准，凭全国统一格式的检查存款账户许可证明，查询从事生产、经营的纳税人、扣缴义务人在银行或者其他金融机构的存款账户。税务机关在调查税收违法案件时，经设区的市、自治州以上税务局（分局）局长批准，可以查询案件涉嫌人员的储蓄存款。

四、纳税信用管理

纳税信用管理，是指税务机关对纳税人的纳税信用信息开展的采集、评价、确定、发布和应用等活动。纳税信用作为纳税人履行税收义务的客观反映，直接体现纳税人对社会、对国家的信用。税务部门每年会依据主观态度、遵从能力、实际结果和失信程度 4 个维度、近 100 项评价指标，对企业纳税人信用状况进行评价。

（一）适用范围

纳税信用管理适用于已办理税务登记（含“多证合一”、临时登记），从事生产、经营并适用查账征收和核定征收的独立核算企业、个人独资企业和个人合伙企业，新设立不满一个评价年度的企业，以及评价年度内无生产经营业务收入的企业。

（二）评估方法

纳税信用评价采取年度评价指标得分和直接判级方式。评价指标包括税务内部信息和外部信息。内部信息从税务管理系统中采集，包括经常性指标和非经常性指标；外部信息主要通过税务管理系统、国家统一信息平台、相关部门官方网站、新闻媒体或者媒介等渠道采集，包括外部参考信息和外部评价信息。年度评价指标得分采取扣分方式。纳税人近三个评价年度内存在非经常性指标信息的，从 100 分起评；近三个评价年度内没有非经常性指标的，从 90 分起评。

直接判级适用于有严重失信行为的纳税人。

（三）纳税信用级别

税务部门按照守信激励、失信惩戒的原则，对不同信用级别的纳税人实施分类服务与管理，评价结果由高到低分为 A、B、M、C、D 五级。具体规定如下：

1. A 级纳税信用适用于年度评价指标得分 90 分以上的企业。有下列情形之一，本评价年度不能评为 A 级：

（1）实际生产经营期不满 3 年的；

（2）上一评价年度纳税信用评价结果为 D 级的；

（3）非正常原因一个评价年度内增值税连续 3 个月或者累计 6 个月零申报、负申报的；

（4）不能按照国家统一的会计制度规定设置账簿，并根据合法、有效凭证核算，向税务机关提供准确税务资料的。

2. B 级纳税信用适用于年度评价指标得分 70 分以上不满 90 分的企业。

3. M 级纳税信用适用于新设立企业和评价年度内无生产经营业务收入且年度评价指标得分 70 分以上的企业。

4. C 级纳税信用适用于年度评价指标得分 40 分以上不满 70 分的企业。

5. D 级纳税信用适用于年度评价指标得分不满 40 分的企业和直接判级的企业。有下列情形之一，本评价年度直接判为 D 级：

（1）存在逃避缴纳税款、逃避追缴欠税、骗取出口退税、虚开增值税专用发票等行为，经判决构成涉税犯罪的；

（2）存在前项所列行为，未构成犯罪，但偷税（逃避缴纳税款）金额 10 万元以上且占各税种应纳税总额 10% 以上，或者存在逃避追缴欠税、骗取出口退税、虚开增值税专用发票等税收违法行为，已缴纳税款、滞纳金、罚款的；

（3）在规定期限内未按税务机关处理结论缴纳或者足额缴纳税款、滞纳金和罚款的；

（4）以暴力、威胁方法拒不缴纳税款或者拒绝、阻挠税务机关依法实施税务稽查执法行为的；

（5）存在违反增值税发票管理规定或者违反其他发票管理规定的行为，导致其他单位或者个人未缴、少缴或者骗取税款的；

（6）提供虚假申报材料享受税收优惠政策的；

（7）骗取国家出口退税款，被停止出口退（免）税资格未到期的；

（8）有非正常户记录或者由非正常户直接责任人员注册登记或者负责经营的；

（9）由 D 级纳税人的直接责任人员注册登记或者负责经营的；

（10）存在税务机关依法认定的其他严重失信情形的。

（四）评估结果应用

税务机关按照守信激励、失信惩戒的原则，对不同信用级别的纳税人实施分类服务和管理。

主动向社会公告年度 A 级纳税人名单，A 级纳税人可单次领取 3 个月的增值税发票用量，连续 3 年被评为 A 级的纳税人，可由税务机关提供绿色通道或专门人员帮助办理涉税事项。

对 B 级和 M 级纳税人，税务机关实施正常管理，适时进行税收政策和管理规定的辅导。

对 C 级纳税人实行从严管理，并视信用评价状态变化趋势选择性地采取 D 级纳税人适用的管理措施。

对 D 级纳税人进行重点监控，提高监督检查频次，发现税收违法违规行为的，不得适用处罚幅度内的最低标准，增值税专用发票领用按辅导期一般纳税人政策办理，加强出口退税审核，同时公开纳税人及其直接责任人员名单，将纳税信用评价结果通报相关部门。

第四节　税务代理

税务代理，是指税务代理机构在国家法律规定的代理范围内，受纳税人、扣缴义务人的委托，代为办理税务相关事宜的各项行为的总称。

拓展阅读：信息化铺就纳税服务“高速路”

一、税务代理人和代理机构

税务代理人，是指从事税务代理活动的专业技术人员。税务代理机构是经批准设立的专门从事税务代理业务的社会中介服务组织，主要是取得税务代理资格的税务师事务所有限责任公司和合伙制税务师事务所等代理机构。

二、税务代理的业务范围

税务代理人可以接受纳税人、扣缴义务人的委托，从事下列范围的业务代理：

（1）办理税务登记、变更税务登记和注销税务登记；

（2）办理除增值税专用发票外的发票领购手续；

（3）办理纳税申报或扣缴税款报告；

（4）办理缴纳税款和申请退税手续；

（5）制作纳税文书；

（6）审查纳税情况；

（7）建账建制、办理账务；

（8）税务咨询、受聘税务顾问；

（9）税务行政复议；

（10）国家税务总局规定的其他业务。

税收法规：税务代理业务规程（试行）

税务代理人不能代理的税务事宜主要有下列几个方面：

（1）不能代理和行使应由税务机关行使的行政职权；

（2）不能代理税务机关规定和通知必须由纳税人、扣缴义务人自行办理的税务事宜；

（3）不能代理违反税收法律法规的事项。

税务代理人在接受税务代理业务时，应就代理业务范围、要求、收费与委托签订协议。代理的范围可分为单项代理、多项代理和综合代理。代理的时间可分为一次性代理、定期代理、常年代理。

三、税务代理人的权利、义务和责任

税务代理作为民事代理的一种，其代理人享有民法所规定的代理人的各项权利，并相应履行其义务，承担责任。

（一）代理人的权利

1. 有权在规定的业务范围内代理由纳税人、扣缴义务人委托的税务事宜；对其代理业务所出具的所有文书有签名盖章权。

2. 依法独立、公正执行税务代理业务，受国家法律保护，任何机关、团体、单位和个人不得非法干预。

3. 有权根据代理业务的需要，查阅被代理人的有关财务会计资料和文件，查看业务现场和设施；被代理人则应向代理人提供真实的经营情况和财务资料。

4. 对被代理人违反国家法律的委托，有权拒绝，并向有关部门报告。

5. 可向当地税务机关定购或查询税收政策、法律、法规和有关资料。

6. 对税务机关行政决定不服的，可依法向税务机关申请行政复议或向人民法院起诉。

（二）代理人的义务

1. 在办理税务代理时，按照主管税务机关的要求，如实提供有关资料，不得隐瞒、谎报。

2. 对被代理人偷税、骗税的行为应予以制止，并及时报告有关税务机关。

3. 在从事代理业务期间或停止代理业务以后，都不得泄漏因代理业务而得知的秘密。

4. 应建立税务代理档案，如实记载各项代理业务的始末和保存计税资料及纳税文书。税务代理档案至少保存 5 年。

（三）代理人的法律责任

1. 税务代理人未按照委托代理协议书的规定进行代理或违反税收法律、行政法规的规定进行代理的，由县及以上国家税务行政机关按有关规定处以罚款，并追究相应的责任。

2. 税务代理人在一个会计年度内违反《税务代理试行办法》从事代理行为两次以上的，由省、自治区、直辖市及计划单列市管理机关停止其从事税务代理业务 1 年以上。

3. 税务代理人知道被代理的事项违法仍进行代理活动，或自身代理行为违法的，除按第1点处理外，由省级管理机构禁止其从事税务代理业务。

4. 税务代理人触犯刑律、构成犯罪的，由司法机关依法惩处。

5. 税务代理机构违反税收法律和有关行政规章的规定进行代理活动的，由县及以上税务行政机关视其情节轻重，给予警告，或根据有关法律、法规处以罚款，或提请有关部门给予停业整顿、责令解散等处理。

第五节　税务行政复议和税务行政诉讼

微课：税务行政复议和行政诉讼

课件：税务行政复议和行政诉讼

纳税人、扣缴义务人、纳税担保人因对税务机关的具体行政行为持不同看法或不服而产生的一种纠纷，称为税务行政争议。正确解决税务行政争议，对维护和监督税务机关依法行使税收执法权，防止和纠正违法或不当的税务具体行政行为，保护纳税人和其他税务当事人的合法权益，具有重要意义。

我国目前处理税务行政争议主要有两条途径，即税务行政复议和税务行政诉讼。

一、税务行政复议

税务行政复议，是指纳税人、扣缴义务人、纳税担保人对主管税务机关的具体行政处理决定有异议，依法向上级税务机关提出申诉；上级税务机关对此进行审议，并依法做出维持、变更或撤销原处理决定的裁决的一种行政司法行为。它是解决税务纠纷的一种有效手段，既有利于维护纳税人的合法权益，又有利于保证和促进各级税务机关依法行政。

2009年12月，国家税务总局根据《中华人民共和国行政复议法》《中华人民共和国税收征收管理法》和其他有关规定，重新制定了《税务行政复议规则》，自2010年4月1日起施行，并于2015年12月28日和2018年6月15日由国家税务总局对规则进行了修正。

（一）复议的范围

1. 行政复议机关受理申请人对税务机关下列具体行政行为不服提出的行政复议申请：

（1）征税行为，包括确认纳税主体、征税对象、征税范围、减税、免税、退税、抵扣税款、适用税率、计税依据、纳税环节、纳税期限、纳税地点和税款征收方式等具体行政行为，征收税款、加收滞纳金，扣缴义务人、受税务机关委托的单位和个人做出的代扣代缴、代收代缴、代征行为等。

（2）行政许可、行政审批行为。

（3）发票管理行为，包括发售、收缴、代开发票等。

(4）税收保全措施、强制执行措施。

(5）行政处罚行为：①罚款；②没收财物和违法所得；③停止出口退税权。

(6）不依法履行下列职责的行为：①颁发税务登记；②开具、出具完税凭证、外出经营活动税收管理证明；③行政赔偿；④行政奖励；⑤其他不依法履行职责的行为。

视频：推进税收征管现代化的里程碑改革

(7）资格认定行为。

(8）不依法确认纳税担保行为。

(9）政府信息公开工作中的具体行政行为。

(10）纳税信用等级评定行为。

(11）通知出入境管理机关阻止出境行为。

(12）其他具体行政行为。

拓展阅读：历史上的“海上丝绸之路”税收管理

2. 申请人认为税务机关的具体行政行为所依据的下列规定不合法，对具体行政行为申请行政复议时，可以一并向行政复议机关提出对有关规定的审查申请；申请人对具体行政行为提出行政复议申请时，不知道该具体行政行为所依据的规定的，可以在行政复议机关作出行政复议决定以前，提出对该规定的审查申请：

(1）国家税务总局和国务院其他部门的规定；

(2）其他各级税务机关的规定；

(3）地方各级人民政府的规定；

(4）地方人民政府工作部门的规定。

前款中的规定不包括规章。

（二）复议的管辖

税务行政复议的管辖是税务行政机关之间受理税务行政复议案件的职权划分，它是对受理范围的具体化，把受理范围内的争议案件落实到具体税务机关。对申请人来说，也就是向谁提出复议申请的问题。

1. 对各级税务局的具体行政行为不服的，向其上一级税务局申请行政复议。对计划单列市税务局的具体行政行为不服的，向国家税务总局申请行政复议。

2. 对税务所（分局）、各级税务局的稽查局的具体行政行为不服的，向其所属税务局申请行政复议。

3. 对国家税务总局做出的具体行政行为，申请人首先必须向国家税务总局申请复议。对复议决定不服，申请人既可以向法院提起行政诉讼，也可以向国务院申请裁决，国务院的裁决为终局裁决。

4. 对下列税务机关的具体行政行为不服的，按照下列规定申请行政复议：

(1）对两个以上税务机关以共同的名义做出的具体行政行为不服的，向共同上一级税务机关申请行政复议；对税务机关与其他行政机关以共同的名义做出的具体行政行为不服的，向其共同上一级行政机关申请行政复议。

（2）对被撤销的税务机关在撤销以前所做出的具体行政行为不服的，向继续行使其职权的税务机关的上一级税务机关申请行政复议。

（3）对税务机关做出逾期不缴纳罚款加处罚款的决定不服的，向做出行政处罚决定的税务机关申请行政复议。但是对已处罚款和加处罚款都不服的，一并向做出行政处罚决定的税务机关的上一级税务机关申请行政复议。

有前款所列情形之一的，申请人也可以向具体行政行为发生地的县级地方人民政府提出行政复议申请，由接受申请的县级地方人民政府依法进行转送。

（三）复议的申请

税务行政复议申请，是指申请人认为税务机关（以下简称“被申请人”）的具体行政行为侵犯了其合法权益，依法请求上级税务机关对具体行政行为进行审查作出决议的活动。

1. 申请条件。

（1）申请人认为税务机关的具体行政行为侵犯了其合法权益；

（2）有明确的被申请人和复议对象；

（3）属于申请复议的受案范围；

（4）属于规定的复议机关管辖；

（5）在提出复议申请前，已经依照国家税务机关根据法律、行政法规确定的税额、期限缴纳或者解缴税款及滞纳金，或者提供相应的担保；

（6）复议申请是在法定期限内提出的。

2. 申请方式。申请人申请行政复议，可以书面申请，也可以口头申请；口头申请的，复议机关应当当场记录申请人的基本情况、行政复议请求、申请行政复议的主要事实、理由和时间。

3. 复议申请若干特殊规定。

（1）纳税人、扣缴义务人、纳税担保人和其他税务争议当事人应当以自己的名义申请复议；

（2）有权申请复议的公民死亡，其近亲属可以申请复议；有权申请复议的公民是无行为能力人或限制行为能力人的，其法定代理人可代理申请；

（3）有权申请行政复议的法人或者其他组织发生合并、分立或终止的，承受其权利义务的法人或其他组织可以申请行政复议；

（4）与申请行政复议的具体行政行为有利害关系的其他公民、法人或者其他组织，可以作为第二人参加行政复议。虽非具体行政行为的相对人，但其权利直接被该具体行政行为所剥夺、限制或被赋予义务的第二人，在行政管理相对人没有申请行政复议时，可以单独申请行政复议；

（5）申请人、第二人可以委托代理人代为参加行政复议；被申请人不得委托代理人代为参加行政复议。

（四）复议的受理

复议机关收到行政复议申请后，应当在5日内进行审查，决定是否受理。

对不符合规定的复议申请决定不予受理，并书面告知申请人。

下列复议申请，税务行政复议机关不予受理：

（1）不属于行政复议的受案范围；

（2）超过法定的申请期限；

（3）没有明确的被申请人和行政复议对象；

（4）已向其他法定复议机关申请行政复议，且被受理；

（5）已向人民法院提起行政诉讼，人民法院已经受理；

（6）申请人就纳税发生争议，没有按规定缴清税款、滞纳金，并且没有提供担保或者担保无效；

（7）申请人不具备申请资格。

对符合规定的行政复议申请，自复议机关收到之日起即为受理；受理行政复议申请，应当书面告知申请人。对选择复议范围的具体行政行为，复议机关决定不予受理或者受理后超过复议期限不作答复的，申请人可以自收到不予受理决定书之日起或者行政复议期满之日起 15 日内，向人民法院提起行政诉讼，若复议机关无正当理由而不予受理，且申请人没有向人民法院提起行政诉讼的，上级税务机关应当责令其受理；必要时，上级税务机关也可以直接受理。

复议期间，具体行政行为不停止执行，但有下列情况之一的，可以停止执行：

（1）被申请人认为需要停止执行的；

（2）复议机关认为需要停止执行的；

（3）申请人申请停止执行，复议机关认为其申请有正当理由，裁决停止执行的；

（4）法律、法规和规章规定停止执行的。

此外，行政复议期间，如果出现申请人死亡或丧失行为能力，须等待其继承人或法定代理人表态是否参加行政复议的；作为一方当事人的行政机关、法人或者其他组织终止，尚未确定其权利义务承受人的；因不可抗力原因，致使复议机关暂时无法调查了解情况的或其他法规规定的特殊情形时，行政复议中止。行政复议中止应当书面告知当事人。中止行政复议的情形消除后，应当立即恢复行政复议。

当出现申请人死亡，没有继承人或者继承人放弃行政复议权利的；或作为申请人的法人或者其他组织终止后，其权利义务的承受人放弃行政复议权利的；或行政复议申请受理后，发现不符合受理条件的，以及法规规定的其他特殊情形时，行政复议终止。行政复议终止应当书面告知当事人。

复议机关自受理复议申请之日起 7 日内，将复议申请书副本或者复议申请笔录复印件发送被申请人。被申请人应当自收到申请书副本或者申请笔录复印件之日起 10 日内，提出书面答复，并提交当初做出具体行政行为的证据、依据和其他有关材料。否则，视为该具体行政行为没有证据、依据，撤销该具体行政行为。

（五）复议决定及其执行

复议决定是复议机关通过对复议案件的审理所做的行政裁决。复议决定有以下几种情况：

1. 具体行政行为认定事实清楚、证据确凿、适用依据正确、程序合法、内容适当的，决定维持。

2. 被申请人不履行法定职责的，决定其在一定期限内履行。

3. 具体行政行为有下列情形之一的，决定撤销、变更或者确认该具体行政行为违法；决定撤销或者确认该具体行政行为违法的，可以责令被申请人在一定期限内重新做出具体行政行为：

（1）主要事实不清、证据不足的；

（2）适用依据错误的；

（3）违反法定程序的；

（4）超越或滥用职权的；

（5）具体行政行为明显不当的。

4. 被申请人做出具体行政行为侵犯申请人合法权益造成了损害，申请人请求赔偿的，复议机关可责令被申请人按照有关法律、法规的规定负责赔偿。被申请人赔偿损失后，应责令有故意或重大过失的税务人员承担或赔偿全部费用。

5. 复议决定采用书面形式。复议决定一经送达即发生法律效力。申请人对复议决定不服的，可在接到复议决定之日起 15 日内向人民法院提起诉讼。申请人逾期不起诉又不履行复议决定的，或者不履行最终裁决的行政复议决定的，分别按以下情况处理：

（1）维持具体行政行为的行政复议决定，由做出具体行政行为的行政机关依法强制执行，或者申请人民法院强制执行；

（2）变更具体行政行为的行政复议决定，由复议机关依法强制执行，或者申请人民法院强制执行。

二、税务行政诉讼

税务行政诉讼，是指纳税人或者其他纳税当事人认为税务机关及其工作人员的具体行政行为违法或者不当，侵犯其合法权益，有权依照《中华人民共和国行政诉讼法》向人民法院提起诉讼。

（一）诉讼的受案范围

根据《行政诉讼法》《税收征管法》和《税收行政复议规则》，税务行政诉讼的受案范围为：

1. 人民法院受理当事人因不服复议机关复议决定和裁决，或者复议机关逾期不做出复议决定，向人民法院提起行政诉讼的税务行政争议案件。

2. 人民法院受理当事人可以直接提起行政诉讼的税务行政争议案件。这类案件主要是指当事人对税务机关的处罚决定、限制执行措施或者税收保全措施不服的税务行政争议案件。

提示：一般情况下，税务行政复议不是当事人进行行政诉讼的必经程序。只有因税务机关的征税行为引起的争议，才必须以税务行政复议作为税务行政诉讼的必经前置程序，即未经复议不能向人民法院起诉，经复议不服的，才能起诉。

（二）诉讼参加人

税务行政诉讼参加人是与税务行政争议有直接利害关系的当事人以及与当事人诉讼地位相等的人。具体可分为以下五种：

1. 原告。原告是为维护自己的合法权益，以自己的名义向人民法院提起诉讼，从而引起诉讼程序的人。原告可以是公民、法人或其他组织。具体到税务行政诉讼，则是纳税人、扣缴义务人、纳税担保人。

2. 被告。被告是经原告称具体行政行为侵犯其合法权益，由法院通知应诉的税务机关。具体有以下五种情况：

（1）原告直接向法院提起诉讼的，做出具体行政行为的行政机关是被告；

（2）经过复议的案件，复议机关决定维持原具体行为的，复议机关是被告；

（3）由税务机关委托的组织（如委托代扣代缴）所做的具体行政行为，委托的税务机关是被告；

（4）两个以上行政机关做出同一具体行政行为的（如财政、税收、物价大检查中做出的处理），共同做出具体行政行为的行政机关是共同被告；

（5）被撤销后继续行使其原职权的税务机关是被告。

提示：

在税务行政诉讼等行政诉讼中，起诉权是单向性的权利，税务机关不享有起诉权，只有应诉权，即税务机关只能作为被告；与民事诉讼不同，作为被告的税务机关不能反诉。

3. 共同诉讼。共同诉讼是指当事人一方或双方是两人以上的诉讼。如果是同一个案件，当事人的一方或双方是多数的，可称为必要的共同诉讼。诉讼标的是同一类而不是同一个的，如某税务机关对一批同类性质的纳税人分别作了相同的行政处罚，这种情况实行的共同诉讼，可称为一般的共同诉讼。共同诉讼的意义在于简化诉讼程序，加快案件的审理，节省时间费用，避免法院在同类问题上做出相互矛盾的判决。

4. 第三人。第三人是对税务诉讼争议的具体行政行为有独立的利害关系，为了维护自己的合法权益，申请参加诉讼或由法院通知参加诉讼的公民、法人或其他组织。

5. 诉讼代理人。代理是在代理权限内，代理人以被代理人的名义从事活动，其活动结果由被代理人承受的一种法律行为。具体有三种：

（1）法定代理人是根据法律规定行使代理权的人。主要是没有诉讼行为能力的人（包括未成年人和精神病人等），由其法定代理人代为诉讼，包括被代理人的父母、养父母、成年子女、监护人和负有保护责任的机关、团体代表。

（2）指定代理人。当事人的法定代理人是两人或两人以上、并相互推诿代理责任时，由法院指定其一人代为诉讼，以保护被代理人的利益，保证诉讼活动的顺利进行。

（3）委托代理人是受当事人、法定代理人的委托，在授予的权限内，代理进行诉讼的人。可作为委托代理人的有律师、社会团体、公民的近亲属、公民所在单位推荐的人、经法院许可的其他公民。

（三）提起诉讼的时限

原告须在法定的时限内提起诉讼，人民法院才予受理。起诉的时限具体有以下四种情形：

1. 对税务机关做出的征税行为不服的，须先经过复议；对复议决定不服，可在接到复议书之日起 15 日内提起诉讼。

2. 对税务机关做出的除必经复议范围以外的其他具体行政行为不服的，也可以不经过税务复议，在收到税务机关的有关通知之日起 15 日内直接向法院提起诉讼；如税务机关没有通知的，可在知道具体行政行为之日起 3 个月内提起诉讼。

3. 复议申请未被受理的，可在收到不予受理裁决书之日起 15 日内提起诉讼。

4. 对复议机关逾期（复议机关收到复议申请之日起 60 日内）做出复议决定的，可在复议期届满之日起 15 日内向法院提起诉讼。

（四）诉讼的审理和判决

人民法院审理行政案件实行两审终审制。如原、被告人对第一审判决均表示服从，诉讼即告结束，并非一定要通过两审。审理是法院对税务行政案件的实质性审查，除涉及国家秘密、个人隐私和法律另有规定的以外，一律公开审理。人民法院对受理的税务行政诉讼案件，经过调查取证、开庭审理后，依法做出判决。

1. 税务具体行政行为证据确凿，适用法律、法规正确，符合法定程序的，判决维持。

2. 税务具体行政行为有下列情形之一的，判决撤销或部分撤销，可判决税务机关重新做出具体行政行为：（1）主要证据不足的；（2）适用法律、法规错误的；（3）违反法定程序的；（4）超越职权的；（5）滥用职权的；（6）明显不当的。

3. 税务机关无正当理由不履行或者拖延履行法定职责的，判决其在一定期限内履行。

4. 税务行政处罚显失公平的，可判决变更。

不论是否公开审理，宣布判决一律公开进行。宣判时，还须告知当事人的上诉权利、上诉期限和上诉审理法院，以保障当事人充分行使上诉权利。

税务行政诉讼案件经人民法院依法做出最后判决或裁决即发生法律效力。

如税务机关胜诉，即维持税务机关的原决定，而纳税人拒不履行的，税务机关可向第一审人民法院申请强制执行，或依法强制执行。如税务机关败诉并不履行判决、裁决，一审人民法院亦可以对其采取强制和处罚措施。

第六节 税收当事人的权利、义务和法律责任

微课：税收当事人的权利、义务和法律责任

一、税收当事人的权利、义务

在税收法律关系中，主要涉及的当事人有税务机关、纳税人、扣缴义务人、税务代理人等。我国宪法及有关的税收法律、法规，特别是《税收征收管理法》及其实施细则，分别赋予这些税收当事人各自应享有的权利及应承担的义务。

课件：税收当事人的权利、义务和法律责任

（一）纳税人的权利

根据2015年4月修订的《税收征收管理法》，我国纳税人、扣缴义务人在税收征管中享有的权利主要有三个方面：

一是申请税收管理服务的权利。如有权要求税务机关为其情况保密，依法取得税务登记证和外出经营活动税收管理证明，依法领购发票，申请减税、免税、退税，以及了解税收法律法规的规定和与纳税程序有关的情况等。

二是维护自身合法权益的权利，即当自身利益受到损害时，可行使这些权利来维护自身利益，如陈述权、申辩权、请求国家赔偿权、申请行政复议权、提起行政诉讼权等。

拓展阅读：带货达人别变“逃税典型”这些税法底线触碰不得

三是监督的权利，即对税务机关和税务人员的执法行为进行监督，如有权控告和检举税务机关和税务人员的违法违纪行为等。具体地说，包括如下内容：

1. 知情权。纳税人、扣缴义务人有权向税务机关或税务人员了解国家税收法律、行政法规的规定以及与纳税程序有关的情况。

2. 保密权。纳税人、扣缴义务人有权要求税务机关或税务人员为纳税人、扣缴义务人的情况保密，税务机关或税务人员依法为纳税人、扣缴义务人的商业秘密和个人隐私保密。但根据法律规定，税收违法行为信息不属于保密范围。

3. 税收监督权。纳税人、扣缴义务人对税务机关或税务人员违反税收法律、行政法规的行为，如税务人员索贿受贿、徇私舞弊、玩忽职守，不征或者少征应征税款，滥用职权多征税款或者故意刁难等，可以进行检举和控告。同时，纳税人、扣缴义务人对其他纳税人的税收违法行为也有权进行检举。

4. 纳税申报方式选择权。纳税人、扣缴义务人可以直接到办税服务厅办理纳税申报或者报送代扣代缴、代收代缴税款报告表，也可以按照规定采取邮寄、数据电文或者其他方式办理上述申报、报送事项。但采取邮寄或数据

电文方式办理上述申报、报送事项的，需经主管税务机关批准。

5. 申请延期申报权。纳税人、扣缴义务人如不能按期办理纳税申报或者报送代扣代缴、代收代缴税款报告表，应当在规定的期限内向税务机关提出书面延期申请，经核准，可在核准的期限内办理。经核准延期办理申报、报送事项的，应当在税法规定的纳税期内，按照上期实际缴纳的税额或者税务机关核定的税额预缴税款，并在核准的延期内办理税款结算。

6. 申请延期缴纳税款权。如纳税人、扣缴义务人因有特殊困难不能按期缴纳税款的，经省、自治区、直辖市国家税务局，可以延期缴纳税款，但是最长不得超过 3 个月。计划单列市国家税务局可以参照省级税务机关的批准权限，审批纳税人、扣缴义务人的延期缴纳税款申请。纳税人、扣缴义务人满足以下任何一个条件，均可以申请延期缴纳税款：一是因不可抗力，导致纳税人、扣缴义务人发生较大损失，正常生产经营活动受到较大影响的；二是当期货币资金在扣除应付职工工资、社会保险费后，不足以缴纳税款的。

7. 申请退还多缴税款权。纳税人、扣缴义务人超过应纳税额缴纳的税款，税务机关或税务人员发现后，自发现之日起 10 日内办理退还手续；如纳税人、扣缴义务人自结算缴纳税款之日起 3 年内发现的，可以向税务机关要求退还多缴的税款，并加算银行同期存款利息。税务机关自接到纳税人、扣缴义务人退还申请之日起 30 日内查实并办理退还手续，涉及从国库中退库的，依照法律、行政法规有关国库管理的规定退还。

8. 依法享受税收优惠权。纳税人、扣缴义务人可以依照法律、行政法规的规定书面申请减税、免税。减税、免税的申请须经法律、行政法规规定的减税、免税审查批准机关审批。减税、免税期满，应当自期满次日起恢复纳税。减税、免税条件发生变化的，应当自发生变化之日起 15 日内向税务机关或税务人员报告；不再符合减税、免税条件的，应当依法履行纳税义务。如纳税人、扣缴义务人享受的税收优惠需要备案的，应当按照税收法律、行政法规和有关政策规定，及时办理事前或事后备案。

9. 委托税务代理权。纳税人、扣缴义务人有权就以下事项委托税务代理人代为办理：办理、变更或者注销税务登记，除增值税专用发票外的发票领购手续，纳税申报或扣缴税款报告，税款缴纳和申请退税，制作纳税文书，审查纳税情况，建账建制，办理财务、税务咨询，申请税务行政复议，提起税务行政诉讼，以及国家税务总局规定的其他业务。

10. 陈述与申辩权。纳税人、扣缴义务人对税务机关或税务人员做出的决定享有陈述权、申辩权。如果纳税人、扣缴义务人有充分的证据证明自己的行为合法，税务机关或税务人员就不得对纳税人、扣缴义务人实施行政处罚；即使纳税人、扣缴义务人的陈述或申辩不充分、合理，税务机关或税务人员也应向纳税人、扣缴义务人解释实施行政处罚的原因。税务机关或税务人员不应因纳税人、扣缴义务人的申辩而加重处罚。

11. 对未出示税务检查证和税务检查通知书的拒绝检查权。税务机关或税务人员派出的人员进行税务检查时，应当向纳税人、扣缴义务人出示税务检查证和税务检查通知书；对未出示税务检查证和税务检查通知书的，纳税人、扣缴义务人有权拒绝检查。

12. 税收法律救济权。纳税人、扣缴义务人对税务机关或税务人员做出的决定，依法享有申请行政复议、提起行政诉讼、请求国家赔偿等权利。

纳税人、扣缴义务人、纳税担保人同税务机关或税务人员在纳税上发生争议时，必须先依照税务机关的纳税决定缴纳或者解缴税款及滞纳金，或者提供相应的担保，然后可以依法申请行政复议；对行政复议决定不服的，可以依法向人民法院起诉。如纳税人、扣缴义务人对税务机关或税务人员的处罚决定、强制执行措施或者税收保全措施不服的，可以依法申请行政复议，也可以依法向人民法院提起诉讼。

当税务机关或税务人员的职务违法行为给纳税人、扣缴义务人和其他税务当事人的合法权益造成侵害时，纳税人、扣缴义务人和其他税务当事人可以要求税务行政赔偿。

13. 依法要求听证的权利。对纳税人、扣缴义务人作出规定金额以上罚款的行政处罚之前，税务机关或税务人员应向纳税人、扣缴义务人送达《税务行政处罚事项告知书》，告知纳税人、扣缴义务人已经查明的违法事实、证据、行政处罚的法律依据和拟将给予的行政处罚。对此，纳税人、扣缴义务人有权要求举行听证，税务机关应组织听证。如纳税人、扣缴义务人认为税务机关或税务人员指定的听证主持人与本案有直接利害关系，纳税人、扣缴义务人有权申请主持人回避。对应当进行听证的案件，税务机关不组织听证，行政处罚决定不能成立；但纳税人、扣缴义务人放弃听证权利或者被正当取消听证权利的除外。

14. 索取有关税收凭证的权利。税务人员征收税款时，必须给纳税人、扣缴义务人开具完税凭证。扣缴义务人代扣、代收税款时，纳税人要求扣缴义务人开具代扣、代收税款凭证时，扣缴义务人应当开具。税务机关或税务人员扣押商品、货物或者其他财产时，必须开具收据；查封商品、货物或者其他财产时，必须开具清单。

（二）纳税人的义务

依照宪法、税收法律和行政法规的规定，纳税人或扣缴义务人在纳税过程中负有以下义务：

1. 依法进行税务登记的义务。纳税人或扣缴义务人应当自领取营业执照之日起30日内持有关证件向税务机关申报办理税务登记。在各类税务登记管理中，纳税人或扣缴义务人应该根据税务机关的规定分别提交相关资料，及时办理。同时，纳税人或扣缴义务人应当按照税务机关的规定使用税务登记证件。税务登记证件不得转借、涂改、损毁、买卖或者伪造。

2. 依法设置账簿、保管账簿和有关资料，以及依法开具、使用、取得和保管发票的义务。纳税人或扣缴义务人应当按照有关法律、行政法规和国务院财政、税务主管部门的规定设置账簿，根据合法、有效凭证记账，进行核算；从事生产、经营的，必须按照国务院财政、税务主管部门规定的保管期限保管账簿、记账凭证、完税凭证及其他有关资料；账簿、记账凭证、完税凭证及其他有关资料不得伪造、变造或者擅自损毁。

此外，纳税人或扣缴义务人在购销商品、提供或者接受经营服务以及从事其他经营活动中，应当依法开具、使用、取得和保管发票。

3. 财务会计制度和会计核算软件备案的义务。纳税人或扣缴义务人的财务、会计制度或者财务、会计处理办法和会计核算软件应当报送税务机关备案。纳税人或扣缴义务人的财务、会计制度或者财务、会计处理办法与国务院或者国务院财政、税务主管部门有关税收规定抵触的，应依照国务院或者国务院财政、税务主管部门有关税收的规定计算应纳税款、代扣代缴和代收代缴税款。

4. 按照规定安装、使用税控装置的义务。纳税人或扣缴义务人应当按照规定安装、使用税控装置，不得损毁或者擅自改动税控装置。如纳税人或扣缴义务人未按规定安装、使用税控装置，或者损毁或者擅自改动税控装置的，税务机关将责令纳税人或扣缴义务人限期改正，并可根据情节轻重处以规定数额内的罚款。

5. 按时、如实申报的义务。纳税人或扣缴义务人必须依照法律、行政法规规定或者税务机关依照法律、行政法规的规定确定的申报期限、申报内容如实办理纳税申报，报送纳税申报表、财务会计报表，以及税务机关根据实际需要要求纳税人或扣缴义务人报送的其他纳税资料。

作为扣缴义务人，必须依照法律、行政法规规定或者税务机关依照法律、行政法规的规定确定的申报期限、申报内容如实报送代扣代缴、代收代缴税款报告表，以及税务机关根据实际需要要求纳税人或扣缴义务人报送的其他有关资料。

纳税人或扣缴义务人即使在纳税期内没有应纳税款，也应当按照规定办理纳税申报。享受减税、免税待遇的，在减税、免税期间应当按照规定办理纳税申报。

6. 按时缴纳税款的义务。纳税人或扣缴义务人应当按照法律、行政法规规定或者税务机关依照法律、行政法规的规定确定的期限，缴纳或者解缴税款。

未按照规定期限缴纳税款或者未按照规定期限解缴税款的，税务机关或税务人员除责令限期缴纳外，从滞纳税款之日起，按日加收滞纳税款0.5‰的滞纳金。

7. 代扣、代收税款的义务。如纳税人或扣缴义务人按照法律、行政法规规定负有代扣代缴、代收代缴税款义务，必须依照法律、行政法规的规定履行代扣、代收税款的义务。依法履行代扣、代收税款义务时，纳税人不得拒绝。纳税人拒绝的，应当及时报告税务机关处理。

8. 接受依法检查的义务。纳税人或扣缴义务人有接受税务机关依法进行税务检查的义务，应主动配合税务机关按法定程序进行的税务检查，如实向税务机关反映自己的生产、经营情况和执行财务制度的情况，并按有关规定提供报表和资料，不得隐瞒和弄虚作假，不能阻挠、刁难税务机关或税务人员的检查和监督。

9. 及时提供信息的义务。纳税人或扣缴义务人除通过税务登记和纳税申报向税务机关或税务人员提供与纳税有关的信息外，还应及时提供其他信息。如纳税人或扣缴义务人有歇业、经营情况变化、遭受各种灾害等特殊情况的，应及时向税务机关说明，以便税务机关依法妥善处理。

10. 报告其他纳税信息的义务。税收法律还规定了纳税人或扣缴义务人有义务向税务机关报告如下纳税信息：

（1）纳税人或扣缴义务人有义务就纳税人或扣缴义务人与关联企业之间的业务往来向当地税务机关提供有关的价格、费用标准等资料。纳税人或扣缴义务人有欠税情形而以财产设定抵押、质押的，应当向抵押权人、质权人说明纳税人或扣缴义务人的欠税情况。

（2）企业合并、分立的报告义务。纳税人或扣缴义务人有合并、分立情形的，应当向税务机关或税务人员报告，并依法缴清税款。

（3）报告全部账号的义务。如纳税人或扣缴义务人从事生产、经营，应当按照国家有关规定，持税务登记证件在银行或者其他金融机构开立基本存款账户和其他存款账户，并自开立基本存款账户或者其他存款账户之日起 15 日内，向纳税人或扣缴义务人的主管税务机关书面报告全部账号；发生变化的，应当自变化之日起 15 日内，向纳税人或扣缴义务人的主管税务机关书面报告。

（4）处分大额财产报告的义务。如纳税人或扣缴义务人的欠缴税款数额在 5 万元以上，纳税人或扣缴义务人在处分不动产或者大额资产之前，应当向税务机关报告。

（三）税务机关的权利

为了确保税务机关职能作用的发挥，《中华人民共和国税收征收管理法》（以下简称《征管法》）赋予税务机关广泛的权利。

1. 税收管理权。税收管理权是税务机关的基本权利。根据《征管法》的规定，税务机关有权对纳税人进行税务管理。只有正确行使税收管理权，才能确保税法的全面贯彻实施。

2. 税款征收权。税款征收权，是指税务机关将纳税人依照税法应向国家缴纳的税款及时足额地收入国库的权利。它是税务机关在税款征收管理过程中最主要的职权。

3. 委托代征权。委托代征权，是指税务机关根据有利于税收控管和方便纳税的原则，可以按照国家有关规定委托有关单位和人员代征零星分散和异地缴纳的税收，并发给委托代征证书的权利。

4. 税收保全与强制执行权。税收保全与强制执行权是税收强制性在日常征管工作中的体现，是保证税款及时足额入库、有效打击税收违法行为的重要手段。

5. 批准减、免、退税和延期缴纳税款权。税务机关有权在法律、行政法规规定的权限内，对纳税人的减、免、退税和延期纳税申请予以审批，但不得违反法律、行政法规的规定，擅自做出减、免或退税的决定。

6. 税务检查权。按照税法规定，税务机关有权依法对纳税人履行纳税义务的情况进行检查，并根据检查情况对纳税人的税收违法行为依法进行处理。

7. 行政处罚权。纳税人有违反税法行为的，税务机关有权对纳税人依法做出诸如限期改正、没收非法所得、罚款等行政处罚，但对纳税人违反刑法应该承担刑事责任的，应提交司法机关处理。

8. 税务复议权和应诉权。对公民、法人或其他组织申请的行政复议，税务机关有权审理并做出决定。对公民、法人其他组织向人民法院提起的对税务机关的诉讼，税务机关有权应诉。

（四）税务机关的义务

与权利相对应，税务机关的义务如下：

1. 正确贯彻、执行国家税收法律、法规和政策的义务；广泛宣传税收法律、行政法规，普及纳税知识，无偿地为纳税人提供纳税咨询服务。

2. 税务机关进行税务检查时，有为被检查人员保守秘密的义务；对检举违反税收法律、行政法规行为的检举人，税务机关应为其保密。

3. 依法办理税务登记，开具完税凭证的义务。

4. 依法征收税款，不得违法开征、停征、多征或少征税款；征收的税款及时足额地上缴国库，不得截留或坐支；依法办理减、免、退税申请及延期缴纳税款申请，对多征税款应及时退还。

5. 对纳税人申请复议事项，凡符合法定复议受理条件的税务机关都有义务受理，并在规定期限内做出复议决定。

6. 保护纳税人的合法权利的义务。

7. 国家规定的其他义务。

二、税收当事人的法律责任

税收法律责任，是指税收法律关系主体因其违反税法所应承担的法律后果，是税收法律规范的重要组成部分。如果没有对当事人违法行为的处罚，就难以维护正常的税收征管秩序，税收的作用也难以发挥。违法主体所要承担的法律责任主要是行政责任和刑事责任。在《中华人民共和国税收征收管理法》及其实施细则中，主要规定了违反税法的行政责任。对于违反税法触犯刑律的，1997 年 10 月起施行的《中华人民共和国刑法》第二篇第三章第六节专门制定了“危害税收征管罪”，有关刑事责任按《刑法》执行。

（一）纳税人、扣缴义务人的法律责任

1. 违反税务登记管理法规的法律责任。办理税务登记是纳税人必须履行的义务，纳税人未按照规定的期限申报办理税务登记、变更或者注销登记的，税务机关必须责令限期改正，在责令改正的同时可以处 2 000 元以下的罚款；情节严重的，可以处 2 000 元以上 1 万元以下的罚款。逾期不改正的，经税务机关提请，由市场监督管理机关吊销其营业执照。

纳税人必须妥善保管和依法使用税务登记证件，对未按照规定使用税务登记证件或者转借、涂改、损毁、买卖、伪造税务登记证件的，处 1 000 元以上 1 万元以下的罚款；情节严重的，处 1 万元以上 5 万元以下的罚款。

2. 违反账证管理及相关法规的法律责任。纳税人必须依法设置、保管账簿或者保管记账凭证和有关资料。对未按照规定设置、保管账簿或者保管记账凭证和有关资料的；未按照规定将财务、会计制度或者财务、会计处理办法和会计核算软件报送税务机关备查的；未按照规定将其全部银行账号向税务机关报告的；未按照规定安装、使用税控装置，或者损毁或者擅自改动税控装置的，由税务机关责令限期改正，在责令限期改正的同时，可以处 2 000 元以下的罚款；情节严重的，处 2 000 元以上 1 万元以下的罚款。

扣缴义务人未按照规定设置、保管代扣代缴、代收代缴税款账簿或者保管代扣代缴、代收代缴税款记账凭证及有关资料的，由税务机关责令限期改正，在责令限期改正的同时，可以处 2 000 元以下的罚款；情节严重的，处 2 000 元以上 5 000 元以下的罚款。

3. 违反发票管理法规的法律责任。

（1）对有下列情形之一的单位和个人，由税务机关责令改正，可以处 1 万元以下的罚款；有违法所得的予以没收：①应当开具而未开具发票，或者未按照规定的时限、顺序、栏目，全部联次一次性开具发票，或者未加盖发票专用章的；②使用税控装置开具发票，未按期向主管税务机关报送开具发票的数据的；③使用非税控电子器具开具发票，未将非税控电子器具使用的软件程序说明资料报主管税务机关备案，或者未按照规定保存、报送开具发票的数据的；④拆本使用发票的；⑤扩大发票使用范围的；⑥以其他凭证代替发票使用的；⑦跨规定区域开具发票的；⑧未按照规定缴销发票的；⑨未按照规定存放和保管发票的。

（2）跨规定的使用区域携带、邮寄、运输空白发票，以及携带、邮寄或者运输空白发票出入境的，由税务机关责令改正，可以处 1 万元以下的罚款；情节严重的，处 1 万元以上 3 万元以下的罚款；有违法所得的予以没收。丢失发票或者擅自损毁发票的，依照前款规定处罚。

（3）违反规定虚开发票的，由税务机关没收违法所得；虚开金额在 1 万元以下的，可以并处 5 万元以下的罚款；虚开金额超过 1 万元的，并处 5 万元以上 50 万元以下的罚款；构成犯罪的，依法追究刑事责任。非法代开发票的，依照本规定处罚。

(4) 私自印制、伪造、变造发票，非法制造发票防伪专用品，伪造发票监制章的，由税务机关没收违法所得，没收、销毁作案工具和非法物品，并处1万元以上5万元以下的罚款；情节严重的，并处5万元以上50万元以下的罚款；对印制发票的企业，可以并处吊销发票准印证；构成犯罪的，依法追究刑事责任。

(5) 有下列情形之一的，由税务机关处1万元以上5万元以下的罚款；情节严重的，处5万元以上50万元以下的罚款；有违法所得的予以没收。具体包括：转借、转让、介绍他人转让发票、发票监制章和发票防伪专用品的；知道或者应当知道是私自印制、伪造、变造、非法取得或者废止的发票而受让、开具、存放、携带、邮寄、运输的。

(6) 对违反发票管理规定2次以上或者情节严重的单位和个人，税务机关可以向社会公告。

(7) 违反发票管理法规，导致其他单位或者个人未缴、少缴或者骗取税款的，由税务机关没收违法所得，可以并处未缴、少缴或者骗取的税款1倍以下的罚款。

4. 不按期申报的法律责任。纳税人必须按期办理纳税申报和报送有关资料，对未按照规定的期限办理纳税申报和报送纳税资料的，或者扣缴义务人未按照规定的期限向税务机关报送代扣代缴、代收代缴税款报告表和有关资料的，由税务机关责令限期改正，在责令限期改正的同时，可以处2 000元以下的罚款；情节严重的，可处2 000元以上1万元以下的罚款。

5. 欠税的法律责任。欠税，是指纳税人、扣缴义务人逾期未缴纳税款的行为。纳税人、扣缴义务人在规定期限内不缴或者少缴应纳或者应解缴的税款，经税务机关责令限期缴纳，逾期仍未缴纳的，税务机关除依法采取强制执行措施追缴其不缴或者少缴的税款外，可以处不缴或者少缴税款50%以上5倍以下的罚款。

纳税人欠缴应纳税款，采取转移或者隐匿财产的手段，妨碍税务机关追缴欠缴税款的，由税务机关追缴欠缴的税款、滞纳金，并处欠缴税款50%以上5倍以下的罚款；构成犯罪的，依法追究刑事责任。

构成逃避追缴欠税罪，致使税务机关无法追缴欠缴的税款数额在1万元以上不满10万元的，除由税务机关追缴欠缴的税款外，处3年以下有期徒刑或拘役，并处或者单处欠缴税款1倍以上5倍以下的罚金；数额在10万元以上的，处3年以上7年以下有期徒刑，并处欠缴税款1倍以上5倍以下的罚金。

请思考

行政责任与刑事责任的区别与联系。

6. 偷税的法律责任。偷税，是指纳税人采取伪造、变造、隐匿、擅自销毁账簿、记账凭证，或者在账簿上多列支出或者不列、少列收入，或者经税务机关通知申报而拒不申报或者进行虚假的纳税申报，不缴或者少缴应纳税款的行为。

对纳税人偷税的，由税务机关追缴其不缴或者少缴的税款、滞纳金，并处不缴或者少缴的税款50%以上5倍以下的罚款；构成犯罪的，依法追究刑事责任。扣缴义务人采取类似手段，不缴或者少缴已扣、已收税款，由税务机关追缴其不缴或者少缴的税款、滞纳金，并处不缴或者少缴的税款50%以上5倍以下的罚款。扣缴义务人应扣未扣、应收而不收税款的，由税务机关向纳税人追缴税款，对扣缴义务人处应扣未扣、应收未收税款50%以上3倍以下的罚款。

纳税人、扣缴义务人编造虚假计税依据的，由税务机关责令限期改正，并处5万元以下罚款。

偷税数额占应纳税额的10%以上不满30%，并且偷税数额在1万元以上不满10万元的，或者因偷税被税务机关给予过两次行政处罚又偷税的，处3年以下有期徒刑或者拘役，并处偷税数额1倍以上5倍以下罚金；偷税数额占应纳税额的30%以上，并且偷税数额在10万元以上的，处3年以上7年以下有期徒刑，并处偷税数额1倍以上5倍以下罚金。

扣缴义务人采取上述所列手段，不缴或者少缴已扣、已收税款，数额占应缴税额的10%以上并且数额在1万元以上的，依照上述处罚偷税罪的规定处罚。

对多次犯有上述违法行为未经处理的，按照累计数额计算。

7. 抗税的法律责任。抗税，是指以暴力、威胁方法拒不缴纳税款的行为。纳税人有抗税行为的，除由税务机关追缴其拒缴的税款、滞纳金外，依法追究刑事责任。其中，纳税人拒不缴纳税款，情节轻微未构成犯罪的，由税务机关追缴其拒缴的税款、滞纳金，并处拒缴税款1倍以上5倍以下的罚款。

纳税人以暴力、威胁方法拒不缴纳税款，构成犯罪的，除由税务机关追缴其拒缴的税款外，还要由司法机关视其情节轻重处以3年以下有期徒刑或拘役；情节严重的，处3年以上7年以下有期徒刑。无论判处哪一种刑，都可并处拒缴税款1倍以上5倍以下的罚金。如以暴力方法抗税致人重伤或死亡的，按照伤害罪、杀人罪从重处罚，并依照前款规定处以罚金。

8. 骗税的法律责任。骗税，是指以假报出口或其他欺骗手段骗取国家出口退税款或所缴纳的税款的行为。

以假报出口或者其他欺骗手段骗取国家出口退税款，由税务机关追缴其骗取的退税款，并处骗取税款1倍以上5倍以下的罚款；构成犯罪的，依法追究刑事责任。

对骗取国家出口退税款的，税务机关可以在规定期间内停止为其办理出口退税。骗取国家出口退税款数额较大的，处5年以下有期徒刑或者拘役，并处以骗取税款1倍以上5倍以下的罚金；数额巨大或者有其他严重情节的，处5年以上10年以下有期徒刑，并处骗取税款1倍以上5倍以下的罚金；数额特别巨大或者有其他特别严重情节的，处10年以上有期徒刑或者无期徒刑，并处骗取税款1倍以上5倍以下罚金或没收财产。

9. 虚开、伪造和非法出售增值税专用发票的法律责任。

（1）虚开增值税专用发票或虚开用于骗取出口退税、抵扣税款的其他发票。虚开增值税专用发票，是指有为他人虚开、为自己虚开、让他人为自己虚开、介绍他人虚开增值税专用发票行为之一的；虚开用于骗取出口退税、抵扣税款的其他发票，是指有为他人虚开、为自己虚开、让他人为自己虚开、介绍他人虚开用于骗取出口退税、抵扣税款的其他发票行为之一的。

虚开增值税专用发票的，虚开税款数额1万元以上的，或者虚开增值税专用发票致使国家税款被骗取5 000元以上的，应当依法定罪处罚，处3年以下有期徒刑或者拘役，并处2万元以上20万元以下罚金；虚开的税款数额巨大或者有其他严重情节的，处3年以上10年以下有期徒刑，并处5万元以上50万元以下罚金；虚开的税款数额特别巨大或者有其他特别严重情节的，处10年以上有期徒刑或者无期徒刑，并处没收财产。

有前款行为骗取国家税款，数额特别巨大、情节特别严重、给国家利益造成特别重大损失的，处无期徒刑或者死刑，并处没收财产。

虚开增值税专用发票的犯罪集团的首要分子，分别依照前两款的规定从重处罚。法人犯上述罪行的，对法人判处罚金，并对直接负责的主管人员和其他直接责任人员依照以上规定追究刑事责任。

（2）伪造或者出售伪造的增值税专用发票。伪造或者出售伪造的增值税专用发票25份以上或者票面额（百元版以每份100元，千元版以每份1 000元，万元版以每份1万元计算，以此类推，下同）累计10万元以上的，应当依法定罪处罚，处3年以下有期徒刑、拘役或者管制，并处2万元以上20万元以下罚金；数量较大或者有其他严重情节的，处3年以上10年以下有期徒刑，并处5万元以上50万元以下罚金；数量巨大或者有其他特别严重情节的，处10年以上有期徒刑或者无期徒刑，并处没收财产。

伪造并出售伪造的增值税专用发票，数量特别巨大、情节特别严重、严重破坏经济秩序的，处无期徒刑或者死刑，并处没收财产。

伪造、出售伪造的增值税专用发票的犯罪集团的首要分子，分别依照上述规定从重处罚。

伪造并出售同一宗增值税专用发票的，数额或者票面额不重复计算。变造增值税专用发票的，按照伪造增值税专用发票行为处理。

法人犯上述罪行的，对法人判处罚金，并对直接负责的主管人员和其他直接责任人员依照以上规定追究刑事责任。

（3）伪造、擅自制造或者出售伪造、擅自制造可以用于骗取出口退税、抵扣税款的其他发票。伪造、擅自制造或者出售伪造、擅自制造的可以用于骗取出口退税、抵扣税款的其他发票50份以上的，应当依法定罪，处3年以下有期徒刑、拘役或者管制，并处2万元以上20万元以下罚金。伪造、擅自制造或者出售伪造、擅自制造的可以用于骗取出口退税、抵扣税款的其他发票200份以上的，处3年以上7年以下有期徒刑，或处5万元以上50万元以下罚金。伪造、擅自制造或者出售伪造、擅自制造的可以用于骗取出口退税、抵扣税款的其他发票1 000份以上的，处7年以上有期徒刑，并处没收财产。

非法出售可以用于骗取出口退税、抵扣税款的其他发票的，依照上述规定处罚。

伪造、擅自制造或者出售伪造、擅自制造以及非法出售上述规定以外的其他发票的，处2年以下有期徒刑、拘役或者管制，并处或单处1万元以上5万元以下罚金；情节严重的，处2年以上7年以下有期徒刑，并处5万元以上50万元以下罚金。

法人犯上述罪行的，对法人判处罚金，并对其直接负责的主管人员和其他直接责任人员处3年以下有期徒刑、拘役或管制；数量较大或者有其他严重情节的，处3年以上10年以下有期徒刑；数量巨大或者有其他特别严重情节的，处10年以上有期徒刑或者无期徒刑。

（4）非法出售增值税专用发票。非法出售增值税专用发票25份以上或者票面额累计10万元以上的，依法定罪，处3年以下有期徒刑、拘役或管制，并处2万元以上20万元以下罚金。非法出售增值税专用发票100份以上或者票面额累计50万元以上的，处3年以上10年以下有期徒刑，并处5万元以上50万元以下罚金。非法出售增值税专用发票500份以上或者票面额累计250万元以上的，处10年以上有期徒刑或者无期徒刑，并处以没收财产。

（5）非法购买增值税专用发票或者购买伪造的增值税专用发票。非法购买增值税专用发票或者购买伪造的增值税专用发票25份以上或者票面额累计10万元以上的，应当依法定罪，处5年以下有期徒刑、拘役，并处或单处2万元以上20万元以下罚金。

非法购买真、伪两种增值税专用发票的，数量累计计算，不实行数罪并罚。

非法购买增值税专用发票或者伪造的增值税专用发票又虚开或出售的，分别依照虚开、伪造或出售伪造的增值税专用发票，非法出售增值税专用发票罪［上述（1）、（2）、（3）］的规定处罚。

（6）盗窃、骗取增值税专用发票。盗窃增值税专用发票或者可用于骗取出口退税、抵扣税款的其他发票25份以上，或者其他发票50份以上的；骗取增值税专用发票或者可用于骗取出口退税、抵扣税款的其他发票50份以上，或者其他发票100份以上的，处5年以下有期徒刑、拘役或者管制。盗窃增值税专用发票或者可用于骗取出口退税、抵扣税款的其他发票250份以上，或者其他发票500份以上的；骗取增值税专用发票或者可用于骗取出口退税、抵扣税款的其他发票500份以上，或者其他发票1 000份以上的，处5年以上10年以下有期徒刑；情节特别严重的，处10年以上有期徒刑或者无期徒刑，可以并处没收财产。

盗窃、诈骗增值税专用发票或者其他发票后，又有虚开、出售等犯罪的，按照其中的重罪定罪处罚，不实行数罪并罚。

（7）有上述（2）、（3）、（4）、（5）行为，但未构成犯罪的。纳税人有伪造、非法出售、非法购买增值税专用发票，出售、非法购买伪造的增值税专用发票，伪造、擅自制造或者出售伪造、擅自制造的可以用于骗取出口退税、抵扣税款的其他发票的行为，情节轻微，尚不构成犯罪的，由公安机关处 15 日以下拘留、5 000 元以下的罚款。

（二）税务机关及税务人员的法律责任

《中华人民共和国税收征收管理法》主要是规范纳税人行为，所以其法律责任的内容也主要是对纳税人、扣缴义务人违法行为的处罚规定。但是在税收征管活动中，税务机关及税务人员和其他一些人员的行为也同样影响税收分配活动和税收征管工作，因此也规定了税务机关及税务人员和其他有关当事人的法律责任。

1. 税务人员与纳税人、扣缴义务人勾结，唆使或者协助纳税人、扣缴义务人偷税、欠税、骗税构成犯罪的，依法追究刑事责任；尚不构成犯罪的，依法给予行政处分。

税务机关或其他国家机关工作人员与犯罪分子相勾结，实施虚开、伪造和非法出售增值税专用发票犯罪的；明知是虚开的发票，予以退税或抵扣税款的；明知犯罪分子实施虚开、伪造和非法出售增值税专用发票犯罪而提供其他帮助的，依照有关规定从重处罚。

2. 税务人员利用职务上的便利，收受或者索取纳税人、扣缴义务人财物或者谋取其他不正当利益，构成犯罪的，依法追究刑事责任；尚不构成犯罪的，依法给予行政处分。

3. 税务人员徇私舞弊或者玩忽职守，不征或者少征应征税款，致使国家税收遭受重大损失，尚不构成犯罪的，依法给予行政处分。

税务机关的工作人员徇私舞弊，不征或者少征应征税款，致使国家税收遭受重大损失的，处 5 年以下有期徒刑或者拘役；造成特别重大损失的，处 5 年以上有期徒刑。

税务机关的工作人员违反法律、行政法规的规定，在办理发售发票、抵扣税款、出口退税工作中徇私舞弊，致使国家利益遭受重大损失的，处 5 年以下有期徒刑或者拘役；致使国家利益遭受特别重大损失的，处 5 年以上有期徒刑。

4. 税务人员滥用职权，故意刁难纳税人、扣缴义务人的，调离税收工作岗位，并依法给予行政处分。税务人员对控告、检举税收违法违纪行为的纳税人、扣缴义务人以及其他检举人进行打击报复的，依法给予行政处分；构成犯罪的，依法追究刑事责任。

5. 税务机关及税务人员违反法律、行政法规的规定提前征收、延缓征收或者摊派税款的，由其上级机关或者行政监察机关责令改正，对直接负责的主管人员和其他直接责任人员依法给予行政处分。

税务机关及税务人员违反法律、行政法规的规定，擅自做出税收开征、停征或者减税、免税、退税、补税以及其他同税收法律、行政法规相抵触决定的，除撤销其擅自做出的决定外，补征应征未征税款，退还不应征收而征收的税款，并由上级机关追究直接负责的主管人员和其他直接责任人员的行政责任。

6. 税务机关及税务人员未按规定为纳税人、扣缴义务人、检举人保密的，对直接负责的主管人员和其他直接责任人员，由所在单位或者有关单位依法给予行政处分。

税务人员在征收税款或者查处税收违法案件时，未按照规定进行回避的，对直接负责的主管人员和其他直接责任人员依法给予行政处分。

（三）其他当事人的法律责任

纳税人、扣缴义务人的开户银行或者其他金融机构拒绝接受税务机关依法检查纳税人、扣缴义务人存款账户，或者拒绝执行税务机关做出的冻结存款或者扣缴税款的决定，或者在接到税务机关的书面通知后帮助纳税人、扣缴义务人转移存款，造成税款流失的，由税务机关处 10 万元以上 50 万元以下的罚款，对直接负责的主管人员和其他责任人员处 1 000 元以上 1 万元以下的罚款。

参考文献

1. 中国注册会计师协会：《税法》，中国财政经济出版社 2022 年版。
2. 杨则文：《纳税实务》，中国财政经济出版社 2020 年版。
3. 刘佐：《中国税制概览（2021 年版）》，经济科学出版社 2021 年版。
4. 徐建国、林颖：《中国税制》，高等教育出版社 2012 年版。
5. 杨则文：《税法（第二版）》，中国财政经济出版社 2014 年版。
6. 黄玑：《税费计算与申报》，中国财政经济出版社 2021 年版。
7. 国家税务总局网站，http：//www. chinatax. gov. cn。
8. 海关总署网站，http：//www. customs. gov. cn。
9. 财政部网站，http：//www. mof. gov. cn。